汉语言专业本科系列教材·阅读类
SERIES OF CHINESE TEXTBOOKS FOR COLLEGE STUDENTS·READING

"十二五"国家重点出版物出版规划项目
国家汉办新世纪汉语本科系列教材研发项目

当代中国话题
TOPICS IN CONTEMPORARY CHINA

刘谦功 编著

ERYA CHINESE

北京语言大学出版社
BEIJING LANGUAGE AND CULTURE
UNIVERSITY PRESS

©2020 北京语言大学出版社，社图号 20203

图书在版编目（CIP）数据

当代中国话题 / 刘谦功编著. -- 北京：北京语言大学出版社，2020.12（2024.8重印）
（尔雅中文）
ISBN 978-7-5619-5806-3

I. ①当… II. ①刘… III. ①汉语－对外汉语教学－教材 IV. ① H195.4

中国版本图书馆 CIP 数据核字 (2020) 第 239198 号

当代中国话题
DANGDAI ZHONGGUO HUATI

排版制作：	北京青侣文化创意设计有限公司
责任印制：	郏 天
出版发行：	北京语言大学出版社
社　　址：	北京市海淀区学院路 15 号，100083
网　　址：	www.blcup.com
电子信箱：	service@blcup.com
电　　话：	编辑部　8610-82303647/3592/3724
	国内发行　8610-82303650/3591/3648
	海外发行　8610-82303365/3080/3668
	北语书店　8610-82303653
	网购咨询　8610-82303908
印　　刷：	北京富资园科技发展有限公司

版　　次： 2020 年 12 月第 1 版		**印　　次：** 2024 年 8 月第 2 次印刷	
开　　本： 889 毫米 × 1194 毫米 1/16		**印　　张：** 20.25	
字　　数： 413 千字			
定　　价： 88.00 元			

PRINTED IN CHINA
凡有印装质量问题，本社负责调换。售后QQ号1367565611，电话010-82303590

总 序

"尔雅中文——汉语言专业本科系列教材"(以下简称"尔雅中文")是面向以汉语作为第二语言的学习者的汉语言专业本科学历教育教材,是继20世纪90年代至21世纪初出版的"对外汉语本科系列教材"之后推出的新一代大型系列教材。

近年来,国际职场对复合型汉语人才的需求猛增,对专业建设、教学改革、课程建设以及教材编写都提出了新的要求。我们顺应这一发展趋势,将汉语言专业的人才培养目标由以往单纯强调语言技能的"汉语专门型人才"调整为目前的具备"语言+专业"复合能力的"汉语通用型人才",在汉语言专业陆续增设一些新的方向,凸显汉语言专业课程体系的时代特色。但是,我们充分认识到,对于汉语言专业的学生而言,核心问题仍是如何更有利于自身语言能力的提升,特别是语言交际能力、认知能力、跨文化交际能力等综合性与复合型能力的提升。因此,虽在语言技能和语言知识课程外增设了较为系统的历史文化、国情社会、经济商务等方向的课程,但是,这些课程不是仅用来灌输知识的,而是为更好地扩展语言能力而服务的,以语言能力培养为核心的理念并未改变。

"尔雅中文"教材体系与专业课程体系紧密相连,包含了横向和纵向两个序列:横向上,在不断完善语言技能、语言知识、文化系列教材的基础上,增设了较为系统的商务、翻译、教学等专业方向的专业语言技能和专业知识教材;纵向上,建立起更为缜密的综合课与"听、说、读、写、译"各分技能课的一至四年级的梯度等级,平衡了一般技能课跟各序列的专业技能课、知识课的比例。横向与纵向协调发展,形成了汉语言专业本科大型教材的网状系统,最大限度地体现出专业教学的系统性、关联性、层级性和针对性,也为以汉语言专业为依托、面向汉语作为第二语言学习者的本科专业群的建设奠定了坚实的基础。"尔雅中文"教材相对应的课程序列与梯度等级如图所示:

课程序列与梯度等级示意图

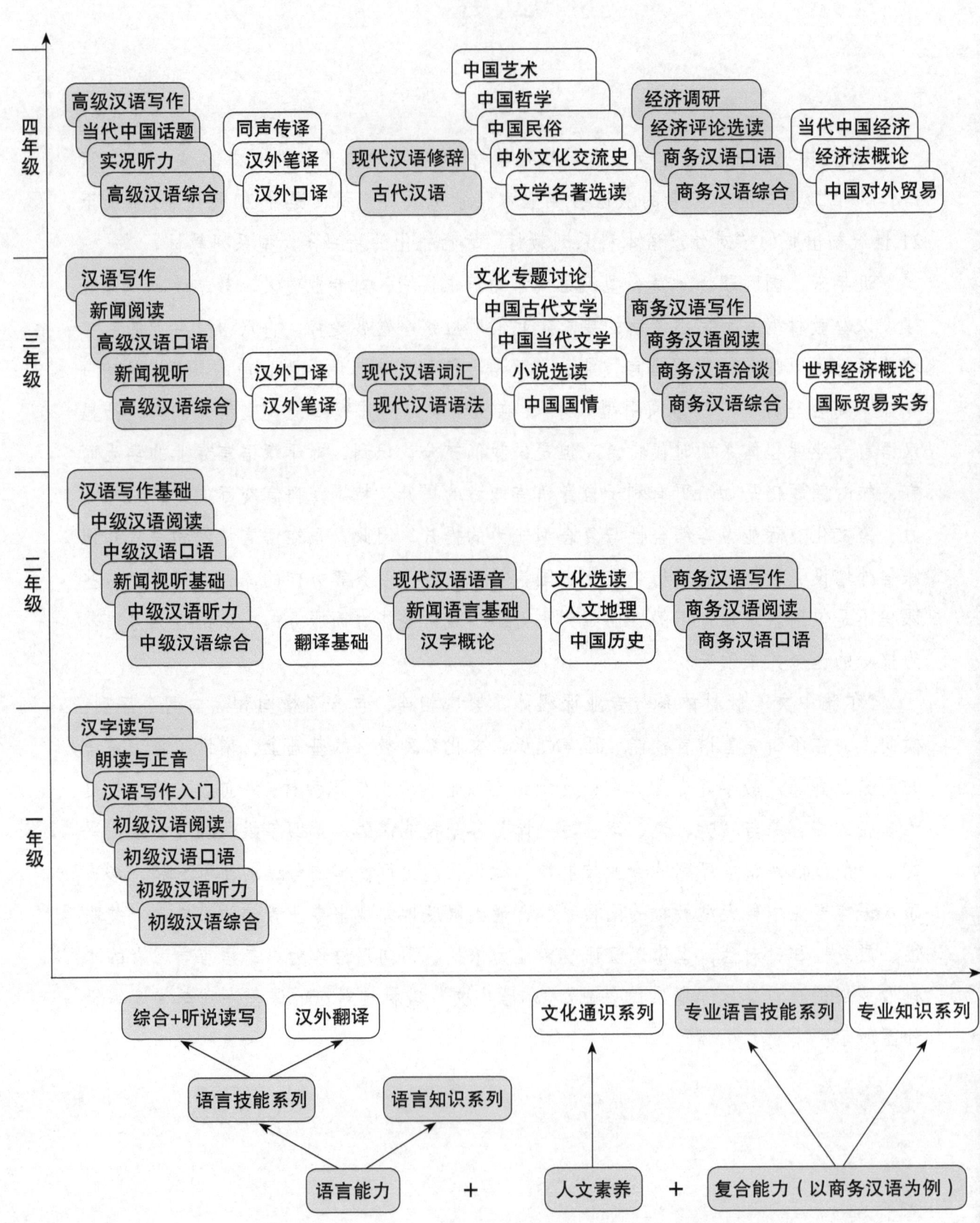

"尔雅中文"系列教材在继承上一代"对外汉语本科系列教材"长处的同时，更加贴近现实社会需要和学习者的需求，也融入了近些年汉语言专业课程建设与教学改革的多方面成果，从而呈现出崭新的面貌，形成了自己的特点。概括起来有以下四点。

一、总体设计更具系统性和前瞻性，最大限度地反映出专业人才培养的新目标

语言技能、语言知识、文化知识、专业语言技能、专业知识五大板块既相互关联，又各自独立。语言技能课程贯穿始终，凸显以养成语言能力为主的专业发展理念；文化知识序列不断丰富，体现出对汉语国际教育本质的全面认识，自觉地将提升人文素质、培养全面发展的人作为汉语言专业本科教育的最终目标。专业技能和知识课程在中高级阶段逐步增加，循序渐进，实现由初级的"语言技能+语言知识"基础能力向中高级的"语言+专业"综合能力的自然过渡。同时，各专业方向的教材都具有自身特色，自成体系，体现了统一中的多样性，也体现了专业人才培养模式向厚基础、宽口径、复合型的转变。

二、语言技能序列的设计更具延展性，结构更加合理

作为面向汉语作为第二语言学习者的汉语言专业本科系列教材，汉语综合技能与以"听、说、读、写"分立形成的各分技能训练无疑是其主干部分。这套教材的设计与编写，不仅填补了中高级阶段"听、说、读、写"分技能教材的诸多空白，而且增强"译"这一重要的技能，形成了"听、说、读、写、译"各自独立又相互关联的完整的分技能序列。与此同时，初、中、高各教学阶段逐层递进，且横向延伸，使得语言技能教材序列更加协调和完整。由于汉语综合课以及"听、说、读、写、译"各技能课都自成体系，具备面向初、中、高三个阶段四个年级的多层级和覆盖面广的特点，因此，教材的使用范围就不限于本科学历教育，而是对各种层次和需求的中文学习者都具有不同程度的适用性，学习者可以各取所需。

三、强化以学习者为中心的教材编写意识，跨文化视角更加突出

编写者大都为多年从事汉语作为第二语言教学工作的资深教师，基本上都有海外汉语教学的经历，对不同课型的教学原则和实践策略有着较为深入的了解和体会，对大量的同类汉语教材的编写理念、教学法以及跨文化交际理论等做过前期研究。从教师规划学习内容、层级、知识点，到编排教材中的练习及设计课堂活动，尽量从学生

学习的视角和跨文化的视角出发；换言之，更加重视教材编排跟教学过程、习得过程与效果的关联程度，使语言、文化及商务的教材内容丰富而生动，以提高学生主动学习的兴趣以及课堂活动的参与度。

四、通过调查统计、大纲设计和试用试验等环节，教材编写有章可循，科学实用

新一代汉语言专业本科系列教材的编写工作于2007年启动，首先对原有教材、国内外市场同类教材的使用情况进行调研。编写者均为相应课型的任课教师，且大多参与过上一代教材的编写工作，对任务轻重和努力方向都有较深的体会。同时，组织资深的教学研究专家以及语言、文化、商务、翻译等领域的专家，与教材编写小组共同研讨，确立各部教材的基调，审阅推敲文稿，斟酌取舍。教材编写过程较长，各位作者付出了大量心血，已编成的教材提交出版前大多试用过几个学期，试用对象涉及来自世界80多个国家和地区的上千名留学生，每学期试用后，教师都会汇总情况，分析研究，做出适当的修订、更新。

大纲是教材编写的重要前提，并贯彻于整个编写过程。教材与大纲处于动态关系之中：大纲统摄教材，但并非一成不变，教材编写促使大纲趋于完善。本系列教材主要参照《高等学校外国留学生汉语言专业教学大纲》（2002）和《新汉语水平考试大纲（1～6级）》（2009、2010），同时参酌各类语言大纲、框架、标准、词表、调查报告等研究成果，其中的各个序列、各部教材都按照自身性质与类型，研制了便于操作的词汇、语法、功能及话题大纲，既自成一体，又相互照应。对此，各部教材都有自己的编写前言，会做更详细的说明。大纲编订与教材编写相辅相成，教材一面世，大纲也随即推出，如商务汉语方向的教材编写者同时研制出版了《经贸汉语本科教学词汇大纲》（2012）。文化大纲的编订也与教材编写协调配合。这些使教材编写的科学性和内在系统性得以保障。

根据不同的课程性质和专业方向，"尔雅中文"系列教材划分为四大序列：汉语言技能与知识、汉外翻译、文化通识、商务汉语。翻译往往被视为一种语言技能，原本可归入语言技能与知识序列，但鉴于翻译能力是一种复合能力，翻译类课程及教材在一至四年级自成一体，翻译综合课、口译课、笔译课等体系完备，且涉及多个国别，所以这里单列出来。

北京语言大学面向留学生开办汉语言专业的本科学历教育始于20世纪70年代末，其成长过程历史地见证了中国改革开放以来汉语国际教育的发展。历经几代人的辛勤努力，2008年9月，汉语言专业被批准为国家级高等学校特色专业，2010年7月，汉语言专业教学团队被评为国家级教学团队，这套教材的大部分编著者均出自这一专业团队。汉语言专业的每一步改革与创新，都离不开北语几代对外汉语教育工作者的关心与鼓励，离不开学校领导及海内外专家的大力支持。这里要特别感谢北京语言大学出版社董事长、总编辑和各位责任编辑，这套教材历经数年终于得以问世，跟他们的严谨态度、耐心督促和细致工作密不可分，而教材得以入选原新闻出版总署"十二五"国家重点出版物出版规划项目，正是教材编写规划团队与编辑出版团队精诚合作的结果。

系列教材取名"尔雅"，众所周知，《尔雅》是中国古代汇集分类专门词语以供人学习的经典，这里取其字面义，"尔"通"迩"，"尔雅"指趋于雅正、得体。语言学习不是一蹴而就的，而是一个不断接近目标语和目标文化的累积过程，或许正因如此，英国人威妥玛（Thomas Francis Wade）将其所编的汉语口语和书面语教材分别命名为《语言自迩集》和《文件自迩集》。我们编写新一代汉语言专业本科系列教材，同样是希望学生通过系统的学习，逐渐接近目标语言与文化，获得较强的跨文化交际能力，最终不仅要达到较高的汉语水平，而且要更加深入地了解中国社会的政治经济和历史文化。

是为总序。

郭 鹏

于北京语言大学

前 言

教材《当代中国话题》适用于中高级阶段的汉语教学，兼顾阅读理解和口语表达，即读与说并重，以读导入并充实说，以说检验并深化读。此创意基于这样一个思路：听说读写虽是四种不同的语言技能，但它们都根植于人类的思维，并不是孤立存在的。简言之，听与读是输入，说与写是输出，所以读与说之间是有内在联系的。本教材试图把这种联系揭示出来并体现在教学中，在融汉语学习的输入与输出为一体方面做一个新的尝试。在实际教学过程中，听说读写四项基本技能的训练不是、也不可能孤立地进行，而是互相联系、互相渗透、互相配合的，无论是从输入的角度切入输出，还是从输出的角度切入输入，都会收到更好的效果。

本教材为了更好地满足教学实践的需要，在进入话题正文之前编制了"教材使用说明"，每个话题根据教学环节分为四个部分，即"导入、阅读理解、口语表达、讲评"。具体说来，"导入"拟让学生了解话题背景并进行热身，以便迅速切入主题；"阅读理解"阐释了相关的教学理念与教学方法，对各种阅读方式如抓中心内容阅读、寻找特殊信息阅读、断章阅读、评判阅读的目的和技巧等进行简明扼要的介绍；"口语表达"说明讨论、演讲、辩论等口语表达形式的教学程序，并提出了具体的教学建议；"讲评"是随机应变的教学环节，在此主要给教师提出一些建设性意见。

本教材以话题为线索编排，共有17个话题，可供每周4～6学时、每学期16～20周的课堂教学使用一学年。如为短期教学，则可任意选择其中的若干个话题，因为每个话题都独立成章，可以单独使用。本教材内容涉及当今中国的热门话题，除自撰文章外，所选文章根据教学需要进行了适当删改，编排顺序综合考虑了阅读文章的难易程度、口语表达的难易程度、话题内容的趣味性等多个方面。每个话题首先是由"话题背景、教学目标、热身活动"构成的导入部分，旨在帮助学生自然而迅速地进入话题。然后是两大主体部分，第一部分为阅读文章，文章前有"提示"，后有"生词、注释、阅读检查、拓展练习"，旨在提高学生的阅读能力，并为后面的口语表达提供素材，让学生有意识地将所读文章与即将进行的口语表达联系起来；第二部分为口语表达，形式为讨论、演讲、辩论三种，包括"观点提示、示范提纲、话题词群、参考用语"四项内容。

本教材为真实而客观地反映当代中国风貌，除作者自撰文章之外，还选用了报纸、杂志、网络上的文章，所选文章根据教学需要进行了删改，谨请作者见谅。同时，所选文章均征得了相关作者和出版机构的同意并签有授权协议，特此声明。

　　本教材所用图片部分为田琨先生所摄，特此鸣谢！

　　本教材试图在汉语作为第二语言教学的教学理念与方法上进行一些新的尝试，欢迎各界人士提出宝贵意见。

刘谦功

教材使用说明

"当代中国话题"是一门将语言教学与文化理解结合在一起的课程，贯穿着"以学生为主体、以教师为主导"的教学理念与教学方法，主要教学环节为"导入、阅读理解、口语表达、讲评"，现就课程及教材从这四个方面提出如下建议：

一、导入

导入部分包括"话题背景、教学目标、热身活动"三项，旨在让学生自然而顺畅地进入某一个话题。

1. "话题背景"一般由教师来介绍，除常规的语言介绍外，还可使用图片、视频等多种多样的形式，内容上应深入浅出，既展示表面现象，也揭示本质内容。当然，如果某个话题贴近学生生活或学生已有所了解，也可以先由学生介绍，教师再补充。

2. "教学目标"是每个话题的具体目标。例如，话题三的教学目标为："1. 了解中国大学生的就业观念与就业状况；2. 比较中国大学生与自己国家大学生的就业观念与就业状况。"又如，话题十三的教学目标为："1. 能够从社会文化的角度看待今天人们使用手机的情况；2. 掌握汉语中谈论手机文化乃至大众文化的常用词语。"在明确了每一个话题的具体目标之后，教师与学生就可以采取一些行之有效的教学方法与学习方法，更好地达到这一目标。

3. "热身活动"的目的是让学生动起来，调动自己已经有的与该话题相关的知识、经验、观点等等进行深入的思考，并有意识地为口语表达做准备。

二、阅读理解

阅读理解部分主要是阅读文章，文章前有"提示"，后有"生词、注释、阅读检查、拓展练习"。"提示"或概括文章大意，或提供相关材料，或启发学生思路，不一而足；"生词"便于学生随时查阅，帮助学生扫除阅读障碍；"注释"是对文章中出现的主要文化点的解释，以扩大学生与该话题相关的知识面；"阅读检查"包括四种练习题型，即"判断正误、选择正确答案、简要回答问题、解释句子中划线的部分"，每篇文章只选其一，重点检查学生是否真正掌握了文章的主要意思、重点词语、逻辑线索、文化背景等，以备后续口语表达之用；"拓展练习"承上启下，可以让学生有意识地将所读文章与即将进行的口语表达联系起来。总的来说，阅读理解部分旨在提高学生的阅读能力，并为学生进行口语表达提供必要的素材。

由于人们进行阅读时的目的不同，因而产生了各种各样的阅读方式。下面简单介绍一下常见的几种阅读方式。

1. 抓中心内容阅读。这种阅读方式不要求理解每一个词或每一个句子，只要抓住中心思想即可。在阅读中往往会有这种情况：如果过分注重每一个词或每一个句子，读完后反而不大清楚文章的中心思想或段落大意是什么。尽管文章是由词、句子、段落组成的，但并不是所有的词、句子、段落都同等重要，要学会忽略非关键性的词、句子甚至段落，直取文章主题。应运用选择与扬弃的办法，从大量语料中撷取主题词或词语链，只求获得一个总体印象，不必过多地关心细节，通过尽可能少的语言符号获取尽可能多的语言信息，尽快抓住文章的宏观结构及主题。

2. 寻找特殊信息阅读。有时阅读是为了了解某个人、某种事件、某些数字或某方面的材料，所以必须学会根据某些特征迅速找到目标信息的阅读方法。我们生活在一个信息爆炸的时代，但并不是所有的信息都有用，也不是所有的信息都是正确的。面对扑面而来的大量信息，我们必须以语言知识、认知方式和已掌握的阅读技能为支撑，挑选出具有提示作用的文字符号，尽快接近目标。需要指出的是，在这一过程中，如何挑选具有提示作用的文字符号十分重要。掌握了这种方法，便可以在浩如烟海的文字材料中去粗取精、去伪存真，找到自己真正需要的东西。

3. 断章阅读。即选取文章的某一章节或段落进行阅读，并据此推断上下文的意思。这就需要具有预测能力，即凭借已储存在大脑中的语言知识、背景知识和思维能力对某一章节或段落的上下文的意思进行预测。这种方法必须以一定的语言知识为基础，但仅有语言知识远远不够。运用此种方法时，教师的着眼点不能仅仅局限在语言本身，还要考虑逻辑思维、认知规律等各种相关因素。事实上，阅读就是一个预测和验证预测的过程，文章中的语言成分激活了读者大脑中的记忆图式，储存在大脑中的知识通过思维机制和文章信息相融合，产生对文章内容和文章主题的预测。预测的正确性与读者对语言要素的掌握程度以及读者的阅历和思维能力成正比。

4. 批判性阅读。如果阅读的目的是为了发表意见，则需抓取特定的信息。这种特定的信息并不是固定的，因发表意见的目的而异，可能是文章中的任何部分以及它们所涉及的一切，所以要学会在大量的语言材料中迅速做出判断并进行取舍。评判的正确性自然取决于理解的准确性，这就需要在阅读的过程中由浅入深、由表及里，透过语言的表面形式理解语言深层次的含义，并进行归纳推理和演绎推理，或接受或批判，或补充或修正，提出自己独特的见解来。

上述阅读技巧经过训练是可以很好地掌握并运用的，它们将在生活、学习和工作中起到极其重要的作用。

三、口语表达

口语表达即学生在教师指导下进行讨论、演讲或辩论等高层次的口语练习，这一部分包括"观点提示、示范提纲、话题词群、参考用语"四项。在学生进行口语表达时，教师最好适当进行记录，记录下学生口语表达时的亮点、偏误等，以作为讲评的依据。

正式的口语表达主要有讨论、演讲、辩论，下面简要介绍一下。

1. 讨论

讨论即就某一问题交换意见，围绕中心议题大家各抒己见，所涉及的内容可以很广泛，但应围绕中心议题来谈，不能跑题。讨论可以分为正式的和非正式的两种，正式的即讨论会、研讨会等，非正式的即在日常交际中互相交换意见。

参加正式的讨论会前应该进行充分的准备，准备工作主要包括两个方面：第一，根据讨论题目广泛查阅资料，尽可能多地掌握有关内容；第二，列出提纲，一般包括论点、论据和结论，要注意条理清楚、言之有物。

参加正式的讨论会时应当做到以下几点：第一，讨论要围绕中心议题，不能离题太远；第二，发言时言简意赅，不宜长篇大论，应给别人发言的机会；第三，没有特殊情况不要打断别人的发言；第四，反对别人意见的时候注意措辞。

讨论时经常使用下列用语：表达自己观点时说"我认为……/ 我的观点是……/ 我的看法是……/ 我再强调一下……/ 我再重申一下……"；表示同意时说"我同意……的意见 / 我赞成……的看法 / 我支持……的观点 / 我认为……说的有道理"；表示反对时说"我不同意……的意见 / 我不赞成……的看法 / 我反对……的观点 / 我认为……说的没有道理"；进行总结和概括时说"总之，……/ 简言之，……/ 总而言之，……/ 由此可见，……/ 综上所述，……/ 一言以蔽之，……"；等等。

2. 演讲

演讲即对听众讲述有关某一事物的知识或对某一问题的见解，是一种综合性的、高层次的口头表达方式。一个人要想使自己的演讲获得成功，必须具备多方面的良好素质，如逻辑思维、知识功底、语言能力、仪态风度等。演讲方面的能力需要经过专门的培养和严格的训练。

演讲必须进行准备，演讲的准备主要分为下面四个方面：确定演讲的主题、搜集资料、撰写演讲稿、表达。

在演讲的准备过程中，撰写演讲稿是最重要的一环。简要说来，演讲稿的写法和要求主要包括三个方面的内容。第一，确定主题，演讲的主题既要有论述价值，又要使听众感兴趣。第二，围绕主题进行论述，应达到三方面的要求，即有理、有力、有节：有理即必须言之有理，以理服人；有力指论述无论在理论上还是在实践上都要站得住脚；有节指循循善诱，不宜使用口号式的语言进行宣讲。第三，首尾呼应，开头必须富有吸引力，能迅速抓住听众；结尾应与开头呼应，使听众的印象更加深刻。

演讲稿写好之后，如何进行表达也是一个很重要的问题。演讲时语言必须流畅、自如、有气势；除语言本身外，仪态、风度也很重要，必须注意。

3. 辩论

辩论即双方用一定的理由来说明自己对事物或问题的见解，揭露对方的矛盾，以便阐明事理或得到共同的意见。正式的辩论形式是辩论会，辩论会除具有上述功能外还带有表演的性质。

语言教学中的辩论会与正式的辩论会大同小异，主要程序如下：第一，主持人介绍辩题，宣布辩论会开始；第二，正反两方辩手分别进行自我介绍；第三，主持人宣布辩论规则；第四，正反两方辩手分别陈述己方的观点；第五，自由辩论；第六，现场观众参与辩论（此项用于正式辩论会，日常教学可省略）；第七，评委讲评；第八，颁发证书与奖品（此项用于正式辩论会，日常教学可省略）。

由于辩论难度比较大，在辩论会上进行辩论又是一种集体行为，所以辩论前的准备十分重要。辩论的准备分为个人准备和集体准备，个人准备可参看讨论的准备，集体准备主要是配合问题。下面着重谈谈后者。

辩论一般都以集体辩论的形式出现，常规模式为参加辩论的双方各派出三至五名辩手。既然辩论是一种集体行为，那么就要求同一方辩手之间进行密切的配合，简要说来，应注意以下两点：第一，必须有群体意识，充分认识到辩论不是个人行为，个人表现再突出，没有集体的配合也不能取胜；第二，同一方辩手之间要形成良好的默契，从其他辩手的话语、手势甚至眼神中就能明白其用意，或进攻，或防守，及时进行配合。

自由辩论是辩论会中最难应付的部分，其艰难之处就在于它要在不自由的时间、不自由的立场上自由地发挥，因而往往也是辩论会中最精彩的部分。要在自由辩论中取胜，最重要的是随机应变，具体说来，有下列几个方面：第一，敏锐的洞察力，即对对方论点的正确性、论据的可靠性、材料的真实性的判断能力；第二，严谨的证明力，即通过科学的论证证明己方观点正确或对方观点错误的能力；第三，强烈的感召力，即论辩者的风度、知识素养、语言表达能力对对手及听众所产生的影响力。辩论是需要较高的综合素质的，要成为一个好辩手，必须具备思维、语言、知识等多方面的良好基础。

在"当代中国话题"课程中，讨论、演讲、辩论三种高层次的口语表达形式缺一不可，如能很好地掌握上述三种口语表达方法，就可以应付高层次的口语交流了。

四、讲评

讲评即对学生的口语表达进行评论，并在此基础上给学生提供更多建议。这一部分课本无法体现，但在教学过程中必须要有，这是真正体现个性化教学的部分。讲评主要由教师来做，在适当的情况下也可让学生参与。

在讲评时，教师应本着鼓励为主、引导为主的原则，注意以下几点：

1. 既要讲缺点，也要讲优点。讲评不是批评，不仅要将学生的不足之处指出来，而且要将学生的优点，尤其是精彩之处提出来，以资鼓励并供其他学生借鉴。另外，由于是外国人说中文，所以在语言上不要有错必纠，否则会使学生产生说汉语寸步难行的感觉，打击他们的积极性。

2. 既要讲语言，也要讲文化。高层次的汉语表达不仅要有良好的语言基础，而且要有充实的文化内容。学生是否能在讨论中出彩、在演讲中胜出、在辩论中夺魁，除了语言表达能力之外，文化理解程度也会起关键作用，不可忽视。有可能的话，教师要利用讲评的机会让学生更深入地了解中国国情与文化。

3. 既要讲已说，也要讲未说。教师对学生的口语表达进行讲评，重点自然是学生所说的内容，但不应局限于学生所说的内容，如果有需要且有可能的话，还应找一些范本（即某一话题的经典范例）介绍或展示给学生，让学生有继续努力的方向，有更上一层楼的标准。

以上种种均为建议，供教材使用者参考。俗话说"教无定法"，各位老师可以根据学生的具体情况来决定自己的教学方法。此外，本教材也可用于其他课程，如高级汉语综合课、高级汉语口语课等，教学方法就按具体课程调整。只要能满足教学的需要与学生的需求，可以不拘一格。

目　录

话题一　走向世界的中国味道 ··· 1
　　阅读文章：《从文化力到发展力：中餐企业"走出去"动力与机制探索》············· 1
　　口语表达：讨论 ·· 14

话题二　行万里路如读万卷书 ··· 17
　　阅读文章：《名人大家必有一场非凡旅行》··· 17
　　　　　　　《微度假 想走就走的"快旅慢游"》··· 23
　　口语表达：讨论 ·· 31

话题三　就业观念应与时俱进 ··· 33
　　阅读文章：《大学生就业观念存在的问题及其对策研究》················· 33
　　口语表达：讨论 / 演讲 ··· 43

话题四　城市要有自己的情调空间 ··· 46
　　阅读文章：《从城市雕塑看城市情调空间的营造》················· 46
　　口语表达：讨论 / 辩论 ··· 60

话题五　身心健康才是真正的健康 ··· 63
　　阅读文章：《别为自己制造压力》··· 63
　　　　　　　《身心健康才是真正的健康》··· 71
　　口语表达：讨论 ·· 78

话题六　积极向上的童年是人生良好的基础 ·· 80
　　阅读文章：《小朋友，啥事让你最快乐？》··· 80
　　口语表达：讨论 / 演讲 ··· 95

话题七　大众文化的文化含量有多少？ ··· 97
　　阅读文章：《大众文化面面观》··· 97
　　口语表达：讨论 ·· 109

话题八	社会变迁对家庭生活的影响	111
	阅读文章：《社会在变，家庭在变》	111
	《家庭是社会的细胞》	116
	口语表达：讨论 / 辩论	127

话题九	你坐过中国的高铁吗？	130
	阅读文章：《中国高铁是这样炼成的》	130
	《高铁也要讲软实力》	140
	口语表达：讨论	144

话题十	到书店读书去	146
	阅读文章：《找准调性的连锁书店》	146
	《伯鸿书店：老字号的新名片》	154
	口语表达：讨论	161

话题十一	如何应对"银色浪潮"的冲击？	164
	阅读文章：《如何应对"银色浪潮"的冲击？》	164
	口语表达：讨论 / 演讲	179

话题十二	你喜欢参观博物馆吗？	181
	阅读文章：《这些年，博物馆学会讲故事》	181
	口语表达：讨论	197

话题十三	手机文化漫谈	200
	阅读文章：《从手机文化的特征谈对青年大学生的影响》	200
	口语表达：讨论 / 辩论	210

话题十四	如何迈出人生关键的一步？	213
	阅读文章：《我的高考故事》	213
	口语表达：讨论	224

话题十五	你的择偶标准是什么？	227
	阅读文章：《"门当户对"的现代内涵》	227
	口语表达：讨论 / 演讲	241

话题十六　让我们的家园更美好 ··· 244
　　阅读文章：《让我们的家园更美好》 ································· 244
　　口语表达：讨论 ··· 257

话题十七　什么是真正的财富？ ··· 259
　　阅读文章：《财富观漫议》 ·· 259
　　口语表达：讨论 / 辩论 ·· 271

附录 ··· 274
　　一、生词索引 ··· 274
　　二、注释索引 ··· 288
　　三、"阅读检查"参考答案 ·· 290

话题一　走向世界的中国味道

话题背景

中国有一句古语"民以食为天",强调的是饮食在老百姓生活中的重要性。中国饮食文化博大精深、源远流长,蕴藏着中华民族悠久的历史、灿烂的文化、丰富的物产、浓郁的人情。通过中国的饮食文化,我们可以了解中华民族多元一体、和谐发展的基本特征。

教学目标

1. 了解中国饮食文化的基本特点;
2. 探讨中华民族的基本特征。

热身活动

1. 准备一两个自己在中国吃饭的小故事;
2. 谈谈自己国家的中餐。

第一部分　阅读文章

提示　中餐一直以营养丰富、味道鲜美而著称,从古到今,越来越多的中国人走出国门,也把越来越多的中餐带出了国门,不仅打开了更多的让世界了解中国的窗口,也丰富了世界的饮食文化。目前,我们正处在全球化的时代,在这个时代,饮食文化正起着不容忽视的纽带作用,因此我们有必要探讨中餐企业"走出去"的动力与机制,让走向世界的中国味道更加纯正而鲜美。

从文化力到发展力:中餐企业"走出去"动力与机制探索

中餐文化**植根**于中国历史文化的土壤之中,建立在农业文明的基础之上,中餐作为中国文化最具代表性的**载体**之一,是中国文化"走出去"的重要组成部分。在世界范围内,中餐的传播与发展主要有两大**途径**:一是自18世纪以来,华人华侨**远渡重洋**,在**异国他乡**谋生定居,开中餐馆售卖饭食是他们在海外生存的重要方式,中餐文化也随之大规模传入世界各国，对当地的饮食文化与社会生活产生了影响；二是 21 世纪以来，随着中国综合国力及国际影响力的逐步攀升，中餐业成为中国经济"走出去"、参与世界经济共同体发展的重要领域，国内众多知名餐饮企业、餐饮品牌不断实施国际化发展战略，大力**拓展**海外餐饮服务市场。**纵观**世界各国美食文化国际化的过程，我们可以找到一些成功的案例，如美国汉堡、日本寿司、韩国泡菜，这些食品既**化身**为国家文化形象的**认知符号**，也带动了此种餐饮形态的全球化发展。因此，我们应该深入研究中餐物质层面与精神层面的深刻内涵，探寻中餐企业"走出去"的发展机制。

一、高层次的饮食文化交流机制

中餐承载着**源远流长**、**博大精深**的中国文化，当代中餐更是展示了中国人今天的生活状态与审美观念，像**全聚德**这样的著名餐饮品牌早已**驰名**世界。在此基础上，我们认为，中餐企业寻求海外发展之路本身就是**繁荣**、**富强**、**自信**的中国形象的展示。从世界各国的现状来看，饮食文化的交流已成为一种国家行为。例如，泰国政府近年来致力于在世界各地推广泰国料理，是第一个有计划地输出饮食文化的亚洲国家，2006 年提出"泰国：世界的厨房"（Thailand Kitchen to the World）的口号。又如，韩国韩食世界化促进团等团体**不遗余力**地实施"韩餐世界化推进战略"，认为韩餐世界化能产生一系列积极**效应**，如"增进地球村对韩国的认知，传播韩国文化，改善韩国国家形象"等。

人文交流将在推进中餐"走出去"的过程中发挥**举足轻重**的作用，同时，餐饮业已经成为世界经济一体化的重要领域。无论从饮食文化交流的角度，还是从企业发展创新的角度，国内外的餐饮行业都应该加强交流与合作，共同获得**长足**的发展。因此，在国家层面建立高层次饮食文化交流机制，促进饮食文化在更高的平台、以更好的方式、在更大的人群中进行交流与传播**势在必行**。

北京前门全聚德起源店，田琨摄

二、高频率的文化推广机制

众所周知,饮食是文化的基石,是民族特性的重要象征。以中餐为核心的中国饮食文化在全世界的发展需要依靠高频率的文化推广机制。所谓高频率,主要是指中餐的海外发展必须在单位时间内尽可能多地组织企业、机构、人员等走出去进行广泛的交流。近年来,中国逐步推进中华饮食文化"走出去",在各类、各级国际平台上展示中华美食的独特魅力。例如,中国烹饪协会2015年在巴黎主办了"2015中国非遗美食走进联合国教科文组织"活动、2017年在纽约主办了"中国美食走进联合国总部"活动。在这些活动中,中国烹饪大师奉献了丰富的菜品、精湛的技艺,展示了中国餐饮行业数千万从业者共同努力的成果,与世界各国人民分享了中国美食及其背后的中国文化。

中国于1991年成立了世界中餐业联合会(World Federation of Chinese Catering Industry),根据其《章程》,该联合会的性质是:"由各个国家和地区从事中餐服务活动、中华饮食文化和烹饪技艺研究、中餐教育与咨询的企事业单位、社会团体和个人自愿组成的国际性的非营利性社会组织。"该联合会的宗旨是:"遵守驻在国的法律法规,遵守社会道德风尚,弘扬中华饮食文化和烹饪技艺,提升中餐国际地位,扩大中餐世界影响,推动中餐创新发展,加强各国家和地区餐饮业的交流与合作,为增进各国人民的团结与友谊、为促进世界和平与发展做出贡献。"世界中餐业联合会是全球最大的中餐业推广机构,到目前为止已组织了一系列具有品牌效应的活动,生动讲述了中国美食文化故事及中国故事。

在这种大背景下,全国各地的餐饮业要主动适应新形势,认真探讨中华饮食文化的特殊载体,持续关注中餐"走出去"、中华文化"走出去"的热点问题,既立足一域,又放眼全局,不断提高中华饮食文化"走出去"的信息化、数字化、智能化、专业化水平。高频率的文化推广将使中餐成为体现中国文化的代表性媒介,成为外国友人与中国和中国文化结缘的重要途径。我们应当构建保护中华饮食文化特色与知识产权、遵守所在国法律与法规、符合互联网服务规范的饮食文化海外交流体系,为中华饮食文化融入当地、丰富当地生活做出贡献。

中餐名菜松鼠鲑鱼,田琨摄

三、高水平的人才培养机制

中餐企业要走向世界,需要突破传统的人才培养机制,将技术、文化、生态等多方面的因素融合起来,建立新的高水平的人才培养机制。中餐国际化人才包括烹饪技术人才、经营管理人才、法律人才等多方面的人才，而熟悉所在国的社会状况与饮食习惯、掌握所在国的官方语言乃至生活用语更是对这些人才的基本要求。目前，我国中餐国际化人才培养的渠道和力度还远远不能满足行业与企业的发展需求，以技术人才为例，我国的烹饪技术本科人才每年的招生指标仅约千人。因此，**当务之急**是**拓宽**中餐国际化人才的培养**渠道**，将行业、企业、院校、科研院所的力量引入中餐国际化人才培养机制中，并吸引海外中餐业者、中餐烹饪爱好者到中国学习或培训，以培养出大量推动中餐国际化发展的人才。

中国有一句名言："他山之石，可以攻玉。"意思是可以用别的山上的石头打磨自己的玉器，比喻可以借助别人的力量提升自己的能力。我们可以借鉴日本农林水产省和日本烹饪与饮食文化人力资源发展委员会（AYA HAMASUNA）合作推出的"厨师培养计划"，面向有意在中国学习中餐烹饪的外国厨师制定"中餐厨师培养计划"。除培训课程外，还可以安排他们到中国知名餐饮企业进行实地操作，这样将十分有利于海外的中国餐馆制作出地道的中餐来。

日本居民区中的饭馆，田琨摄

四、高效率的企业孵化机制

纵观中国**改革开放**以来中餐企业在海外的发展历程，可以看出虽**不乏**成功立足、逐渐壮大的案例，但也有一些**不温不火**甚至失败而归的教训。中国品牌餐饮企业大多以特色著称，因此特殊食材和独门技艺是开店成功的关键。但在进入海外市场的过程中，这些品牌餐饮企业时常遇到食材、人才、设备等输出方面的问题，严重影响了它们进行海外拓展的**步伐**，而且这些问题往往难度较大，单个企业难以解决。因此，有意愿"走出去"进行国际化发展的餐饮企业应建立一套高效率的企业孵化机制。具体说来，一是企业要有国际化发展理念，在企业运作、人才培养和行业规则等方面积极借鉴国际上成功的模式，努力与**国际接轨**；二是要有国际化的发展水平和环境，在众多经营情况良好、品牌发展成熟的企业中进行重点孵化，整合产业资源，开放社会资源，并联合相关部门、协会、金融机构等进行培育和扶持。

餐饮业的行业性很强，因此在健全高效率的企业孵化机制过程中，行业协会应该扮演好"立交桥"的角色，帮助有意开中餐厅的海外华人或外国人寻找中国餐饮品牌合作伙伴，并在食材、餐具、厨房设备等方面提供必要的支持，努力避免或解决有可能出现的问题，使海外中餐顺利走上正轨。

美国奥兰多的中国餐馆，田琨摄

海外中餐业已走过数百年的发展历程，中餐已成为世界上许多国家和地区餐饮业的组成部分，在此基础上的中餐国际化发展应当是中国人主动"走出去"，向世界展示中国数千年的饮食文化。我们有理由相信，只要我们扎扎实实地以中餐传统体系为**根基**、以中华饮食文化为核心、以中国餐饮企业为**依托**，一定能够实现全球经济一体化背景下的中国餐饮业的创新发展。

（选自《四川旅游学院学报》2019年第5期，作者刘军丽，节选并有删改）

阅读理解

一、生词

1. **植根**：zhígēn
   扎根，比喻深入到事物中去打下基础。
   例：相声植根于丰富的民间文化，是中国人喜闻乐见的曲艺形式。

2. **载体**：zàitǐ
   能传递能量或运载其他物质的物质，泛指一切能够承载其他事物的事物。
   例：语言是文化的载体。

3. **途径**：tújìng

   指解决问题所经由的路径或渠道，借指方法与路子。

   例：教育是提高国民素质的根本途径，所以我们必须重视教育。

4. **远渡重洋**：yuǎn dù chóngyáng

   一般指飘洋过海去自己祖国以外的国家。

   例：他年轻时远渡重洋去欧洲求学，学成归国后一直从事科学研究工作。

5. **异国他乡**：yìguó tāxiāng

   指外国。

6. **攀升**：pānshēng

   不断上升。

   例：近年来大城市的房价不断攀升，年轻人买房的梦想越来越难实现了。

7. **拓展**：tuòzhǎn

   在原有的基础上增加新的东西，是质量的变化而不是数量的变化。

   例：现在手机不断拓展新的功能，让人们应接不暇。

8. **纵观**：zòngguān

   从过去到现在按时间顺序来考察。

   例：研究一个国家的历史不仅要纵观古今，还应把这个国家的发展过程放到世界历史的大背景下考察。

9. **化身**：huàshēn

   指抽象观念的具体形象。

10. **认知**：rènzhī

    通过思维活动认识或了解。

    例：我们对自然界的认知是通过书本和实践两种途径获得的。

11. **内涵**：nèihán

    指内容或深刻的意义。

    例：中国古代建筑不仅形式多样，而且内涵深刻。

12. **源远流长**：yuányuǎn-liúcháng

    原义为河流的源头很远，水流很长。比喻历史悠久，根底深厚。

    例：中国书法艺术源远流长，要想了解它不可能是一朝一夕的事情。

13. **博大精深**：bódà-jīngshēn

    形容领域广阔，内容深刻。

    例：中国饮食文化博大精深，包含着中国的文化背景、哲学思想、艺术特征和生活习俗。

14. **驰名**：chímíng

    指名声传得很远。

    例：苏州园林之所以驰名世界，是因为把自然之美与人文之美很好地结合在一起了。

15. **繁荣**：fánróng

    草木茂盛，比喻经济或事业蓬勃、兴旺。

    例：唐朝是中国封建社会的高峰，国家经济繁荣，人民生活富足，唐朝的绘画与雕塑充分表现出了这一点。

16. **料理**：liàolǐ

    处理、整理，也有菜肴的意思。

    例：日本料理、中华料理

17. **不遗余力**：bùyí-yúlì

    把所有的力量毫无保留地使出来。

    例：他很热心，只要朋友有困难，他都会不遗余力地帮助他们。

18. **效应**：xiàoyìng

    此处指作用、影响。

    例：现在的广告都喜欢利用明星效应。

19. **举足轻重**：jǔzú-qīngzhòng

    只要脚稍微移动一下，就会影响两边的轻重。指处于重要地位，一举一动都会影响全局。

    例：你不能小看他，他在我们公司有举足轻重的地位。

20. **长足**：chángzú

    形容事物进展迅速。

    例：长足的发展、长足的进步

21. **势在必行**：shìzàibìxíng

    不能躲开或回避，从事情发展的趋势看必须采取行动。

    例：随着世界经济结构的调整和国内消费结构的升级，中国产业结构的优化势在必行。

22. **众所周知**：zhòngsuǒzhōuzhī

    大家都知道。

23. **基石**：jīshí

    做建筑物基础的石头，比喻基础或重要力量。

    例：自信是获得成功的基石。

24. **奉献**：fèngxiàn

   恭敬地献出，特指心甘情愿、不图回报地付出。

   例：公司的规定是按劳取酬，但我们也不能一点儿都不讲奉献精神。

25. **精湛**：jīngzhàn

   指对某项技艺十分精通与熟练。

   例：工艺精湛、内涵丰富的玉器谁都喜欢。

26. **烹饪**：pēngrèn

   做饭，做菜。

   例：几年不见，你的烹饪水平大有长进呀！

27. **咨询**：zīxún

   询问，征求意见。

   例：关于研究生的学籍管理规定，你最好直接咨询一下研究生院。

28. **非营利**：fēiyínglì

   不以赚钱为目的。

   例：非营利组织、非营利机构

29. **宗旨**：zōngzhǐ

   指主要思想或意图。

30. **弘扬**：hóngyáng

   大力宣扬。

   例：我们公司以"一流的产品、超值的服务"为口号，弘扬与时俱进、开拓创新的精神。

31. **结缘**：jiéyuán

   原为佛教用语，指与佛法结下缘分，现多指与人或某种事物结交的机缘。

   例：我与中国文化的结缘始于对武术的热爱。

32. **遵守**：zūnshǒu

   按照规定行动；不违背。

   例：每个人都要遵守国家的法律法规。

33. **当务之急**：dāngwùzhījí

   当前需要马上做的最紧急的事情。

   例：作为一个在校大学生，顺利完成学业是当务之急，不能成天想着打工赚钱。

34. **拓宽**：tuòkuān

   开拓使宽广。

例：随着国民消费水平的提高，我们必须拓宽消费领域，改善消费环境。

35. 渠道：qúdào

    水渠，水流的通道，常用来比喻途径或方法。

    例：无论遇到什么问题，我们都应该通过合法渠道来解决。

36. 孵化：fūhuà

    指动物在卵内完成胚胎发育后破壳而出的现象，用来比喻对某种事物进行早期培育。

    例：我看过小鸡孵化出来的全过程，非常有意思。

37. 不乏：bùfá

    不缺少，表示有相当数量。

    例：我们学校不乏体育人才，打篮球、踢足球、游泳、滑冰这些方面的比赛都常常得冠军。

38. 不温不火：bùwēn-bùhuǒ

    指不冷清也不火爆，形容平淡适中。

    例：这家饭店开了十年了，一直不温不火的，不过菜品还不错。

39. 步伐：bùfá

    步子，比喻事物进行的速度。

    例：在我们公司进行机构改革是必要的，但改革的步伐并不是越快越好，不能影响日常工作。

40. 接轨：jiēguǐ

    将分别修筑的两条铁轨连接起来，比喻使两种不同的事物对接。

    例：我们学校在课程方面应该走出国门，和国际接轨，为培养国际化人才进行一些有益的尝试。

41. 扎扎实实：zhāzhāshíshí

    牢固，结实，也指实在，踏实。

    例：要尽快完成这项科研任务，我们必须扎扎实实，少说空话，多做实事。

42. 根基：gēnjī

    指基础。

43. 依托：yītuō

    依靠，凭借。

    例：发展农业和发展工业一样，都要依托先进的科学技术。

二、注释

1. 全聚德

"全聚德"为北京全聚德烤鸭店的简称,创始人为杨寿山,创立时间为 1864 年。经过不断发展与创新,全聚德形成了以独具特色的全聚德烤鸭为主、集全鸭席和 400 多道特色菜品于一体的菜系,备受中外各界人士欢迎,目前已成为代表北京乃至中国美食的著名品牌。

2. 中国烹饪协会

中国烹饪协会(China Cuisine Association,CCA)是经中国有关部门批准成立,并在民政部登记的全国餐饮业行业协会,成立于 1987 年 4 月。该协会由餐饮经营、烹饪技艺、餐厅服务、餐饮教育、食品营养等方面的企事业单位、行业组织、社会团体以及餐饮行业的管理者、专家、学者、厨师、服务人员自愿组成,是一个全国性的跨部门、跨所有制的行业组织。

3. 非遗

"非遗"是"非物质文化遗产"(intangible cultural heritage)的简称。根据联合国教科文组织《保护非物质文化遗产公约》的定义,非物质文化遗产指被各群体、团体、有时为个人所视为其文化遗产的各种实践、表演、表现形式、知识体系和技能及其有关的工具、实物、工艺品和文化场所。《中华人民共和国非物质文化遗产法》规定:"非物质文化遗产是指各族人民世代相传并视为其文化遗产组成部分的各种传统文化表现形式,以及与传统文化表现形式相关的实物和场所,包括:传统口头文学以及作为其载体的语言;传统美术、书法、音乐、舞蹈、戏剧、曲艺和杂技;传统技艺、医药和历法;传统礼仪、节庆等民俗;传统体育和游艺;其他非物质文化遗产。"

4. 联合国教科文组织

"联合国教科文组织"是"联合国教育、科学及文化组织"(United Nations Educational,Scientific and Cultural Organization,UNESCO)的简称,成立于 1945 年 11 月 16 日,总部设在法国巴黎,现有 193 个成员,是联合国在国际教育、科学和文化领域成员最多的专门机构。该组织旨在通过教育、科学和文化促进各国合作,对世界和平与安全做出贡献,其主要机构包括大会、执行局和秘书处。

5. 世界中餐业联合会

世界中餐业联合会是在中国民政部登记的国际性社团,是经国资委核准、民政部审核通过的行业协会。该协会致力于推动中餐走向世界,职责主要为健全中餐社会组织、培养中餐国际人才、评定国际中餐名店等。

6. 改革开放

1978 年 12 月中国共产党十一届三中全会通过中国开始实行对内改革、对外开放的政策。中国的对内改革先从农村开始,1978 年 11 月,安徽省凤阳县小岗村实行"分田到户,自负盈亏"的家庭联产承包责任制,拉开了中国对内改革的大幕,同时城市国营企业的自主经营权得到了明显改善。1979年7月，中共中央正式批准广东、福建两省在对外经济活动中实行特殊政策与灵活措施，迈开了中国改革开放的历史性脚步。改革开放是中国的一项基本国策。

三、阅读检查：选择正确答案

1. 在"中餐文化植根于中国历史文化的土壤之中"这句话中，"植根"的同义词是

   A 种植

   B 移植

   C 扎根

   D 寻根

2. 中餐在世界范围内的传播与发展主要有几种途径？

   A 一种

   B 两种

   C 三种

   D 四种

3. 在"华人华侨远渡重洋，在异国他乡谋生定居"这句话中，"异国他乡"指的是

   A 外国

   B 外地

   C 乡村

   D 乡镇

4. 世界各国美食文化国际化过程中的成功案例是

   A 美国汉堡

   B 日本寿司

   C 韩国泡菜

   D 包括以上三者

5. 在"中餐承载着源远流长、博大精深的中国文化"这句话中，"源远流长"是指

   A 基础很好

   B 内容很多

   C 历史很长

   D 发展很快

6. 下列哪一项不是泰国所为？

   A 政府致力于在世界各地推广泰国料理

   B 提出"泰国：世界的厨房"的口号

   C 成为第一个有计划地输出饮食文化的亚洲国家

D 实施"世界化推进战略"

7. 在"不遗余力地实施'韩餐世界化推进战略'"这句话中,"不遗余力"的同义词是

　　A 独立自主

　　B 全力以赴

　　C 全心全意

　　D 奋发图强

8. 在"人文交流将在推进中餐'走出去'的过程中发挥举足轻重的作用"这句话中,"举足轻重"指的是

　　A 重要的地位

　　B 伟大的历程

　　C 光荣的使命

　　D 杰出的贡献

9. "在国家层面建立高层次饮食文化交流机制"指的是进行什么样的交流与传播?

　　A 在更高的平台

　　B 以更好的方式

　　C 在更大的人群中

　　D 包括以上三者

10. "势在必行"这个成语的意思是

　　A 从事情发展的趋势看前景很好

　　B 从事情发展的趋势看很难确定

　　C 从事情发展的趋势看必须采取行动

　　D 从事情发展的趋势看需要继续观察

11. 2017年在纽约主办"中国美食走进联合国总部"活动的是

　　A 中国烹饪协会

　　B 联合国教科文组织

　　C 联合国总部

　　D 中国烹饪大师

12. "非营利性社会组织"是一种什么样的组织?

　　A 不以发展为目的

　　B 不以合作为目的

　　C 不以赚钱为目的

　　D 不以创新为目的

13. 下列哪一项不是世界中餐业联合会的宗旨?

　　A 遵守驻在国的法律法规,遵守社会道德风尚

B 弘扬中华饮食文化和烹饪技艺，提升中餐国际地位

C 扩大中餐世界影响，推动中餐创新发展

D 拓宽中餐国际化人才的培养渠道

14. 在"既立足一域，又放眼全局"这句话中，"立足一域"的意思是

    A 以一种目标为方向

    B 以一个地方为基础

    C 以一些人为对象

    D 以一个平台为依托

15. 中餐国际化人才指的是

    A 烹饪技术人才

    B 经营管理人才

    C 法律人才

    D 包括以上三者

16. 下列哪一个成语最接近"当务之急"的意思？

    A 首当其冲

    B 迫在眉睫

    C 急功近利

    D 稍纵即逝

17. 本文中"他山之石，可以攻玉"的意思是

    A 可以用别的山上的石头打磨自己的玉器

    B 借助别人的力量提升自己的能力

    C 可以用别的地方的食材制作中餐

    D 可以用别的方面的经验管理中国餐饮业

18. 在本文中，"不温不火"是指在海外发展的中餐企业

    A 生意不火爆也不冷淡

    B 菜品无所谓受不受欢迎

    C 现在的处境很难改变

    D 很难说将来会不会成功

19. 下列哪一项内容不是"努力与国际接轨"的意思？

    A 努力加入国际组织

    B 努力符合国际水平

    C 努力争取国际认可

    D 努力达到国际标准

20. 在"扎扎实实地以中餐传统体系为根基"这句话中,"扎扎实实"的意思是

    A 真实

    B 平实

    C 踏实

    D 结实

四、拓展练习：用下列词语造句

1. 异国他乡
2. 源远流长
3. 博大精深
4. 不遗余力
5. 举足轻重
6. 势在必行
7. 众所周知
8. 当务之急
9. 不温不火
10. 扎扎实实

第二部分　口语表达：讨论

一、观点提示

1. 民以食为天。
2. 中国饮食文化源远流长、博大精深。
3. 中餐是世界了解中国的窗口。
4. 中餐走出国门要有多元化的理念和方法。
5. 人文交流将在中餐"走出去"的过程中发挥重要作用。
6. 饮食是文化的基石，是民族特性的重要象征。
7. 中餐企业要走向世界，需要突破传统的人才培养机制。
8. 中餐企业在海外发展必须要有与国际接轨的意识。
9. 在海外经营中餐应该因地制宜。
10. 海外中餐业的发展丰富了世界各国的饮食文化。

二、示范提纲

观点：中餐是世界了解中国的窗口。

说明：

1. 中餐能让我们了解中国国情。例如，中国地大物博，每个地方都有自己独特的食材，因此菜品特色也不相同，川菜有麻婆豆腐、鲁菜有葱烧海参、粤菜有香芋扣肉……这让我们在享用中餐的时候对中国的地理状况也有了一定的了解。又如，中国是一个多民族的国家，有56个民族，每个民族都有自己的风俗习惯和饮食文化，具体菜品也各不相同，苗族有酸汤鱼、藏族有风干肉、蒙古族有烤全羊……这些都与该民族的地理环境和历史渊源密不可分，我们可以通过这些饮食进一步了解各民族的历史和文化。

2. 中餐能让我们了解中国人的生活状况。例如，团圆与和谐是中国人重要的生活理念，这一点也充分地体现在了中国的饮食文化中：中餐的餐桌多为圆形，过年过节要吃团圆饭，菜品多将各种食材汇聚在一起烹煮，等等。又如，中国人很重视健康的生活方式，在饮食方面，有"早上要吃好，中午要吃饱，晚上要吃少"的说法。

结论：

饮食文化是一个国家民族文化的重要组成部分。通过饮食文化，我们可以了解中国国情，如地理环境与民族历史等；还可以了解中国人的生活状况，如生活理念与生活方式等。

三、话题词群

1. 餐饮业：人才、技术、设备、食材、管理、品牌
2. 状况：人才济济、人才短缺；设备先进、设备落后；利润丰厚、利润微薄
3. 菜品：热菜、凉菜；荤菜、素菜；特色菜、家常菜
4. 味道：酸、甜、苦、辣、咸
5. 价位：经济实惠、华而不实；物美价廉、质次价高

四、参考用语

1. 中国文化正在"走出去"，中餐是世界了解中国的重要窗口。
2. 中国人走到哪里，中餐馆就开到哪里。
3. 现在中餐受到越来越多的海外食客的欢迎。
4. 中餐正在从小规模、碎片化、实体经营向多样化、专业化、网络化经营发展，这是一种很好的发展趋势。
5. 中国品牌餐饮企业正逐步走向海外，把中国正宗的传统美食也带到了海外。
6. 人才、设备、食材等输出政策的障碍影响了中国餐饮企业的海外拓展，应当想办法解决这些问题。

7. 要加强海内外中餐行业的合作，因地制宜地发展中餐。
8. 在国外做中餐不能完全按照中国人的习惯去做，要适当考虑所在国的饮食习惯。
9. 中餐馆的服务很重要，要处处为顾客着想。
10. 饮食文化是中华文化的一部分，要让食客走进中餐馆就产生一种"与众不同"的感觉。

话题二　行万里路如读万卷书

话题背景

　　旅游或者说旅行是人们最喜爱的休闲活动之一，不仅能让人放松身心，而且可以增长知识、开阔眼界乃至改变生活态度。在谈及旅行时，中国人喜欢说"读万卷书，行万里路"，足见旅行对一个人成长的重要性。实际上，当我们以全新的方式去感受世界时，可以得到在任何书本上都学不到的东西。爱旅行的人一定有与众不同的生活态度，更重要的是，旅行会让人变得活泼开朗、积极向上，而这正是我们获得幸福生活的基本保证。

教学目标

1. 了解中国人旅游的基本方式和基本态度；
2. 能够从各个方面和层次谈论旅游。

热身活动

1. 想想给自己留下深刻印象的旅游经历；
2. 谈谈制定旅游计划必须要考虑的因素。

第一部分　阅读文章

提示　一提到旅游，许多人首先想到的是吃喝玩乐，这当然是无可厚非的。然而，如果我们深入地考察一下古今中外名人大家的旅行经历，就会发现旅行对于他们来说一定有更重要的意义和更深刻的内涵。他们之所以能够成为名人大家，往往与他们的旅行经历是分不开的，他们在旅行中经历或者获得的一切，都成为了他们终生取之不尽的营养与用之不竭的动力。

名人大家必有一场非凡旅行

　　在大家渴望诗与远方结合在一起的时候，我想"游"与文化之开拓是密不可分的，如果能合为一处，对人才之崛起的好处很多。纵观古今中外，大人物必定会有一场非凡的旅行。

　　中国是旅游大国，遍地是自然与人文旅游资源，人们早已把旅游当成生活中的一项重要活动了。但我认为,"游"不在多走多看,人生精力有限,"游"的兴趣点应在"悟"。若能在一山一水一景之间**体察**到宇宙万物的变化与人生的真谛,那才算是有价值的。伊朗诗人萨迪说:"旅游是一条到达**天宇**之**路**。"那些成就大事业的人,往往是在"游"的过程中开拓自己、创造辉煌人生的。

春秋时期儒家学派的创始人孔子55岁离开鲁国,开始了长达14年的**诸侯国周游**之旅,68岁才归来。这样长期的游历使他达到了"耳顺、从心所欲、不逾矩"的境界,让他的一颗心彻底静了下来,投入《诗》《书》《礼》《易》《乐》《春秋》**六经**的编辑整理工作中。这项千秋大业的完成为中华文化、世界文化做出了巨大的贡献。**倘**若没有这14年的**漂泊**与体悟,恐怕很难有六经的问世。

先师孔子行教像,刘谦功摄

汉代史学家司马迁20岁开始**游历**天下,持续了3年时间,搜集了大量散失在民间的史料,为《史记》一书的**撰写**做了扎实的准备工作,他**汪洋恣肆**的**文风**也在旅游中形成。可以设想,没有这些年的漫游,可能就不会产生那**千古不朽**的史学巨著。

唐代伟大的现实主义诗人杜甫被誉为"四千年文化中最庄严、最瑰丽、最永久的一道光彩"。"**安史之乱**"后杜甫开始流浪,**颠沛流离**的生活加深了他对社会现实本质性的认识,使他创作了"三吏三别"等诗篇。可见,如果想要成为一个大诗人,仅仅有才华是不够的,还需要通过旅行来开拓襟怀,并得到"江山之助"。

近代学者有大抱负、大胸怀者不能不提到康有为。1904年,他乘船渡印度洋到达地中海一带,半年中游历了意大利、瑞士等欧洲11国;1905年又游历了加拿大、美国。他考察议院制度,撰写了《罗马沿革得失》一文。康有为游历海外7年,所得之结果是他晚年政治思想、学术体系成熟必不可少的外部条件。

"五四时期"的著名学者刘半农,有5年的欧洲游学经历。那几年欧洲生活之艰苦可真算是"穷得淋漓尽致",但他终于完成了《四声实验录》,还在伦敦写出了流传久远的白话新诗《教我如何不想她》。除此之外,他还抄录**散失**在海外的敦煌文献,1925年编成《敦煌

掇琐》。刘半农作为学者与诗人,最重要的著述都是这5年在欧洲完成的。没有这次赴欧之行,他的成就也许会减色不少。

巴黎——刘半农攻读博士学位的地方,刘谦功摄

伟大的人物一生中必定要经历一次伟大的旅行。这一说法最让人信服的案例就是英国生物学家达尔文青年时代曾随贝格尔舰进行了长达5年的环球考察,这是一位伟大学者的不朽著作与旅行相结合的最**写实**的例证。1831年9月,达尔文说服了父亲,登上贝格尔舰开始了他的环球之旅。旅行归来后达尔文说:"在贝格尔舰上的5年,比在大学里待上半个世纪更有价值,它决定了我的整个事业。"在5年的考察中,达尔文一共写了26本日记。在这些日记的基础上,他撰写了系统阐述生物**进化**理论的著作《物种起源》,并于1859年在伦敦正式出版。环球考察决定了他一生的方向。

现在人们总是出于兴趣或是减轻生活压力的目的而出游,很少有人能从人才学、成功学或心理学的角度进行更加有意义的旅行,也很少有人将每一次旅行与自己一生的事业联系起来考虑,我想从大人物的旅行中我们会悟到更多。

(选自《人民日报》(海外版)2018年5月21日,作者顾铁林,有删改)

阅读理解

一、生词

1. **非凡**：fēifán
   出色，出众，不一般。
   例：我姐姐在音乐方面有非凡的才能，不管什么歌，她听不了几遍就会唱了。

2. **体察**：tǐchá
   体验观察。
   例：要想体察民情，就要多下基层。

3. **天宇**：tiānyǔ
   天空。

4. **诸侯国**：zhūhóuguó
   秦朝以前最高统治者天子对封地的称呼。

5. **彻底**：chèdǐ
   完全，无所遗留。
   例：要想彻底解决这个问题，双方首先要本着双赢的理念进行协商，然后制定出行之有效的措施来。

6. **倘若**：tǎngruò
   如果，表示假设。
   例：你倘若不信，就亲自去看看吧。

7. **漂泊**：piāobó
   随水流漂流或停泊，比喻生活不固定，居无定所。
   例：他大学毕业后在外面漂泊了十年，现在想回家乡找工作了。

8. **游历**：yóulì
   到远处去游览。
   例：在游历了名山大川之后，你的人生观一定会发生变化的。

9. **撰写**：zhuànxiě
   写作。
   例：撰写论文应该像胡适先生所说的那样，大胆假设，小心求证。

10. **汪洋恣肆**：wāngyáng zìsì
    形容文章、言论、书法等气势豪放，潇洒自如。
    例：我喜欢草书，那种汪洋恣肆的笔法可以把人的情绪也调动起来。

11. **文风**：wénfēng

    使用语言文字的风格。

    例：文风朴素的文章让人读起来更有亲切感，所以写科普文章不要堆砌那些华丽的词藻。

12. **千古不朽**：qiāngǔ bùxiǔ

    指永远流传，不会磨灭。

    例：屈原虽然是离我们很远很远的古人，但他的精神是千古不朽的。

13. **瑰丽**：guīlì

    形容异常美丽，可与玫瑰相媲美。

    例：描绘春天的景象就要使用瑰丽的色彩。

14. **颠沛流离**：diānpèi-liúlí

    穷困而流转离散，形容生活艰难，四处流浪。

    例：街上的流浪汉没有家庭，没有工作，一直过着颠沛流离的生活。

15. **襟怀**：jīnhuái

    胸怀。

    例：如果你是一个襟怀坦荡的人，你就会交到很多朋友。

16. **散失**：sànshī

    分散遗失。

    例：李先生的那部书稿在战乱中散失了。

17. **掇琐**：duōsuǒ

    拾取微小的事物，多指探索历史与文物的细微之处。

18. **写实**：xiěshí

    真实地描绘事物，达到与所描绘的事物基本相符的境界。反义词：写意。

    例：跟写实的绘画相比较，写意的绘画更有动感。

19. **进化**：jìnhuà

    指生物由简单到复杂、由低级到高级逐渐发展变化的过程。

    例：生物的进化同环境的变化有很大关系，生物只有适应环境才能生存。

二、注释

1. 耳顺、从心所欲、不逾矩

"耳顺、从心所欲、不逾矩"语出《论语》，是孔子说的话："吾十有五而志于学，三十而立，四十而不惑，五十而知天命，六十而耳顺，七十而从心所欲，不逾矩。"意思是：我十五岁有志于学问，三十岁可以独立处事，四十岁遇事不迷惑，五十岁清楚地了解了自己一生走过的道路，六十岁一听别人的言论便可以判明是非，七十岁更是随心所欲，但做任何事都不会违反规矩。

2. 六经

六经为《诗》《书》《礼》《易》《乐》《春秋》的合称，是指经过孔子整理而传授的六部先秦古籍，其全名依次为《诗经》《书经》(《尚书》)《礼经》《易经》(《周易》)《乐经》《春秋》。

3. 安史之乱

"安史之乱"是中国唐代玄宗末年至代宗初年（755—763）唐朝将领安禄山与史思明背叛唐朝发动的战争，成为唐朝由盛而衰的转折点。这场内战使唐朝损失了大量人口，经济受到重创，国力大大削弱。由于发起反唐叛乱的指挥官以安禄山与史思明为主，因此被称为"安史之乱"；又由于这场战乱爆发于唐玄宗天宝年间，因此也称"天宝之乱"。

4. 三吏三别

"三吏三别"是唐代伟大的现实主义诗人杜甫六部作品的简称，"三吏"为《新安吏》《石壕吏》《潼关吏》，"三别"为《新婚别》《无家别》《垂老别》。"三吏三别"深刻描写了唐朝"安史之乱"时期的民间疾苦，揭示了战争给人民带来的巨大不幸和困苦，表达了作者对备受战乱摧残的老百姓的同情。

5. 五四时期

"五四时期"指"五四运动"时期，"五四运动"是1919年青年学生组织的爱国运动。第一次世界大战（1914—1918）期间，欧洲列强无暇东顾，日本乘机加强对中国的侵略，严重损害了中国的主权，中国人民的反日情绪日渐增长。1919年巴黎和会上中国外交的失败引发了"五四运动"：从5月4日开始，北京的学生纷纷罢课，随后天津、上海、广州、南京、杭州、武汉、济南的学生和工人也积极响应。"五四运动"直接影响了中国共产党的诞生和发展，中国共产党党史将其定义为"反帝反封建的爱国运动"，并以此运动作为旧民主主义革命和新民主主义革命的分界线。

三、阅读检查：简要回答问题

1. "名人大家必有一场非凡旅行"的含义是什么？

2. 作者对旅游的看法是什么？

3. "耳顺、从心所欲、不逾矩"是什么意思？

4. 司马迁游历天下对他创作《史记》产生了什么样的作用？

5. 为什么杜甫被称为"唐代伟大的现实主义诗人"?

6. 康有为游历欧美的研究成果是什么?

7. 刘半农作为诗人,其代表作是什么?

8. 达尔文是怎样评价他自己的环球之旅的?

9. 达尔文的著作《物种起源》是怎样写成的?

10. 谈谈你对旅行的意义与作用的看法。

四、拓展练习:任选一个人物及其著述谈谈你的理解

1. 孔子与《论语》
2. 司马迁与《史记》
3. 杜甫与"三吏三别"
4. 康有为与《罗马沿革得失》
5. 刘半农与《教我如何不想她》

提示　对于今天的中国人来说,旅游似乎已经成了一项必不可少的活动。随着中国旅游业的发展,旅游的形式与内容呈现出明显的多元化与多样性的趋势,如本文提到的现在比较流行的"微度假""快旅慢游"等现象就是突出表现。而旅游越来越丰富的内容和越来越深刻的内涵更是具有重要的意义,值得我们去探讨。

微度假 想走就走的"快旅慢游"

　　旅游如今已成为中国人生活的**刚需**,越来越多的人将"周末游"作为一种更为轻松休闲的度假方式。

　　"周末游"及"微度假"尤其受到上班族和学生群体的青睐,高铁、飞机等快捷交通工

具的发达和高速公路的发展给人们提供了"快旅慢游"的条件,轻松地到外地休闲已成为很多中国人度过周末的方式。

旅行陪伴　孩子成长

中国正全面进入度假时代,而在度假人群里,家庭度假占比很高。有孩子的家庭,周末亲子游几乎成为了常规活动。"每个月我都会利用周末时间带女儿坐高铁,来一次说走就走的'快旅慢游'。"来自北京的妈妈常睿已经这样坚持了两年多。

常睿告诉记者:"在上小学之前,孩子只喜欢看大海、在沙滩上玩,对中国历史、地理等内容没什么兴趣。后来我开始给她讲一些历史故事,慢慢寻找孩子的兴奋点。我发现孩子对唐朝很感兴趣,我们就决定跟着历史的脉络开始旅行。第一次旅行的目的地是西安,周末两天时间我们游览了大雁塔、大唐芙蓉园、大明宫遗址博物馆。我给女儿租了一套古装,小姑娘可高兴啦。这次旅行燃起了女儿对历史的兴趣,我们从此便开始了'周末游'的旅程。"

常睿母女一般是星期五下课后出发,星期日下午返回。西安之后,她们循着唐朝的发展轨迹,又游览了位于唐朝东都洛阳的龙门石窟、香山寺、明堂天堂。而后又按宋代的轨迹游历了开封的清明上河园、开封府、大相国寺,杭州的西湖、岳庙、灵隐寺,还到济南寻访了宋代词人辛弃疾和李清照的故里。两年中,母女俩到过山东、山西、内蒙古、黑龙江等十余个省区。

清明上河园,田琨摄

常睿说，旅行让女儿发生了**意想不到**的变化。旅行是一种**立体**、**多维**的学习方式，孩子像**海绵**一样，吸收多元知识的能力超乎大人的想象。旅游拉近了女儿和历史文化的距离。孩子在**读万卷书**、**行万里路**的过程中将学到的知识**融会贯通**并相互印证。

李梦然也是一位爱带孩子旅游的北京妈妈，每个月至少有一次"周末游"，假期则带孩子去更远的地方。李梦然说："旅游开阔了孩子的视野，提高了孩子的动手能力，也有助于想象力的开发。记得女儿两岁半时，有一天她跟我说，妈妈，今天的天真蓝，像大海一样。这是旅游时大海的样子给她留下的深刻印象。此外，孩子的适应能力也得到了锻炼。"他们常常一家三口或五口一起出游，这样还能增进家庭的**凝聚力**，孩子在这样特别有爱的环境里成长，慢慢就学会了关心和照顾他人。

放空身心　工作减压

长期在喧嚣的都市中工作的人们渴望利用有限的时间休闲度假，周末与家人或朋友出游，不用等待长假，不需**车马劳顿**，照样可以欣赏自然风景，度过美好时光，释放工作和生活的压力。

在居住城市周边寻找3～4小时左右车程的度假地旅游，这种新型的周末"微度假"**日渐**受到上班族的青睐。"90后"上班族刘伊姗告诉记者："大学时，我就喜欢旅游，那时多是**跟团**或**拼车**，后来慢慢把'周末游'变成了习惯和生活方式。出去玩不一定要打卡什么名胜古迹，就是为了休闲。旅游的步伐是从近到远逐步探索，从北京市区到天津、张家口等地。工作以后，消费升级了，对碎片化的需求更多元了。自驾游更方便，还能几个朋友结伴去。最近一次就是上个月去天津吃皮皮虾。互联网的发展可以让我借助别人分享的**攻略**进行**决策**，所以也不用再考虑当地是不是有朋友招待，提前看看攻略就可以出发了。"

北京媒体人牧野平时工作紧张，周末旅游成了她调整身心的重要方式。牧野说："我一个月有一次大的'长途游'，北京周边的话，基本半个月一次。星期五下班后，坐**夕发朝至**的火车，一宿卧铺直达目的地，星期六、星期日玩两天。比如，前一段时间去大同就是这样，星期六去了悬空寺、恒山，星

云冈石窟，田琨摄

期日去了云冈石窟、华严寺，结束后返程。'周末游'强度不大，而且可以换一种环境，看多了高楼大厦，突然去了另一个地方跋山涉水，探索大自然，可以让自己放松下来。"

换一个环境有利于换一种心态重新审视自己的工作，而且抛开工作的烦恼，在大自然的怀抱里静静地看太阳东升西落，感受身边的**鸟语花香**，真的让人心旷神怡，这大概就是"周末游"带给上班族的收获。牧野坦言，旅游让她的心态发生了改变，对于工作中的一些**琐事**和同事之间的一些小矛盾，她能以更加**包容**的心态去面对了；每次旅游回来，工作积极性更高了，人也更加精神**焕发**。

体验不同　开阔眼界

在旅游群体当中，大学生是一个重要的组成部分。大学生作为社会中的一个特殊群体，有一定的经济独立能力和自我生活能力，有相对宽松的时间，有更多的梦想与情趣，这些促成了大学生"旅游热"。有调查显示：在出游意愿上，95%的大学生表示非常喜欢旅游。大学生去旅游的目的主要是欣赏景观、增长见识和休闲**散心**。

北京大学的程曦喜欢去漂亮的地方拍照，比如九寨沟、呼伦贝尔大草原等。她告诉记者："我的旅游倾向于休闲，喜欢**呼朋唤友**，如在大众点评找个好吃的地方，朋友们一起去。旅游可以带给我新鲜感。现在出游我只选自由行，去一些小众的地方，品味当地特色，期待不**经意**的发现。"

中国传媒大学的傅若锦也是个十足的旅游达人。说到旅游，她一脸的兴奋："周末时，我喜欢去北京周边的城市，比如去天津和朋友一起到马场参观，体验骑马，学习一些马术知识，喂马、刷马，和马儿亲密接触，中午吃具有天津特色的菜肴。我最喜欢吃天津的麻花鱼和煎饼果子，味道真的和别的地方不一样，格外香！下午观赏一下城市风光，主要是看一看古代建筑，学一学历史。"

傅若锦还说："旅游对我的吸引力就是体验不一样的生活，我旅游的目的是开阔眼界，找到自己喜欢的生活方式。经常旅游能让我始终保持对生活的热爱，因为见到了那么多神奇的人和事，愈发感受到这世界的美妙，也让我对生活充满热情和希望，在生活中更加乐观积极。旅游已经成为我的生活方式了，旅游于我而言是最好的放松和**解压**方式之一。到一座陌生的城市体验别样的生活，感受不同的文化，可以慢慢建立对这个世界的全面认识。"——这恐怕也是越来越多的大学生喜欢旅游的原因。

（选自《人民日报》（海外版）2018年5月21日，作者赵珊，有删改）

阅读理解

一、生词

1. **刚需**：gāngxū
   即刚性需求，指商品供求关系中受价格影响较小的需求。

2. **占比**：zhànbǐ
   所占比例。

3. **常规**：chángguī
   沿袭下来经常实行的规矩，通常的做法。
   例：你可以打破常规办事，但必须讲出你的道理。

4. **脉络**：màiluò
   中医泛指人体的大、小、主、侧血管，比喻条理、头绪，也指文章的层次。
   例：写论文必须注重逻辑性，如果论文的脉络不清晰，怎么可能把问题论述清楚呢？

5. **意想不到**：yìxiǎng bú dào
   形容发生的事情在意料之外。
   例：她们俩竟然是亲姐妹？真让人意想不到！

6. **立体**：lìtǐ
   指具有长、宽、厚的（物体），是相对于平面而言的。常用来形容具有多种角度的事物。

7. **多维**：duōwéi
   指由多条维度组成的空间，常用来形容多方面。

8. **海绵**：hǎimián
   一种多孔材料，具有良好的吸水性，可用于清洁物品，如碗擦等。

9. **融会贯通**：rónghuì-guàntōng
   将各方面的知识或道理融合、贯穿起来，从而得到系统、透彻的理解。
   例：作为一个大学生，应该学会将课堂上老师讲的知识和自己在生活中获得的经验融会贯通起来。

10. **印证**：yìnzhèng
    证明与事实相符。
    例：事情的发展印证了他的想法，现在可以做决定了。

11. **凝聚力**：níngjùlì
    内聚力，比喻能使成员团结协作的力量。

例：一个企业，没有凝聚力是办不好的。

12. **车马劳顿**：chē mǎ láodùn
    古人出行一般都是骑马或者坐马车，一路颠簸，所以人很疲劳，现在仍用来形容人在旅途中很疲劳。
    例：你们刚到，车马劳顿，今天先休息休息，明天再谈公事。

13. **日渐**：rìjiàn
    一天一天逐渐地。
    例：秋天到了，天气日渐凉爽，咱们计划一下秋游吧。

14. **跟团**：gēn tuán
    跟随旅行团去旅游。
    例：你喜欢跟团还是自由行？

15. **拼车**：pīnchē
    和别人一起租用一辆车。
    例：出远门拼车也有好处，花费较少还有个伴儿。

16. **打卡**：dǎkǎ
    工作人员上下班时刷卡，即签到，在旅游方面指到某个地方游览了一次。

17. **攻略**：gōnglüè
    开展工作或发展事业的谋略、策略。
    例：要想让产品畅销，首先要拿出市场攻略来。

18. **决策**：juécè
    决定办法或策略；决定的办法或策略。
    例：进行决策、正确的决策

19. **夕发朝至**：xī fā zhāo zhì
    一般指火车傍晚从起始站出发，第二天早上到达目的地。
    例：从北京去西安可以坐夕发朝至的火车。

20. **宿**：xiǔ
    用于计算夜。
    例：他不太习惯住在海边，波涛的声响已经让他两宿没睡好觉了。

21. **鸟语花香**：niǎoyǔ-huāxiāng
    鸟叫得好听，花开得喷香，形容春天的美好景象。
    例：春天到了，公园里处处鸟语花香，人们怡然自得地在里面散步，景致很美。

22. **琐事**：suǒshì
    细小零碎的事情。

例：日常生活就是有很多琐事，如买菜、做饭、洗衣服、打扫房间等等，该干什么就干什么吧。

23. **包容**：bāoróng

    指宽容大度。

    例：如果别人愿意改正错误，那么我们应怀着包容之心给他们机会。

24. **焕发**：huànfā

    光彩四射，精神振作。

    例：改革开放的春风使这座古老的小镇焕发出无穷的活力。

25. **散心**：sànxīn

    消除烦闷，使心情舒畅起来。

    例：你最近工作压力太大了，出去散散心吧。

26. **呼朋唤友**：hū péng huàn yǒu

    把朋友都召唤过来。

    例：他喜欢热闹，一到周末就呼朋唤友，找地方聚会。

27. **小众**：xiǎozhòng

    一小部分人。反义词：大众。

    例：这种音乐无所谓大众还是小众，雅俗共赏。

28. **不经意**：bù jīngyì

    指不留意。

    例：许多灵感来自不经意的突发奇想，从而成就了许多发明与创造。

29. **达人**：dárén

    在某一方面很精通的人。

    例：理财达人、旅游达人

30. **解压**：jiěyā

    解除压力。

    例：当生活或工作压力太大的时候就要想办法解压。

二、注释

读万卷书，行万里路

"万卷"指皇帝的试卷，"读万卷书"的意思是：读书是为了进京赶考，金榜题名。与此相关，"行万里路"的意思是：走入仕途，为皇帝办事。现在使用这句话时基本上是字面意义："读万卷书"指努力多读书，让自己的才识过人；"行万里路"指广泛游历，并在游历中开阔视野、获得知识、提高能力。

三、阅读检查：判断正误

1. "旅游如今已成为中国人生活的刚需"的意思是现在中国人刚刚开始把旅游当作生活的基本需求。（   ）
2. "微度假"的意思是到小城镇去旅游。（   ）
3. "快旅慢游"是指游客花费在旅途中的时间越来越短，留在景区、景点的时间越来越长。（   ）
4. 很多家长把周末带孩子出游变成了家庭生活中必不可少的日常活动。（   ）
5. 常睿的孩子在上小学之前就对中国历史、地理感兴趣。（   ）
6. 常睿带着孩子旅行的第一个目的地是西安，因为她女儿对唐朝很感兴趣。（   ）
7. 从开封的清明上河园、开封府、大相国寺中可以了解宋代的历史。（   ）
8. 常睿认为女儿在旅行之后发生了很大的变化，在很大程度上了解了历史文化。（   ）
9. "融会贯通"的意思是交通非常发达。（   ）
10. 李梦然是一位爱带孩子旅游的北京妈妈，每个周末都带孩子去旅游。（   ）
11. 李梦然孩子的话"今天的天真蓝，像大海一样"说明这个孩子很有想象力。（   ）
12. 孩子在特别有爱的环境里成长有利于培养他们乐于助人的优良品质。（   ）
13. "车马劳顿"这个成语是用来形容交通十分拥挤的。（   ）
14. 刘伊姗现在出去旅游主要是跟团或拼车。（   ）
15. 互联网的发展使刘伊姗可以通过网上的旅游攻略进行决策。（   ）
16. "夕发朝至的火车"是指火车傍晚从起始站出发，第二天早上到达目的地。（   ）
17. 牧野说，旅游让她的心态发生了改变，变得比以前宽容了。（   ）
18. 大学生"旅游热"的产生原因是现在大学里提倡减轻学生的课业负担。（   ）
19. "大众点评"是中国一家著名的餐馆。（   ）
20. 傅若锦认为，旅游最重要的作用是减轻压力，使她的身体更健康。（   ）

四、拓展练习：举例说明下列与旅游有关的词语

1. 微度假
2. 快旅慢游
3. 亲子游
4. 跟团游
5. 旅游达人

第二部分　口语表达：讨论

一、观点提示

1. 读万卷书，行万里路。
2. 百闻不如一见。
3. 我喜欢在路上的感觉。
4. 要想成就一番事业必须广泛游历。
5. 名人大家必有一场非凡旅行。
6. 旅行的种类与目的多种多样。
7. 世界之大无奇不有，不去看看怎么知道？
8. 人生至少应该有一次说走就走的旅行。
9. 要想真正了解一个地方的风土人情，必须亲身去体验。
10. 旅游会对一个人的人生观产生重要影响。

二、示范提纲

观点：百闻不如一见。

说明：

1. 世界上的万事万物多为有形的，对于这些事物，如果只是听说，没有看见，那么对它们的了解必然是不准确、不全面、不深入的。例如，许许多多的外国人都知道中国有万里长城，但是万里长城到底有多长？东起山海关、西至嘉峪关是一种什么样的气派？长城上数不清的关口与烽火台，是什么样的风貌？不来中国真正游览一次长城，是很难感受到长城的雄伟壮观的，更别说了解其背后的历史与文化了。

2. 现在是一个全球化时代，不同国家之间在经济、文化、教育、旅游等各个领域的交往越来越多，人们在学习、生活、工作中有越来越多的机会到别的国家去，而每一个国家都有自己独特的自然风貌与人文历史，例如泰国有大皇宫、荷兰有郁金香、美国有感恩节等等。如果不身临其境的话，是很难体味到其独特的文化氛围与文化内涵的。

结论：

由此可见，"百闻不如一见"真是一句至理名言。只有广泛游览，我们看到的一切和经历的一切才最有可能转化为自己的真知灼见。

三、话题词群

1. 旅游的目的：休闲、学习、研究、敬老、亲子
2. 旅游的意义：生活观、历史观、人生观、世界观、价值观
3. 旅游的种类：长假期、微度假；跟团游、自由行；自驾游、拼车游
4. 旅游的过程：汽车、火车、飞机、轮船；宾馆、酒店、景区房、度假村
5. 旅游的收获：开阔视野、增长知识、获得经验、提高能力

四、参考用语

1. 旅游可以让你看到不一样的世界，交到不一般的朋友。
2. 旅行既可以让我们领略美不胜收的自然风光，也可以让我们感悟终生难忘的人生哲理。
3. 高度决定视野，视野也决定高度。
4. 只要你背着背包走在路上，就能增长知识、开阔视野。
5. 旅游是保证身心健康的有效方式，应该大力提倡。
6. 在旅途中我们不仅能发现世界，而且能发现自己。
7. 旅行既是一种人生经验，也是一种教育方式。
8. 旅游已经成为我的生活方式，能让我的身心都得到解放。
9. 中国古代哲学家荀子说："不登高山，不知天之高也；不临深溪，不知地之厚也。"
10. 美国作家安德鲁斯说："人的一生中至少要有两次冲动：一次奋不顾身的爱情，一次说走就走的旅行。"

话题三　就业观念应与时俱进

话题背景

大学生就业是一个世界性的问题，既关乎个人，也关乎家庭与社会，因此大学生在选择职业的时候，除了自身的意愿以外，往往还会受到家庭和社会的影响。此外，时代的发展与中外经济文化的交流使大学生的就业观念不断发生变化。据专业人士研究，目前大学生的就业观念主要受到三种因素的影响：经济收入、个人喜好、社会价值。

教学目标

1. 了解中国大学生的就业观念与就业状况；
2. 比较中国大学生与自己国家大学生的就业观念与就业状况。

热身活动

1. 和中国同学或朋友谈谈就业问题；
2. 认真思考一下自己的就业观念。

第一部分　阅读文章

提示　大学生的就业观念直接影响大学生的就业结果，良好的就业观念不仅能帮助大学生顺利就业，而且能使其获得职业上的大发展。虽然近年来大学生就业观念不断向着良好的方向发展，但依然存在着一些值得重视的问题。我们应该了解这些问题，通过分析找出原因，并提出行之有效的建议来。

大学生就业观念存在的问题及其对策研究

大学生就业难一直是全社会高度关注的问题，随着高等教育的发展和信息化程度的提高，这个问题越来越**突出**，大学生就业形势越来越**严峻**。目前，虽然经济形势增长态势良好，劳动力市场**供求矛盾**有所**缓解**，但是总的看来，毕业生在选择就业时还存在较大压力，特别是本科毕业生，面临高等职业学校学生与研究生的双重**挤压**，往往不能找到非常满意的工作，就业满意度偏低。同时，大学生在就业观念上仍存在许多误区，这使得就业更是**难上加难**。

一、就业观念及其对大学生就业的影响

就业观念是大学生对即将从事的工作的认识及对自身与工作适应性的评价。一般来说，就业观念包括两个不可分割的部分：一是大学生对工作性质、工作内容、工作环境、工作福利待遇、工作发展前景等方面的认识；二是大学生对自身的主客观条件与工作匹配程度的认识与评价。

大学生的就业观念一般受内因和外因两个因素影响。内因是指大学生自身的世界观、人生观和价值观。大学生本身对事物的认识程度促成了其对就业的认识，从这一点上说，就业观念的形成往往与大学生自身的知识储备、性格、受教育程度等密不可分。外因是指社会、学校、家庭等环境因素。环境因素对大学生就业观念的影响是不容忽视的，焦躁的社会、校园、家庭环境很容易诱导大学生产生畸形、落后的就业观，从而影响大学生正确地选择自己的职业。应当说，大学生就业观念的形成是内因和外因共同作用的结果。

正确的、与时俱进的就业观念对大学生就业具有良好的促进作用，而错误的、墨守成规的就业观念不仅会阻碍大学生最初顺利地求职，而且会阻碍大学生在职业方面的长期发展。很多大学生找工作难，找到工作又在职业发展上不断受到挫折，追根溯源都是因为在就业观念上存在偏差。

即将走向社会的大学毕业生，田琨摄

二、大学生就业观念存在的问题及其原因分析

虽然当代大学生基本都树立了主动择业的就业观念，但是，从当前状况看，大学生就业观念还存在着很多突出的问题，而这些问题恰恰是造成大学生就业困难的重要原因。具体说来，大学生就业观念存在的问题主要有：

第一，不合理的经济收入预期。大学生长期在校园中生活，对社会的认识并不全面。同时，在长期的学历、成绩决定论的影响下，相当多的大学生都有些"自以为是"，自认为能力强、本事大，就应该挣钱多，因此产生了不合理的经济收入预期。笔者曾对即将毕业的学生进行过调查，相当多的本科学生的收入预期是每月5000～6000元，更有学生因为福利待遇问题而拒绝公司的工作邀请，最终没能顺利就业。然而实际上，根据麦可思发表的《就业

蓝皮书：2014中国大学生就业报告》，2010届毕业生毕业半年后的月收入为2479元（本科为2815元，高职高专为2142元）。从这些数据来看，不少大学生对自己的收入预期过高，有些不切实际。

第二，就业地域观念仍比较落后。相当多的大学生在选择就业地域时，都比较关注北京、上海、广州、深圳等发达的**一线城市**。虽然近年来学生也开始关注**二线城市**，但是对于欠发达的西部地区还是关注不够。从**大学生志愿服务西部计划**的角度来说，虽然西部志愿服务计划每年都有学生参与，并且数量呈**递增态势**，但是相对于**庞大**的毕业生群体，这个数量却是**九牛一毛**。尽管有些学生就业困难，但仍然不愿意参加此项服务计划。

第三，有些学生就业前存在**懈怠**情绪，比较被动。虽然大多数学生态度都比较积极，但是也有少数学生还存在着就业懈怠的现象，没有全情投入就业准备中，将就业的希望**寄托**于父母，还有甚者将未来的生活寄托于父母，认为自己没有工作压力和收入压力。另有一些学生逃避就业，这从高居不下的再考研率中便可看出。在对再考研学生进行调查时发现，有的同学实际上是在**逃避**就业，不愿意面对较大的就业压力。

第四，自主创业意愿不强。近年来，虽然国家对自主创业的政策扶持力度越来越大，但是从实际情况来看，毕业后选择自主创业的学生并不多，因为他们觉得自主创业太辛苦，而且风险比较大。大多数学生还是倾向于寻找一份稳定的工作，不求有多大作为，只要安稳保险就行。

第五，"先就业，再择业"的观念还未**深入人心**。所谓"先就业，再择业"是指大学生在选择职业时，应以低姿态走入社会，从基层做起，先完成就业的目标，待到能力、经验上升到一定程度之后，再进行二次择业。从现实情况来看，大型的企业、关键的岗位往往需要有工作经验的人，并不**青睐**刚刚毕业的大学生，而大学生往往对这些企业、岗位**趋之若鹜**，这是缺乏"先就业，再择业"观念的集中体现。

就业观念的形成是内因与外因两方面共同作用的结果。目前大学生就业观念存在的问题主要由以下因素造成：

求职的毕业生，田琨摄

第一，自身因素。主要体现在职业生涯规划不全面与对自身评价不到位两方面。其一，大学四年是形成就业观念的重要时期，如果在这个阶段没有进行全面的职业生涯规划，没有接受专业的职业生涯指导，就会导致大学生就业观念不成熟，比较容易产生从众心理，受他人影响较大；其二，大学生在择业过程中往往对自身评价不到位，单方面认为自己能够适应理想工作的要求，从而产生过高的职业期待，形成不切实际的就业观念。

第二，社会、学校、家庭因素。从社会的角度看，大学生的就业观念容易受社会风尚的影响，有时会出现偏颇；从学校的角度看，学校往往没有帮助学生进行完整的职业规划，因此学生难以形成较为成熟的就业观念；从家庭的角度看，如果缺乏良好的家庭教育或者家庭经济压力较大，学生也可能无法正确对待就业问题。

三、促进大学生就业观念进一步转变的对策与建议

大学生是国家发展的中坚力量，大学生就业是关系到经济发展的重要问题。促进大学生就业观念进一步转变，需要大学生自身乃至国家、学校、家庭都付诸行动，相互配合。

第一，大学生自身层面的建议。首先，大学生应该打好基础，努力学好专业知识，锻炼专业技能。同时，应当积极提高思想道德水平，树立正确的世界观、人生观和价值观。良好的专业素质与做人的基本道德是大学生进入社会的最低门槛。其次，做好职业生涯规划。大学生从入学开始就应当积极学习职业生涯规划课程，从自身情况出发，做好职业生涯规划，形成正确的就业观念。再次，大学生应当正确地进行自我评价，只有这样才能真正了解一份工作是否适合自己、自己能否胜任。最后，大学生应当进行适当的社会实践，在上学期间就注重了解社会、融入社会，毕业后才能更好地进行职业选择。

第二，学校层面的建议。首先，学校应当完善培养计划。一方面，学校的职责是教书育人，培养具有良好专业素质的学生；另一方面，学校也应当根据未来用人单位的需要对培养计划进行调整，以便学生能够更顺利地走上职场。其次，建立职业发展与就业指导培养体系，培养学生的职业素质。学校应该开设职业规划课程，帮助学生做好职业生涯规划，同时开展一系列就业指导活动，在职业生涯规划与就业指导中纠正学生偏颇的就业观念。再次，及时关注就业困难、心理困难、经济困难的"三困"毕业生，给予实实在在的支持。"三困"毕业生是最容易出现就业观念偏差的就业群体，学校应当特别重视。

第三，家庭层面的建议。首先，家庭应当给予大学生良好的教育，帮助他们树立正确的世界观、人生观和价值观。其次，家庭作为毕业生的港湾，不应当给毕业生太大压力，父母也不应当用自己偏颇的观念强行影响毕业生的就业观念。家庭应当承担起心灵抚慰的职责，这样也可以降低毕业生因就业困难出现心理问题的概率。

总而言之，良好的就业观念在大学生就业过程中所起的作用是至关重要的，绝不能忽

视。大学生自身要努力,社会各方也应行动起来,帮助大学生顺利实现就业,不断提高就业满意度。

(选自《时代教育》2015年第1期,作者郭珺、赵岩松,有删改)

阅读理解

一、生词

1. **突出**:tūchū
   指非常明显。
   例:如果你在这次活动中表现很突出,下次活动你就可以做组织者了。

2. **严峻**:yánjùn
   形容情况非常严重和紧急。
   例:严峻的形势、严峻的考验

3. **缓解**:huǎnjiě
   缓和,减轻。
   例:今天紧张的局势得到了缓解,人们开始恢复正常的生活状态。

4. **挤压**:jǐyā
   从周围向中间施加压力。
   例:作为一个已婚职业妇女,她总能感受到家庭与工作的双重挤压。

5. **误区**:wùqū
   错误的地方。
   例:专家的指导使我们的研究尽可能地避开了误区。

6. **难上加难**:nán shàng jiā nán
   指难度非常大。
   例:写专业论文很难,用外语写专业论文更是难上加难。

7. **分割**:fēngē
   把一个整体或有联系的事物强行分开。
   例:我和我的祖国,一刻也不能分割。

8. **匹配**:pǐpèi
   指配合或搭配。
   例:这两种颜色放在一起不匹配,看起来太难看了。

9. **内因**：nèiyīn

    事物发生变化的内在因素和原因。反义词：外因。

    例：内因是变化的根据，外因是变化的条件。

10. **外因**：wàiyīn

    事物发生变化的外在因素和原因。反义词：内因。

    例：遇到问题我们不能只关注外因，同时必须考虑内因的作用。

11. **储备**：chǔbèi

    储存，准备。

12. **密不可分**：mì bù kě fēn

    形容十分紧密，不能分开。

    例：产品质量与检验制度是密不可分的。

13. **忽视**：hūshì

    不重视，不注意。

    例：要想让我们的产品卖得好，就不能忽视售后服务问题。

14. **焦躁**：jiāozào

    指着急、烦躁、坐立不安的样子。

    例：你别这么焦躁，事情没有你想象的那么严重。

15. **诱导**：yòudǎo

    劝说并引导，含贬义。

    例：不要诱导孩子玩不利于身心健康的游戏。

16. **畸形**：jīxíng

    原义为生物体某部分发育不正常，泛指事物的发展不正常。

    例：只有遵纪守法，我们的企业才不会畸形发展。

17. **与时俱进**：yǔshí-jùjìn

    随着时代的发展而不断进步。

    例：无论男女老少，思想观念都应该与时俱进。

18. **墨守成规**：mòshǒu-chéngguī

    指守着老规矩不肯进行任何改变。

    例：要想干好工作，我们就不能墨守成规。

19. **阻碍**：zǔ'ài

    阻止，妨碍。

20. **挫折**：cuòzhé

    指不顺利的事情或境遇。

21. **追根溯源**：zhuīgēn sùyuán

    指探寻事物发生的根源。

    例：这座城市的交通之所以这样拥堵，追根溯源，是因为没有很好地发展立体交通网络。

22. **偏差**：piānchā

    原义为运动物体偏离确定方向的角度，泛指工作中出现的差错。

23. **择业**：zéyè

    选择职业。

24. **恰恰**：qiàqià

    正好。

    例：他说得不对，事实恰恰相反。

25. **预期**：yùqī

    事先的期望。

26. **自以为是**：zìyǐwéishì

    总以为自己是对的，不接受他人的意见。

    例：你老是自以为是，能不能听听别人的意见？

27. **福利待遇**：fúlì dàiyù

    指员工的间接报酬，一般包括健康保险、带薪假期、退休金等。

28. **递增**：dìzēng

    依次增加。反义词：递减。

    例：在保证产品数量递增的同时还能保证废弃物品递减，才是真正为经济发展和环境保护做出了贡献。

29. **庞大**：pángdà

    巨大，非常大。

    例：庞大的家族、庞大的机构

30. **九牛一毛**：jiǔniú-yìmáo

    九头牛身上的一根毛，比喻渺小、轻微或很大数量中的极少数。

    例：这些钱对于他来说就是九牛一毛。

31. **懈怠**：xièdài

    松懈懒散，一般指不努力或不负责任的现象。

32. **寄托**：jìtuō

    既指委托别人照料，也指将理想、情感放在某人或某事物之上。

    例：他把振兴企业的希望寄托在新一代工程技术人员身上。

33. **逃避**：táobì

   躲开不愿意或不敢接触的事物。

   例：无论现实生活怎么样，我们都不能逃避，应该以良好的心态来应对生活中发生的一切。

34. **深入人心**：shēnrù rénxīn

   指理论、学说、政策等为人们深切了解和信服。

   例：你支援灾区的倡议深入人心，现在咱们商量一下具体应该怎么做吧。

35. **青睐**：qīnglài

   表示重视或喜爱。

   例：这一款新式连衣裙深受年轻女性的青睐。

36. **趋之若鹜**：qūzhī-ruòwù

   像鸭子一样成群跑过去，比喻许多人争相追逐某种利益，含贬义。

   例：公司里的工作是多种多样的，不能一遇到轻松愉快的事情大家就趋之若鹜，而复杂难做的事情就没人愿意干。

37. **到位**：dàowèi

   达到合适或令人满意的程度。

   例：这家宾馆的服务非常到位。

38. **生涯**：shēngyá

   指从事某种活动或职业的经历。

   例：舞台生涯、体育生涯

39. **从众**：cóngzhòng

   指跟大家一样。

   例：从众心理、从众行为

40. **偏颇**：piānpō

   指偏向一方，不公平。

   例：你这样评价他们的工作失之偏颇。

41. **诸**：zhū

   "之于"的合音。

   例：诉诸法律、付诸行动

42. **门槛**：ménkǎn

   门框下面的横木条，借指标准。

   例：他们公司门槛太高，想要进去不容易。

43. **港湾**：gǎngwān

   船舶可以安全停泊或能装卸货物及上下乘客的水域。

   例：家庭应是幸福的港湾。

44. **抚慰**：fǔwèi

   安慰。

45. **概率**：gàilǜ

   指可能性。

   例：这件事成功的概率有多大？

二、注释

1. 供求矛盾

供求矛盾是指供给与需求之间既相互依存又相互对立的状况，其对立统一的关系构成了经济活动的基本内容。例如，旅游市场的供求矛盾即供给与需求能否相互适应、相互协调的矛盾。如果供需之间大体能够适应，矛盾便不突出，这种情况被称为供求平衡；如果供需之间根本不能适应，矛盾便很突出，这种情况被称为供求失衡。一般说来，供求平衡是相对的、有条件的，不平衡是绝对的、无条件的。供给与需求彼此之间相互适应，并表现出供求从平衡到不平衡，再从不平衡到平衡的循环往复的变化规律。

2. 蓝皮书

蓝皮书早期指英国议会的出版物《英国议会文书》，因封皮是蓝色的而得名，1681年开始发行，是英国政府提交议会两院的一种外交资料和文件。现多代指某些官方文件，通常代表的是相关研究团队的观点。

3. 一线城市

一线城市指在全国政治、经济等社会活动中处于重要地位并具有主导作用和辐射带动能力的大都市，主要体现在城市发展水平、综合经济实力、对人才的吸引力、在国际上的竞争力等方面。中国的一线城市一般是指北京、上海、广州、深圳。

4. 二线城市

二线城市指中东部地区的省会城市、沿海开放城市和经济发达的地级市。中国公认的一线城市只有四个：北京、上海、广州、深圳。二线城市是上述四个城市以外的区域性中心城市，如昆明、厦门、南昌、哈尔滨、乌鲁木齐等。

5. 大学生志愿服务西部计划

自2003年起，中国教育部、财政部、人力资源和社会保障部联合实施大学生志愿服务西部计划。该计划以公开招募、自愿报名、组织选拔、集中派遣的方式实行，每年招募一定数量的普通高等学校应届毕业生或在读研究生到中国西部地区开展为期1～3年的教育、卫生、农技、扶贫等志愿服务。西部计划是国家重大人才工程"高校毕业生基层培养计划"的子项目，目前各项工作持续、健康发展，取得了良好的效果。

三、阅读检查：判断正误

1. 目前大学生就业难的主要原因是高等教育的发展和信息化程度的提高。（　）
2. 本科生比高等职业学校学生和研究生更容易找到满意的工作。（　）
3. 就业观念主要包括大学生对工作的认识和对自己是否适合某种工作的判断。（　）
4. 大学生的就业观念一般受内因和外因两个因素影响。（　）
5. 内因是指社会、学校、家庭等环境因素。（　）
6. 在"错误的、墨守成规的就业观念"中，"墨守成规"的意思是找工作必须遵守国家的法律法规。（　）
7. 在"追根溯源都是因为在就业观念上存在偏差"这句话中，"追根溯源"的意思是从根本上提高素质。（　）
8. 主动择业的就业观念是指以积极、乐观的态度对待就业问题。（　）
9. 目前大学生就业观念存在的问题首先表现为不合理的经济收入预期。（　）
10. 在"相当多的大学生都有些'自以为是'"这句话中，"自以为是"的意思是认为自己条件很好，形容骄傲自大。（　）
11. 相当多的大学生在选择就业地域时都比较关注生活压力较小的二线城市。（　）
12. 大学生志愿服务西部计划是一个鼓励大学生放假期间到西部去实习的计划。（　）
13. 在"西部志愿服务计划每年都有学生参与，并且数量呈递增态势"这句话中，"数量呈递增态势"的意思是数量越来越少。（　）
14. 在"相对于庞大的毕业生群体，这个数量却是九牛一毛"这句话中，"九牛一毛"的意思是九头牛身上有很多毛，比喻数量很大。（　）
15. 少数学生认为自己可以依靠父母，因此没有工作压力和收入压力。（　）
16. 在"不求有多大作为，只要安稳保险就行"这句话中，"安稳"和"保险"的意思差不多。（　）
17. "先就业，再择业"的意思是大学生要慎重选择职业，没有理想的工作就不要着急就业。（　）
18. 在"大学生往往对这些企业、岗位趋之若鹜"这句话中，"趋之若鹜"的意思是像鸭子一样成群地跑过去，比喻很多人争着去追逐某些事物。（　）
19. 造成大学生就业问题的自身因素主要体现在职业生涯规划不全面与对自身评价不到位两方面。（　）
20. 从学校的角度看，目前学校已经能够帮助学生进行完整的职业规划，使他们形成较为成熟的就业观念了。（　）

21. 缺乏良好的家庭教育或者家庭经济压力较大，是学生不能正确对待就业问题的原因之一。（ ）
22. 对于大学生来说，提高思想道德水平与学好专业知识、锻炼专业技能同等重要。（ ）
23. 大学生在上学期间进行社会实践有助于他们了解社会、融入社会，更好地进行职业选择。（ ）
24. "三困"毕业生是指学习困难、就业困难、经济困难的毕业生。（ ）
25. 家庭在降低毕业生因就业困难出现心理问题的概率方面起不了什么作用。（ ）

四、拓展练习：用生活中的实例解释下列成语

1. 与时俱进
2. 墨守成规
3. 追根溯源
4. 自以为是
5. 九牛一毛
6. 趋之若鹜

第二部分　口语表达：讨论/演讲

一、观点提示

1. 大学生的就业观念应当与时俱进。
2. 在就业问题上进行自我评估要实事求是。
3. 自主创业是一种挑战与机遇并存的选择。
4. 就业应与社会发展结合起来。
5. 在校期间的实习对未来的就业有很大帮助。
6. 择业应考虑专业的学以致用。
7. 职业不等于事业。
8. 就业与创业都不能害怕失败。
9. 万事开头难，良好的开端就是成功的一半。
10. 三百六十行，行行出状元。

二、示范提纲

观点：在校期间的实习对未来的就业有很大帮助。

说明：

1. 实习的选择：实习既是专业学习的重要组成部分，也是对未来走向社会的一种准备，所以实习的选择至少要从这两个方面来考虑。例如，学习经济学的可以考虑去公司、银行实习，而学习教育学的可以考虑去学校、社区实习。

2. 实习的进行：实习的时候，一定要做一个有心人，除了做好本职工作外，还要注意观察与体验，看看同事们的工作理念与工作方法，多学习一些工作经验。例如，如果在公司实习，就应该尽心尽力地去完成上司交待的任务，并且积极主动地提出一些行之有效的建议；如果在学校实习，就应该多听其他老师讲课，参加多种多样的教学与课外活动，并注意学生的反馈意见，使自己尽快成为一个合格的教师或教育方面的管理者。

3. 实习的总结：实习既然要兼顾现在的专业与未来的工作，就必须不断地总结自己在实习过程中的经验与教训，不要等实习结束再总结，那就没有改进的机会了。例如，无论在公司实习还是在学校实习，都会遇到各种各样的问题，也会有成功的经验或失败的教训。及时地进行总结可以不断改善自己的实习状态，真正从实习中学到书本上没有的知识，培养在学校中难以培养出来的能力。

结论：

大学生在学校学习期间一般都会有实习机会，如果能够好好把握，将它与目前所学的专业和未来想做的工作结合起来，对自己的职业生涯将大有益处。

三、话题词群

1. 职业：求职、任职、辞职、升职；择业、就业、失业、创业
2. 经历：成功、失败；经验、教训；顺境、逆境
3. 内因：人生观、世界观、价值观
4. 外因：家庭、学校、社会
5. 状况：与时俱进、墨守成规；虚怀若谷、自以为是；游刃有余、初出茅庐
6. 求职：简历、求职信；人才市场、招聘广告；人事部、人力资源部

四、参考用语

1. 随着高等教育的发展和信息化程度的提高，大学生就业难的问题越来越突出。
2. 就业观念是大学生对即将从事的工作的认识和对自身与工作适应性的评价。
3. 大学生的就业观念受内因和外因两方面的影响，内因指大学生的世界观、人生观和价值观，外因指社会、学校、家庭等环境因素。

4. 创业也是一种就业选择，其实创业最坏的结果就是去找工作。

5. 可以考虑"先就业，再择业"，即先从基层做起，等具有一定的能力、经验之后再进行真正的择业。

6. 大学生应从自己的实际情况出发，做好职业生涯规划。

7. 就业观念不能不切实际，地位高、收入高而又轻松愉快的工作是不存在的。

8. 为了让学生更好地适应未来的工作，学校应当注重培养学生的创业意识、创新精神和创造能力。

9. "千里之行，始于足下。"要想创业，必须从小事做起。

10. 不要害怕失败，中国有一句俗话："失败是成功之母。"

五、口语表达拓展：演讲

演讲题目备选：

1. 如何提高就业竞争力
2. 职业就是事业
3. 敬业精神最可贵
4. 失败是成功之母
5. 自主创业的挑战与机遇

话题四　城市要有自己的情调空间

话题背景

　　根据功能的需要，一个城市可以划分成不同的空间，如工作区、生活区、商业区、旅游区等等。这些空间都是一个城市影响力的重要组成部分，城市的特色和文化意蕴在很大程度上是通过这些空间体现出来的，人们往往会因为一些城市具有独一无二的情调空间而永远记住它，如北京的故宫、上海的外滩、杭州的西湖、云南的丽江等。然而，在城市化愈演愈烈的今天，城市的发展趋势千篇一律，这就使得城市情调空间的营造更加重要。在营造独特的城市情调空间时，城市雕塑起着不容忽视的作用。

教学目标

1. 通过各种实例了解中国多样化的城市；
2. 举例进行中外城市文化对比。

热身活动

1. 每个人准备几张自己最喜欢的城市的图片；
2. 给同学们介绍一下这些图片。

第一部分　阅读文章

提示　雕塑艺术是一种很重要、很普遍的文化形式，与人类的生活息息相关；城市是人类不断进步与发展的成果，城市雕塑让我们生活的城市更加美好。这篇文章阐释了城市雕塑的文化内涵与发展趋势，通过介绍中国和外国各种各样的城市雕塑强调了在现代化过程中城市保持自己特色的重要性。请结合自己的生活经历找出更多的实例，以供讨论之用。

从城市雕塑看城市情调空间的营造

　　在当代社会，城市化进程不断加快，越来越多的人选择生活在城市里，因此让城市变得更加美好成为城市发展的重要方向，城市情调空间的营造日益受到重视，而城市雕塑在这方面所起的作用是不容忽视的。所谓城市雕塑，即放置在城市公共场所中的大型雕塑，它能够调节千篇一律的建筑物带来的拥挤、呆板、单一的景象，还可以给某些建筑物画龙点睛，使其更加美观并富有文化意蕴。简言之，城市雕塑主要用于城市的装饰与美化，使城市的景观更加亮丽，给人们带来精神上的享受。作为城市的组成部分，城市雕塑多安置在道路、桥梁、广场、车站、港口、戏院、公园、绿地、学校等处，其题材与范围都比较广泛，而且往往与该城市的地理特征、历史沿革、民间传说、风俗习惯、文化艺术密切相关。有些城市雕塑甚至被视为城市的标志。

一、城市雕塑的文化内涵

作为城市文化的组成部分，城市雕塑代表了一个城市的文化水准和精神风貌，能够使进入其中的人沉浸在浓郁的文化氛围之中，感受到城市脉搏的跳动。从文化内涵的角度来考察，城市雕塑的特性是显而易见的，具体表现在如下方面：

第一，丰厚的历史性。城市雕塑记载了不同时期的历史，任何一座城市都是历史的产物，都有着不同于其他城市的传统，看不同时代的城市雕塑就像读不同时代的百科全书。在欧洲，城市雕塑具有悠久的历史，而且未因时代的更迭而中断。时至今日，欧洲各国的大城小镇依然能看到各个时期的城市雕塑，它已成为城市建筑及其文化的重要组成部

《五羊石像》

分，如意大利佛罗伦萨的《大卫》、比利时布鲁塞尔的《撒尿小童》、丹麦哥本哈根的《美人鱼》等等。在中国，城市雕塑出现得较晚，一般认为二十世纪上半叶才在一些经济与文化比较发达的城市如上海、天津、成都、广州、重庆等地出现了一些真正意义上的城市雕塑。新中国成立后，特别是改革开放以来，中国的城市雕塑在许多城市如雨后春笋般地出现，其中不乏优秀之作，如广州的《五羊石像》、南宁的《五象泉》、烟台的《月光》等等。以广州的《五羊石像》为例，它就是根据当地的历史传说而塑造的：五位仙人身穿五彩衣，骑着五色羊，拿来优质稻穗赠送给楚庭（广州最早的名称）人民，并祝福这里永无饥荒；而后五位仙人腾空而去，五只羊则变成石头永远留在了广州，广州因而有"羊城"之称。雕像中的五只石羊神态各异：站在高处体态雄健的老羊口衔稻穗昂首向前，脚下是一对亲密依偎的小

羊，另有一只母羊正在顾盼安静吸吮着乳汁的幼羊。该雕像生动再现了羊化为石将稻穗赠予岭南人民的传说，并喻示着羊城人民**丰衣足食**的美好生活。

第二，鲜明的地域性。城市雕塑的内容、形式与特点是由地理位置及周围环境决定的，充分**彰显**了城市的地域性。例如，意大利佛罗伦萨广场的喷泉池中**矗立**着一座大理石海神像，其垂直的形象与背后**高耸**的建筑乃至城市周围美丽的山丘相呼应，以明亮的色泽和自然的形态吸引着人们的视线，具有鲜明的地域特征。在中国，具有鲜明地域特征的城市雕塑也不胜**枚举**，如郑州的《**炎黄二帝**》、珠海的《**渔女**》、北海的《**潮**》等。以珠海的《**渔女**》为例，这是一尊巨型石雕，矗立在风景秀丽的海湾，双手高举一颗**晶莹璀璨**的珍珠，向世界昭示着光明，向人类奉献着珍宝，现在这一石雕已成为珠海市的代表性地标。

第三，独特的象征性。每个城市都有其自身的文化与历史背景，城市雕塑往往以其内容和形式体现着所在环境的特征，而且或多或少地具有象征意义。具体说来，象征性雕塑运用比喻、概括等手法刻画形象，以表达某种主题、哲理或**象外之意**，把观众引向更加广阔的思维领域。例如，一提到《自由女神像》，人们马上会联想到美国，因为它有着特定的文化和时代背景——纪念**美国独立战争**获得胜利。《自由女神像》全名为《自由女神铜像国家纪念碑》，位于纽约港，身着古希腊风格服装，头戴光芒四射的**冠冕**，右手高举象征自由的火炬。《自由女神像》早已成为美国的象征，具有永久的纪念意义。

第四，深刻的启迪性。城市雕塑往往可以激发人们的想象力，在有限的空间内塑造人们精神的无限空间。例如，深圳的城市雕塑《**拓荒牛**》就具有深刻的启迪性——深圳是中国改革开放的第一个经济特区，这尊城市雕塑作品象征着中国历史上一个崭新的时代。"在中国的改革开放进行时，这件作品体现出了**昂扬**的斗志和**勤劳朴实**、**默默耕耘**的精神内涵。这种内涵反映的正是那个时代的改革者在**一穷二白**的情况下，以摧枯拉朽的气势将阻碍发展的旧观念和层层障碍铲除干净的壮丽史诗。这件作品是拓荒精神的集中体现，是艰苦耕耘的中国人民的化身。牛的肌肉夸张变形**恰到好处**，饱满而充满力度，仿佛一股热流在皮肤下奔腾，鲜明的**轮廓**、有力的线条、低头向前不止的动态和那将**丑陋不堪**、**盘根错节**的老树根连根拔起的动人场景都给正在建设社会主义中国的人民以巨大的震撼、启迪和深深的鼓励。"① 在中国改革开放的进程中，"拓荒牛"精神不断被发扬光大，中国人民的艰苦奋斗终于获得了丰硕成果，取得了**举世瞩目**的巨大成就。

二、城市雕塑的发展趋势

随着时代的发展，人们的审美水平不断提高，这一点也影响到了城市雕塑，使其从一个侧面反映了某一地区的经济状况与文化特征。现代城市雕塑或独立成景，或附属于其他建

---

① 华梅主编，王家斌、王鹤（2005）《中国雕塑史》，天津人民出版社。

筑；或置于**大庭广众**之中，或隐于林荫小路之旁。在城市雕塑中，既有形体高大、气势恢宏、具有纪念意义者，亦有形体较小、仅作点景之用者。多种多样的城市雕塑调节着建筑空间的气氛，给人们以多种多样的精神享受。从其发展趋势来看，城市雕塑的人性化与多元化**相得益彰**，具体表现在如下方面：

1. 具有永久的纪念性。纪念性雕塑是城市雕塑的典范，似乎在各个国度、各个时代都**不可或缺**，可以说是城市历史与文化的化身，因为它们往往用来**表彰**那些在历史上为国家和民族做出重大贡献的人物，或者纪念那些在历史上具有重大影响的事件。纪念性雕塑一般占据着城市中的重要位置，目的就是让更多的人瞻仰它，进而了解一个城市乃至一个国家的历史与文化。例如，位于香港会展中心海滨广场上的大型铜雕《永远盛开的紫荆花》具有独特的象征意义——象征着香港回归祖国。这是香港特别行政区成立时中央人民政府赠送的礼物。紫荆花1965年当选为香港市花，因此说到紫荆花，很多人都会想到香港。作为中华人民共和国的特别行政区，香港的区旗与区徽上都有五星花蕊的紫荆花。大型铜雕《永远盛开的紫荆花》把紫荆花的象征意义阐释得**淋漓尽致**。

2. 具有独特的标志性。标志性的城市雕塑作品发挥了说明性的功能，具有形象生动、寓意深远、鲜明易懂的特点，是城市景观的重要组成部分。这类雕塑往往具有独一无二的代表性，人们一看到它就知道它代表的是哪个城市或哪个国家。例如，《鱼尾狮》就是新加坡的标志性雕塑，其造型为狮头鱼尾，屹立在新加坡的圣陶沙岛上。根据《马来纪年》记载，公元

香港《永远盛开的紫荆花》雕塑，刘谦功摄

新加坡《鱼尾狮》，田琨摄

当代中国话题

十四世纪，一位名叫圣尼罗乌达玛的王子在前往马六甲的途中来到新加坡，一登陆就看到了一只神奇的野兽，随从告诉他那是一只狮子，于是他为此岛取名"新加坡"，在梵文中的意思是"狮城"，而鱼尾则象征着他当年飘洋过海的历程。

3. 具有多样的装饰性。从数量上来看，装饰性雕塑或许占了城市雕塑的大多数。这类作品并不刻意要求有特定的主题和内容，主要发挥着装饰和美化环境的作用，其题材可以**包罗万象**，尺度可以大小随意，情调可以轻松活泼，风格可以自由多样。它们大多从属于环境和建筑，却是环境和建筑的**亮点**，给人以奇妙的感受。例如，杭州的城市雕塑《行云流水》就将杭州这个人间天堂装点得更加美丽**宜人**：这是一个直径为4.5米的球状雕塑，上半部在杭州城平面图形的基础上加以变化和拓展，将平面城标中表现**亭台楼阁**造型的元素用云彩的造型代替，**烘托**出杭州作为人间天堂的城市特点。

4. 具有功能的实用性。城市雕塑往往为建筑所用或与建筑相得益彰，甚至其本身既是一座巨型建筑，也可视为一座巨型雕塑。二十世纪中叶以来出现了一些雕塑性建筑，十分引人注目。例如，俗称"鸟巢"的中国国家体育场、似片片白帆的澳大利亚悉尼歌剧院、如莲花出水的印度巴赫伊莲花礼拜堂等等，这些都可以说是这类雕塑的**典范**。

天津的城市雕塑与建筑相得益彰，刘谦功摄

关于城市雕塑，中国著名建筑学家吴良镛先生曾经提出了一系列需要考虑的重要因素："城市的建筑艺术，常常被比作交响乐，即各个组成部分要协调和谐，以达到整体的美，因而城市雕塑家在创作之前就应该思考许多问题。例如，雕塑的主题是什么？是否适合用雕塑的形式？雕塑应该作为主体还是客体？雕塑的具体位置如何？尺度要多大？宜用群雕、单体，还是浮雕？风格选择具象还是抽象？如何协调雕塑与周围环境的空间处理？"② 同时，吴先生还进行了有理有据的阐述："我50年代参观过的荷兰市政厅建筑内的一座雕塑却使我记忆犹新。这是一座与真人相仿的石雕，一个人双手将另一个人举过头顶，它隐喻希腊神话中的一则传说——古代有一位英雄安泰，只要

---

② 李舫（1998）寻找城市雕塑，《人民日报》3月6日。

不离开土地，就力大无比，百战百胜，而一旦脱离土地，就会因丧失体力而死去。这样一尊石像立在市政厅门前是意味深长的，它仿佛是一口**警世钟**，告诫市政当局在任何时候都不可以脱离人民。这些成功的城市雕塑作品给我们以启迪，任何城市雕塑都不是**单摆浮搁**的，而是某一建筑群、广场、园林乃至整个城市建设的一部分。一个好的城市雕塑家要懂得创造其作品在形体和空间之外的语言，这种语言不仅仅是作品的主题，也是其所依附的整体的思想内涵、精神境界。"[3] 循着这样的方向发展下去，我们相信，中国大地上会有越来越多、越来越好的城市雕塑出现，营造出越来越丰富而宜人的城市情调空间。

（原创，作者刘谦功）

阅读理解

一、生词

1. **千篇一律**：qiānpiān-yílǜ
   一千篇文章都是一个样子，多用来比喻不同的事物是同一种模式，毫无变化。
   例：这家网店对顾客意见的处理千篇一律，没有行之有效的方法，市场正在慢慢丢失。

2. **画龙点睛**：huàlóng-diǎnjīng
   比喻写文章或做事时在关键之处点明实质，使内容更加生动有力。
   例：一个好的主题句对全篇文章往往有画龙点睛的作用。

3. **意蕴**：yìyùn
   内在的意义，含义。
   例：你要反复琢磨，才能领会这首诗的意蕴。

4. **沿革**：yángé
   沿袭和变革，指事物发展变化的历程。
   例：他们通过文献考证和复原分析对这座私家园林的历史沿革、基本布局和造园手法进行了探讨，成果很有价值。

5. **沉浸**：chénjìn
   深入到水中，多比喻完全处于某种境界或思想活动中。
   例：她喜欢看小说，喜欢沉浸在各种人物丰富多彩的人生境遇中。

---

[3] 李舫（1998）寻找城市雕塑，《人民日报》3月6日。

6. **浓郁：** nóngyù

   浓厚，浓重。

7. **脉搏：** màibó

   人体表可触摸到的动脉搏动，常用来比喻时代发展的规律。

   例： 如果能扣住时代发展的脉搏，你就有可能掌握自己的命运。

8. **显而易见：** xiǎn'éryìjiàn

   事情或道理很明显，很容易看清。

   例： 写论文时，用图表说明具体情况的好处是显而易见的。

9. **更迭：** gēngdié

   交换，更替。

   例： 这里春夏秋冬都很美丽，景色不会因任何季节的更迭而逊色。

10. **雨后春笋：** yǔhòu-chūnsǔn

    春天雨后一下子长出来很多竹笋，比喻新生事物大量而迅速地涌现出来。

    例： 在这座新兴城市中，各种各样的快餐店如雨后春笋般发展起来。

11. **衔：** xián

    含着，用嘴叼。

12. **稻穗：** dàosuì

    水稻成熟后上面有果实的部分。

13. **昂首：** ángshǒu

    抬着头。

14. **依偎：** yīwēi

    紧密地依靠着。

    例： 她依偎在妈妈温暖的怀抱里，不知不觉睡着了。

15. **顾盼：** gùpàn

    向周围看来看去。

    例： 顾盼左右、顾盼生辉

16. **吸吮：** xīshǔn

    指婴儿吸入乳汁的动作。

17. **丰衣足食：** fēngyī-zúshí

    指穿的、吃的都很充足，形容生活富裕。

    例： 只要我们不怕困难，努力工作，还怕没有丰衣足食的生活吗？

18. **彰显：** zhāngxiǎn

    明显地表现出来。

例：这是两个学校第一次进行篮球比赛，咱们一定要彰显出强大的实力。

19. **矗立**：chùlì

    高高地直立。

20. **高耸**：gāosǒng

    高而直地竖立。

21. **呼应**：hūyìng

    声气相通，互相照应。

    例：写文章不能顾头不顾尾，必须首尾呼应。

22. **不胜枚举**：búshèng-méijǔ

    无法一一列举出来，形容数量极多。

    例：我的家乡是一座古城，大大小小的名胜古迹不胜枚举。

23. **晶莹璀璨**：jīngyíng cuǐcàn

    光亮而绚丽。

24. **昭示**：zhāoshì

    明白地表示或宣布。

    例：大街上热闹的气氛和响亮的爆竹声昭示着春节就要到了。

25. **象外之意**：xiàng wài zhī yì

    指物象之外深刻的含义。

26. **冠冕**：guānmiǎn

    帽子的总称。

27. **拓荒牛**：tuòhuāng niú

    开垦荒地的牛。

28. **尊**：zūn

    量词，用于雕像。

    例：最大的那尊佛像在大雄宝殿里。

29. **昂扬**：ángyáng

    情绪高涨。

    例：足球场上双方运动员斗志昂扬，都想赢得这场比赛。

30. **勤劳**：qínláo

    辛勤地劳作。

    例：这部电影的男主角是一个勤劳勇敢的农村小伙子，通过自己的努力改变了命运。

31. **耕耘**：gēngyún

    耕地与除草，泛指田间劳作，也比喻其他方面的辛勤劳动。

    例：没有耕耘，哪有收获？

32. **一穷二白**：yìqióng-èrbái

    比喻基础差，底子薄，什么都没有。

    例：一穷二白没有什么可怕的，只要努力，就一定能够改变这种状况。

33. **摧枯拉朽**：cuīkū-lāxiǔ

    指摧毁枯草朽木，比喻腐朽势力或事物很容易被摧毁。

    例：新的时代到来了，以摧枯拉朽之势迅速改变着一切。

34. **铲除**：chǎnchú

    连根除去；消灭干净。

    例：铲除这些不良现象需要大家共同努力。

35. **恰到好处**：qiàdào-hǎochù

    指说话、做事正好到最合适的地步。

    例：没有人可以把所有的事都办得恰到好处，出了错改了就行。

36. **轮廓**：lúnkuò

    构成图形或物体外缘的线条，也用来比喻事情的概况。

37. **丑陋不堪**：chǒulòu bùkān

    形容人或事极度丑恶或难看。

38. **盘根错节**：pángēn-cuòjié

    指树根盘绕，枝节交错，也用来比喻事情十分复杂。

    例：我喜欢在盘根错节的紫藤树下读书，好像是在一个梦幻世界里。

39. **举世瞩目**：jǔshì zhǔmù

    全世界都在关注。

    例：中国改革开放以来取得的巨大成就举世瞩目。

40. **大庭广众**：dàtíng-guǎngzhòng

    指有很多人的公开场合。

    例：这个孩子天生胆小，在大庭广众之中就更不敢说话了。

41. **恢宏**：huīhóng

    博大，宽阔。

    例：这部电影的场面十分恢宏，给我留下了深刻的印象。

42. **相得益彰**：xiāngdé-yìzhāng

    两个人或两种事物互相配合，使双方的能力或作用更突出地表现出来。

例：嫩绿的新茶配上清纯的山泉，那才叫相得益彰！

43. **不可或缺**：bùkě-huòquē

    不能有一点儿缺失，表示非常重要。

    例：经过多年发展，农村能源技术有了很大提高，成为新农村建设不可或缺的重要组成部分。

44. **表彰**：biǎozhāng

    表扬，嘉奖。

    例：新闻短评很重要，可以表彰新人新事新风尚，也可以批评社会上出现的不良现象。

45. **瞻仰**：zhānyǎng

    怀着崇高的敬意严肃而恭敬地看着某人或某物。

46. **淋漓尽致**：línlí-jìnzhì

    形容文章或说话表达得非常充分，也可形容非常痛快。

    例：节日晚会上他把自己的表演才能发挥得淋漓尽致。

47. **包罗万象**：bāoluó-wànxiàng

    内容丰富，应有尽有。

    例：这个博览会的展品真可以说是包罗万象，美不胜收。

48. **亮点**：liàngdiǎn

    比喻有光彩而引人注目的人或事物。

49. **宜人**：yírén

    适合人的需要与心意等。

    例：景色宜人、环境宜人

50. **亭台楼阁**：tíng tái lóu gé

    泛指多种供游赏、休息的建筑物。

51. **烘托**：hōngtuō

    起到陪衬作用，使主题或主体更加突出。

    例：文学作品往往用风和日丽的景象烘托主人公爱情的美好。

52. **典范**：diǎnfàn

    可以作为学习、仿效标准的人或事物。

    例：树立典范、典范作为

53. **隐喻**：yǐnyù

    指比较隐晦的比喻，也叫"暗喻"，与"明喻"相对。

54. **警世钟**：jǐngshìzhōng
    报告发生意外或遇到危险的钟，提醒人们注意，多用于比喻。
55. **单摆浮搁**：dān bǎi fú gē
    指物体一个个单放着，互不相干。

二、注释

1. 岭南

岭南是中国南方五岭（越城岭、都庞岭、萌渚岭、骑田岭、大庾岭）以南地区的简称，由于各朝代行政建制不同，具体划分和称谓也有很大变化，现在特指广东、广西、海南、香港、澳门三省二区，即当今华南区域。岭南文化主要由本根文化（即语言认同文化）、百越文化（即固有的本土文化）、中原文化（即南迁的北方文化）、海外文化（即舶来的域外文化）四部分组成，内涵丰富多彩。近代出土的大量文物证实：岭南在秦朝之前存在过新石器时代和青铜时代的高度文明，是中华文明的发源地之一。

2. 炎黄二帝

炎黄二帝指汉族神话中两个部落的首领炎帝和黄帝，上古时期中原黄河流域成为汉族文明（或华夏文化）的起源，后来黄帝族与炎帝族又与居住在东方的夷族、南方的黎族和苗族的一部分逐渐融合，形成了春秋时期的华族，汉以后称为汉族，炎黄二帝就成了汉族的始祖，也被称为中华民族的始祖，因而人们往往称中华民族是"炎黄子孙"。

3. 美国独立战争

美国独立战争（American Revolutionary War，1775—1783），也称美国革命战争，是英国与其北美十三州殖民地的革命者之间的战争，后期几个欧洲强国也加入对抗英国。由于英国一直对殖民地进行剥削，北美殖民地的经济发展受到严重阻碍，为了对抗英国的经济政策，北美人民奋起抗争，结果是1776年7月4日大陆会议通过了由托马斯·杰斐逊（Thomas Jefferson）执笔起草的《独立宣言》（The Declaration of Independence），宣告了美国的诞生。

4.《马来纪年》

《马来纪年》（Sejarah Melayu）被马来人奉为马来历史经典著作，成书于1612年，内容十分丰富，涉及马来王族的起源、马来王朝的演变、伊斯兰化的经过以及马来封建社会政治、宗教、文化等各方面的情况，可以说是一部描绘马来民族和马来王朝兴衰的历史长卷。该书前言记载了国王说过的一句话："寡人命宰相撰一部史书，记载马来诸先王之业绩及所定之朝纲、礼仪、习俗等，俾子孙后代得知其由来而永志不忘，并从中获得教益。"

三、阅读检查：选择正确答案

1. 下列哪一项不是城市情调空间的营造日益受到重视的原因？
   A 城市化进程不断加快
   B 越来越多的人生活在城市里
   C 让城市变得更加美好成为城市的发展方向
   D 城市雕塑的作用不容忽视

2. "给某些建筑物画龙点睛"这句话是指
   A 在建筑物上描绘龙的形象
   B 在建筑物旁搭配龙形雕塑
   C 使建筑物更加美观并富有文化意蕴
   D 使建筑物更加坚固并能够长久留存

3. 在"城市雕塑的特性是显而易见的"这句话中，"显而易见"的同义词是
   A 不言而喻
   B 相得益彰
   C 独一无二
   D 相辅相成

4. "看不同时代的城市雕塑就像读不同时代的百科全书"的意思是
   A 百科全书里有很多关于城市雕塑的知识
   B 可以通过城市雕塑了解其所在城市的历史与文化
   C 修建城市雕塑的根本目的是对人们进行教育
   D 城市雕塑汇集了许多方面的优秀成果

5. "雨后春笋"这个成语是用来形容下列哪一种情形的？
   A 历史的规律是不可抗拒的
   B 在任何情况下都要保持良好的心态
   C 新生事物大量而迅速地涌现出来
   D 良好的开端是持续发展的基础

6. "丰衣足食"这个成语一般用来形容
   A 富足的生活
   B 美好的前景
   C 成功的事业
   D 和睦的家庭

7. 在"具有鲜明地域特征的城市雕塑不胜枚举"这句话中，"不胜枚举"是用来形容下列哪一种情形的？
   A 很大

B 很高

C 很多

D 很长

8. 现在已成为珠海市代表性地标的雕塑是

　　A《炎黄二帝》

　　B《渔女》

　　C《潮》

　　D 包括以上三者

9. 象征性雕塑运用比喻、概括等手法刻画形象，以表达某种

　　A 主题

　　B 哲理

　　C 象外之意

　　D 包括以上三者

10.《美国自由女神像》的历史背景是

　　A 独立战争获得胜利

　　B 位于著名的纽约港

　　C 全名为《自由女神铜像国家纪念碑》

　　D 宣示"自由照耀世界"的理想与理念

11. 在形容人们的生活状况时，"一穷二白"的反义词是

　　A 安居乐业

　　B 心想事成

　　C 丰衣足食

　　D 万事如意

12. "摧枯拉朽的气势"是指下列哪种情形？

　　A 势均力敌

　　B 势不可挡

　　C 势在必行

　　D 势不两立

13. 在这篇文章中，"盘根错节的老树根"是比喻改革开放的

　　A 阻力

　　B 动力

　　C 权力

　　D 势力

14.《拓荒牛》这尊雕塑能够成为深圳的亮点，是因为在中国改革开放的进程中

　　A "拓荒牛"精神不断被发扬光大

B 中国人民的艰苦奋斗获得了丰硕成果

C 中国人民取得了举世瞩目的巨大成就

D 包括以上三者

15. 在"城市雕塑的人性化与多元化相得益彰"这句话中,"相得益彰"是指两种事物

A 互相配合

B 互相矛盾

C 关系密切

D 没有关系

16. 香港大型铜雕《永远盛开的紫荆花》独特的象征意义是

A 象征香港历史悠久

B 象征香港环境优美

C 象征香港经济发达

D 象征香港回归祖国

17. "狮城"是指下面哪一个地方?

A 圣陶沙

B 新加坡

C 马六甲

D 马来西亚

18. "题材可以包罗万象"是指题材的

A 内容很好

B 品位很高

C 种类很多

D 影响很大

19. 可以被看作巨型雕塑建筑的是

A 中国国家体育场

B 澳大利亚悉尼歌剧院

C 印度巴赫伊莲花礼拜堂

D 包括以上三者

20. 希腊神话中的英雄安泰所具有的"警世钟"作用是

A 雕塑不能脱离环境

B 政府不能脱离人民

C 人民不能脱离土地

D 国家不能脱离世界

四、拓展练习：用下列词语造句

1. 千篇一律
2. 画龙点睛
3. 显而易见
4. 丰衣足食
5. 不胜枚举
6. 恰到好处
7. 举世瞩目
8. 相得益彰
9. 独一无二
10. 包罗万象

第二部分　口语表达：讨论/辩论

一、观点提示

1. 一个城市的魅力在于其特有的情调空间。
2. 不同城市的情调空间有时是迥然不同的。
3. 人们对其居住的城市的情调空间往往情有独钟。
4. 城市雕塑在城市情调空间的营造上起着重要作用。
5. 城市情调空间一旦被破坏就很难复原了。
6. 应当努力营造独特的城市情调空间。
7. 城市的情调是一种深厚的文化积淀。
8. 越来越多的人去一个地方旅游是为了其情调。
9. 艺术与城市文明有着密切的关系，二者相辅相成。
10. 城市公共艺术空间可以传达社会正能量，提高人们的文化素养。

二、示范提纲

观点：一个城市的魅力在于其特有的情调空间。

说明：

1. 如果你居住在一个城市里，你最喜欢去的往往是最具有城市情调的地方。这种地方赏心悦目，会给你身体与精神上的双重享受，既可让你流连忘返，也可让你回味无穷，如北京的故宫、北海、颐和园、什刹海等，这些地方会给你独一无二的感受，让你体味到在其他任何地方都体味不到的城市文化内涵。

2.如果你想去一个城市旅游，最吸引你的往往也是最具有城市情调的地方，如西安、杭州、丽江、拉萨等。尤其是与你的家乡相比最具有异质性的地方，往往是最有吸引力的地方，如北方人喜欢海南的热带风情，南方人喜欢东北的冰雪世界。来到一个全新且美妙的环境，谁都会心旷神怡。

结论：
现在是一个城市化的时代，越来越多的人要居住在城市里或到城市旅游，所以保持或营造出独特的城市情调空间非常重要，可视为城市发展的重要目标之一。

三、话题词群

1. 环境内涵：情调、意蕴、风貌、特色、氛围、场景
2. 城市特征：古典、现代；文化、经济；大都市、小城镇
3. 感觉：吸引力、感染力、震撼力、冲击力、凝聚力
4. 重要性：息息相关、不可或缺、相辅相成、相得益彰、无与伦比
5. 普遍性：无处不在、比比皆是、喜闻乐见、闻名遐迩

四、参考用语

1. 城市是人类文明成果的集中体现，集历史、文化、科技、艺术为一体。
2. 城市的情调空间不在于规模，而在于特色。
3. 在一个具有良好情调空间的城市里，人们精神上的愉悦往往会超过物质上的享受。
4. 事在人为，无论是保持旧的城市情调空间还是营造新的城市情调空间，只要努力去做，就一定会收到良好的效果。
5. 城市情调空间一旦失去就很难复原或不可复原了。
6. 城市情调空间没有放之四海而皆准的标准和内容，它是因城市而异的。
7. 人们只有懂得珍惜人类文化遗产、热爱实实在在的生活，才能保持好城市情调空间。
8. 城市情调空间是有形的物质文化和无形的精神文化的结合体，城市雕塑就是很好的实例。
9. 城市情调空间的保护或营造都不可能一蹴而就。
10. 城市情调空间是一个城市最宝贵的财富，应当特别珍惜。

五、口语表达拓展：辩论

辩论题目：中国是否应该大搞城市化？
正方观点：中国应该大搞城市化。

1. 城市化可以为中国创造良好的国际竞争环境。
2. 城市化能够使中国大量引进人才。
3. 城市化使中国的文化更加繁荣。
4. 城市化可以提高中国国民的消费水平。
5. 城市化可以大大增加中国人的就业机会。
……

反方观点：中国不应大搞城市化。
1. 国际竞争是多方面的，农业、旅游业等行业的竞争重点未必在城市。
2. 引进的人才多为临时性人才，中国应当注重培养自己的人才。
3. 城市化可能会导致人们过分追求物质享受，忽视精神塑造。
4. 城市化将使中国出现超前消费的现象。
5. 城市化促进的是电子化、规模化生产，不一定能增加就业机会。
……

话题五　身心健康才是真正的健康

话题背景

　　我们在生活中总会遇到这样那样的压力，来自读书、求职、工作、生存等各个方面，如果不能及时缓解、释放这些压力，我们的身心健康就会受到严重的影响。那么，面对不能放慢的生活节奏和不能主宰的职场竞争，怎样才能保证我们的身心健康呢？

教学目标

1. 可以讲述中国人社会生活中所面临的各种各样的压力，可举例介绍中国目前越来越关注身心健康问题的国情；
2. 能谈论身心健康方面的话题。

热身活动

1. 想想自己现在有什么压力，举例说明；
2. 设想一下你的未来会面临什么样的压力，准备如何应对。

第一部分　阅读文章

提示　生活中有压力是正常现象，那么这些压力来自哪里？应该如何看待并面对这种不可逃避的现实呢？这篇文章透过现象看本质，探讨了压力的来源与应对办法，请关注作者研究问题的角度与思路，并结合自己的生活实际，思考一下自己有什么压力、应该如何面对压力。

别为自己制造压力

　　经济社会快速发展，紧张忙碌的生活与工作节奏让人压力陡增，越来越多的人心理承受力出现"**透支**"，进入所谓的"**心理亚健康**"状态：失眠头痛、兴趣减退、精力不足、情绪**低落**、**易怒**、**着急**……负面情绪不及时纠正，抑郁症很可能就此"**缠**"上你。因此，每一个人都应该学会**排解**压力。

人为什么会有压力

我们在生活中总会感受到来自各个方面的压力,应对起来并不容易,那么,我们为什么会感受到这些压力呢?

首先,我们应该明白什么是心理压力。心理压力是一种身心紧张的状态,源于环境要求与自身应对能力的不平衡。有些人很长时间都找不准自己的平衡点,就像在一个**跷跷板**上,你总想往上爬,但渐渐发现,当你爬到某个点的时候,如果再继续往前走,就会越来越低,不再是越来越高了。来来回回**挣扎**很多次,你会发现要站到最高点是那么困难,找到那个平衡点需要花很多时间。

相反,如果能调节好这两者之间的关系,让内心平衡和强大起来,压力就会减少,甚至完全释放。打个比方,一棵小树苗在生长过程中需要有支撑,遇到风吹雨打才不会倒;当这棵小树长成**参天**大树时,遇到再恶劣的天气也很难被击垮,这就是内心强大的体现。当你还处于小树苗阶段时,你的支撑可以是信仰、亲朋好友,也可以是遇到困难时给你帮助的人。生活当中会出现很多不可预期的情况,如果你内心不够强大,不能自我调整,就需要支撑。倘若这些支撑都不**给力**,你就会感觉压力倍增,甚至**焦虑**。

小树苗长成了参天大树,田琨摄

说到内心强大,我们有一个叫 ABC 的理论。这是美国心理学家埃利斯创建的,该理论认为激发事件 A(activating event)只是引发情绪和行为后果 C(consequence)的间接原因,直接原因则是由人们对激发事件的认知和评价而产生的信念 B(belief)。也就是说,外界刺激通过内心系统形成情绪和行为的反射。遇到外界压力时,人都会出现很多情绪,进而导致各种行为。情绪会加重压力,由此出现的行为也会加重压力,这时,我们需要明白,为什么在某个特定压力下会产生不良情绪?这取决于一个人对压力的感受和态度。如果能处理好这个地方,就不存在后面的问题了。

压力是自己制造的

面对同样的环境和事情，人们会出现不同的态度，而这源于不同的心理类型——有些人是内控型，有些人是外控型。这一点在女性身上体现得尤为明显。

对于"为什么今天心情不好"这个问题，人们会有不同的回答方式，比如阴天让我郁闷、同事和领导都不喜欢我、命运总是捉弄我……而"你今天为什么高兴"这个问题得到的答案可能是：他喜欢我了、领导表扬我了、哥们儿送我一瓶好酒……这些表述方式有一个共同特点，就是别人在前、"我"在后，其他的人或者事对"我"的情绪负责，这就是外控型。外控型的人不能很好地控制生活中的大多数状况，他们相信命运、机遇和社会的安排，面对失败与困难，往往把责任推卸给外部原因，不去寻找解决问题的办法，而是企图寻求救援或碰运气。与此相反，表达方式中，"我"在前、别人在后的人就是内控型，他们认为"我"的情绪"我"自己做主，生活中多数事情的结果取决于个人的努力程度，他们相信自己能够控制事情的发展与结果，这也是内心强大的表现。

我的情绪我做主，田琨摄

另外，心理学上有一个说法，叫作吸引力法则，即当思想专注在某一领域的时候，和这个领域相关的人和事就会被吸引而来，你脑子里什么东西多、你关注什么东西，你就可以吸引它。关注好的东西多，你吸引的东西就是好的；心里面的垃圾越多，你看到的周围的垃圾就越多。遇到不顺的事，很多人都会说："我怎么那么倒霉！老碰上不好的事！"实际上这些都是被你吸引过来的。仔细想一想，这里面一定有你自己的原因。

还有一个概念叫创造定律，就是当你有意识地选择你想要的东西时，你的感受、心情和你对周围的人或环境的认知就会变成你所期望的那样。有句话很经典——你的心可以创造一个天堂般的地狱，也可以创造一个地狱般的天堂。在心情比较平静和理性时，你会觉得一切都还可以，但当你经历了挫折后，你是否还能坦然面对？

我们往往喜欢和别人比：那个人比我长得漂亮，那个人有名牌、名车和大房子。但你不知道，我们所看到的世界不是真实的，而是你内心对外界的一种投射。如果你内心宽广，即使没钱没地位，你也能看到一个美丽的世界；相反，有钱有地位的人如果内心狭窄，他们也不会快乐。但不得不承认的是，这些外界因素的确会给你带来压力和**失落感**，也就是说，所谓的压力就是你自己创造的，你接受也好不接受也好，事实就是这样。

面对压力有三个选择

面对以上种种问题，我想给大家介绍一个近几年我自己慢慢摸索出来的方法——内心和谐三合一。任何环境、职业和年龄的人，都可用这个方法去自我调整。

要学会缓解压力，田琨摄

不管碰到多大的事，先问自己三个问题：一是我想要什么；二是我能做什么；三是我该做什么。这三个问题你的答案是不是一致的？如果你对这三个问题的回答是一致的，你内心就和谐强大了。

首先是你想要什么。很多人都有这样的体会：每天上班都有很多事要处理，做一件事的时候如果脑子里想的是另外一件事，紧张感就会上升。这时你要判断现在什么事最重要，其他的事只要按照顺序往下排就行了。

其次你能做什么。当我们感到有压力的时候，我们只有三个选择。第一是改变，如果你对工作不满意、对家庭不满意，你就要努力改变，能做多少做多少。第二是接受，你做了你能做的还是改变不了，那就接受。接受有两种方式：一种叫被动接受，也就是忍，就是控制情绪，这个是不提倡的，很多人精神压力大也由此而来，因为情绪是一种本能反应，你控制它就是压制它，压制得越多**反弹**得就越**厉害**，所以这种被动接受不是好的方式；另一种叫主动接受，压力如果不能避免，那就不如高兴至少是积极地接受，然后想办法克服它、战胜它。第三个选择就是离开，如果既不能改变又不想接受，那**干脆**就离开吧。有的人会说，我一个都不选，其实你不选那就意味着你选择的是痛苦。

再次，是你该做什么。你能做的事一定要跟你自己的能力相匹配，人贵有**自知之明**，你要对自己有一个判断，知道哪些是能做的、哪些是不能做的。很多人就**纠结**在觉得自己能做，就**玩儿命**地去做，做完后还不满意，这样就会遭到焦虑、失落感的轮番袭击，直到内心**崩溃**。所以说，内心的平衡和强大最重要，它是释放压力的根本。

（选自《生命时报》2014 年 7 月 1 日，作者姚贵忠，有改动）

阅读理解

一、生词

1. **忙碌**：mánglù
   形容非常忙，忙得不可开交。反义词：悠闲。

2. **陡增**：dǒuzēng
   增长得十分迅速，突然增加。反义词：骤降。

3. **透支**：tòuzhī
   超出限额支付、支取，比喻精神、体力过度消耗，超过所能承受的程度。
   例：长时间体力透支会使人处于亚健康状态。

4. **低落**：dīluò
   指人的精神、情绪处于低迷状态。反义词：高昂。

5. **缠**：chán
   纠缠，搅扰。
   例：如果他热爱体育运动，就不会疾病缠身了。

6. **排解**：páijiě
   排遣，化解。
   例：留学生活有时是寂寞的，要学会排解寂寞。

7. **跷跷板**：qiāoqiāobǎn
   一种少年儿童游乐的用具，长木板中间装上轴和固定的支架，两端坐人，一起一落。

8. **挣扎**：zhēngzhá
   努力支撑或摆脱。
   例：在困境中挣扎确实不容易，可一旦过去了，就会成为你人生中非常宝贵的经历。

9. **参天**：cāntiān

   指高耸于天空。

   例：原始森林里有很多参天大树。

10. **给力**：gěilì

    指帮助很大或作用很大。

    例：你真给力！

11. **焦虑**：jiāolǜ

    多指没来由的紧张或恐惧。

12. **郁闷**：yùmèn

    发愁，不快乐。

13. **捉弄**：zhuōnòng

    戏弄，使别人为难。

    例：你不要总是捉弄胆小的同学。

14. **推卸**：tuīxiè

    将应该承担的责任找理由或借口转移，不负责任。

    例：如果是你的错，你就应该勇敢地承认，不要推卸责任。

15. **坦然**：tǎnrán

    指心境平和坦荡。

16. **投射**：tóushè

    此指反映。

17. **狭窄**：xiázhǎi

    不宽阔。

18. **失落感**：shīluògǎn

    指原来属于自己的某种重要的东西被一种有形的或无形的力量强行剥夺后的感觉，如忧伤、苦恼、内疚、痛苦、自责等。

19. **忍**：rěn

    忍耐，忍受，指被迫接受。

    例：他天天欺负你，你别再忍了。

20. **反弹**：fǎntán

    指反作用。

21. **厉害**：lìhai

    形容剧烈或猛烈。

    例：他昨天晚上没睡好，今天头疼得厉害。

22. **干脆：** gāncuì

　　直截了当，爽快。

　　例：如果你想好好照顾你的爸爸妈妈，干脆把他们接到你家里来一起生活就是了。

23. **自知之明：** zìzhīzhīmíng

　　指了解自己，对自己有正确的评估。

　　例：人贵有自知之明。

24. **纠结：** jiūjié

　　指陷入其中不能自拔。

　　例：这么长时间你一直在纠结这件无关紧要的事，不觉得很无聊吗？

25. **玩儿命：** wánrmìng

　　指行动不顾危险，拿着性命当儿戏，含幽默之意。

26. **崩溃：** bēngkuì

　　原义是倒塌毁坏，也指人因过度的刺激或悲伤超过了心理承受极限而情绪失控，无法自制。

　　例：这次的工作机会要是再抓不住，那他就彻底地崩溃了。

二、注释

1. 亚健康

亚健康是一种介于健康和疾病之间的临界状态。处于亚健康状态的人，虽然不能确诊为患有某种疾病，但却会出现精神活力和适应能力下降的状况。如果这种状态持续下去，非常容易引起身心疾病。世界卫生组织将机体无器质性病变、但是有一些功能改变的状态称为"第三状态"，中国人一般称为"亚健康状态"。

2. 埃利斯

埃利斯全名为阿尔伯特·埃利斯（Albert Ellis），是美国著名心理学家，提倡积极的心理疗法。1955年，他将自己的新方法命名为理性疗法（RT），认为引起人们情绪困扰的并不是外界发生的事件，而是人们对事件的态度、看法、评价等认知内容，因此要改变情绪困扰不应该致力于改变外界事件，而应该改变认知，通过改变认知进而改变情绪。他认为外界事件为A，人们的认知为B，情绪和行为反应为C，因此其核心理论又称ABC理论。

三、阅读检查：简要回答问题

1. "心理亚健康"状态有哪些表现？

2. 我们为什么觉得有压力?

3. 作者用小树苗长成参天大树的例子比喻什么?

4. 什么是 ABC 理论?

5. 举例说明什么是外控型性格。

6. 举例说明什么是内控型性格。

7. 什么是吸引力法则?

8. 什么是创造定律?

9. 为什么说压力是你自己创造的?

10. 遇事应当先问自己哪三个问题?

11. 遇到压力时,我们有哪些选择?

12. 如果上述选择你都不想选,结果是什么?

13. "自知之明"是什么意思?

14. 为什么说内心的平衡和强大最重要?

15. 你是否给自己制造过压力?

四、拓展练习:思考题

1. 你的生活中有什么压力?
2. 产生这些压力的根源是什么?

3. 你是如何应对这些压力的?
4. 读了这篇文章,你对压力是否有新的认识?
5. 以后你是否有一些新的方法应对压力?

提示 随着时代的发展和社会生活的演变,人们对健康问题有了更深入的认识,除了身体健康之外,心理健康也越来越受到重视,因为二者的关系是相辅相成的,身体健康是心理健康的基础,心理健康是身体健康的保证。只有身心都健康了,才称得上是真正的健康。

身心健康才是真正的健康

以前说到健康,人们往往认为身体平安无事就是健康,而随着时代的发展和社会生活的**演变**,我们发现仅仅是身体平安无事未必意味着生活就可以快乐和幸福。在生活水平和医疗水平越来越高的时候,人们的心理问题反而越来越突出,直接影响到生活的各个方面。因此心理健康越来越受到重视,并常常与身体健康**相提并论**。现在人们普遍认为二者是**相辅相成**的,身心健康才是真正的健康。

一、身体健康是心理健康的基础

要想保持心理健康,身体健康是不可或缺的基础,中国的大中小学越来越重视体育课就是一个**明证**。体育课的教学目标与教学任务是:**锻炼学生身体,增强学生体质;传授**体育的基本知识、技术和技能;对学生进行道德品质教育,如**拼搏**精神、团队精神等。例如,"为祖国健康工作五十年"是清华大学的著名口号,也是一种体育精神。清华历史上有一条"铁"的规定:体育课不及格不能毕业。其目的是使毕业生能够以良好的身体状况和心理素质长时间地为国家与人类工作。1912年,周诒春**出任**清华副校长,确立了"德智体三育并重"的方针,使清华成为中国最早设立正规体育教育的学校之一。1964年,在庆祝著名体育教育家**马约翰**在清华任教五十年的大会上,校长蒋南翔表示:"把身体锻炼好,以便向马约翰先生看齐,同马约翰先生竞争,争取至少为祖国健康地工作五十年。"从此,这句**脍炙人口**的口号便成为清华大学文化理念中**崇尚**体育的重要标志,并在其他高校与社会上流传开来,产生了积极的影响。由此可见,体育教育乃至健康生活教育不仅能提升学生的健康水平,促进学生的心智发展,而且会对学生的生活自信心、社会责任感产生重要影响,使他们在未来的生活与工作中能够以健康的体魄与**充沛**的精力去应对一切。

体育运动有利于身体健康，刘谦功摄

二、心理健康是身体健康的保证

在健康方面，中国素有"养生先养心"的说法。所谓"养心"，即指心灵修炼与心理健康。中国古代医学名著《**黄帝内经**》认为"**恬淡虚无**"，即平淡宁静、乐观**豁**达、凝神自娱的心境十分有利于健康长寿。用现在的话来说，心理健康是指心理的各个方面及活动过程处于一种良好或正常的状态，这种状态能够保持性格完美、智力正常、认知正确、情感适当、态度积极、行为恰当。一个人的心理健康会受到遗传和环境的**双重**影响，并突出表现在是否能够处理好生活中发生的各种情况、是否能够恰当地与他人进行**沟通**等方面。例如，李女士每到月初就感

观看戏剧表演有益于放松心情，刘谦功摄

到**浑身**不自在，有时还头疼甚至失眠。在家人的建议下她进行了心理咨询，在**梳理**了自己的生活状况后，李女士发现，自己月初的生活与工作压力都很大，要交房租、还信用卡、领取本月工作任务等等，这使她产生了焦虑情绪，进而导致身体不适。后来李女士听从心理医生的指导，开始正确认识自己面对的压力，月初身体不适的症状明显减轻了。由此可见，如果一个人在生活中能够正确认识自我，自觉控制自己，正确对待外界影响，使心理保持平衡协调，就可以说是具备了心理健康的基本特征。

三、身体健康与心理健康是相辅相成的

健康可以分为身体健康和心理健康两大门类，但从根本上说，身体健康与心理健康是相辅相成的，二者**息息相关**，密不可分，是一种**良性循环**的关系。身体健康的人往往性格开朗，热爱运动，热衷于享受生活，即使在生活中遇到困难也能够保持乐观的态度，并**想方设法去克服**，这就使得他们出现心理问题的概率大大降低，身体越来越健康，每天都会高高兴兴地过日子。例如，王先生是一个身心都很健康的人，他几乎每个节假日都进行体育锻炼或安排出游活动，在健身房他**挥汗如雨**，在名胜古迹与青山绿水之间他**流连忘返**，所以总是能保持着一种良好的心态投入工作和生活，并以快乐的情绪**感染**着家人和朋友，让大家都十分开心。当然，谁都免不了会遇到各种各样的困难和挫折，但王先生总是能积极主动地接受它们，并想办法战胜它们，使自己的工作和生活回归常态。

由此可见，身体健康与心理健康之间是一种相辅相成的关系，如果能够有意识地使二者互相促进，那我们就最有可能获得身心健康。从全社会的角度来说，如果人人都注重身心健康，都能够以饱满的热情投入生活、学习与工作，那我们的社会一定是一个**蓬勃昂扬**、和谐发展的社会。

（原创，作者刘谦功）

阅读理解

一、生词

1. **演变**：yǎnbiàn
   发展变化。
   例：汉字有悠久的形成和演变历史。

2. **相提并论**：xiāngtí-bìnglùn
   把不同的人或事物不加区别地混在一起来谈论或者看待。
   例：这两个公司的生产规模相差很大，不能相提并论。

3. **相辅相成**：xiāngfǔ-xiāngchéng

   指两件事物互相补充，互相配合，缺一不可。

   例：习惯的形成与人格的塑造是相辅相成的，习惯影响人格，人格也会影响习惯。

4. **明证**：míngzhèng

   明显的证据。

5. **锻炼**：duànliàn

   通过体育活动增强体质。

   例：尽管冬天很冷，但也应该到户外去锻炼身体。

6. **体质**：tǐzhì

   指人体的健康水平和对外界的适应能力。

   例：户外活动非常有利于增强体质。

7. **传授**：chuánshòu

   教授学问、技艺、经验等。

   例：教师向学生传授知识，不能仅仅局限于书本和课堂，还要通过社会实践进行。

8. **拼搏**：pīnbó

   指尽最大的力量去实现自己的目标。

   例：年轻人要有拼搏精神，中国有一句古诗说得好："少壮不努力，老大徒伤悲。"

9. **出任**：chūrèn

   受命担任某种职务。

   例：经过大家的劝说，张先生同意出任公司的总经理了。

10. **脍炙人口**：kuàizhì-rénkǒu

    意思是美味人人爱吃，比喻好的诗文等受到人们的称赞和传颂。

    例：李白的诗歌脍炙人口，妇孺皆知。

11. **崇尚**：chóngshàng

    十分推崇。

    例：我崇尚"知足常乐"的生活观念，每天开开心心地享受生活最重要。

12. **充沛**：chōngpèi

    充足而旺盛。

    例：我总是精力充沛，觉得浑身上下有使不完的劲。

13. **修炼**：xiūliàn

    指修心炼身，使身体更健康、心态更平和。

14. **豁达**：huòdá

    性格开朗。

    例：做人要豁达一点儿，不要凡事都计较。

15. **凝神**：níngshén

    集中精神。

    例：陈教授正在凝神思考问题，我们不要去打扰他。

16. **恰当**：qiàdàng

    非常合适。

    例：如果你能在文章里恰当地使用一些成语，你的文章就会更有文采。

17. **遗传**：yíchuán

    指父母性状通过无性繁殖或有性繁殖传递给后代，从而使后代获得其父母特征或信息的现象。

18. **双重**：shuāngchóng

    两方面的，多用于抽象事物。

    例：双重领导、双重任务

19. **沟通**：gōutōng

    使两方相联系。

    例：在历史上，中西文化的沟通经历了漫长而曲折的过程。

20. **浑身**：húnshēn

    全身。

    例：浑身是汗、浑身是胆

21. **自在**：zìzài

    自由，不受拘束。

    例：这个星期我休假，可以逍遥自在一下了。

22. **梳理**：shūlǐ

    用梳子整理头发，比喻对事物进行整理与分析。

    例：今天下午咱们开个会，把大家提的意见梳理一下。

23. **协调**：xiétiáo

    配合得适当。

    例：游泳时身体各部位的动作必须协调。

24. **息息相关**：xīxī-xiāngguān

    彼此呼吸都相互关联，形容关系非常密切。

    例：咱们两个公司的利益息息相关，所以必须精诚合作。

25. **良性循环**：liángxìng xúnhuán

    指事物之间相互关联，互为依托，形成共同促进的因果关系，是事物发展的进步现象。

    例：保持身体健康和按时运动之间是一种良性循环的关系。

26. **开朗**：kāilǎng

    开阔明朗，也指人的性格豁达乐观。

    例：小王性格很开朗，大家都喜欢跟他在一起工作。

27. **想方设法**：xiǎngfāng-shèfǎ

    努力想出各种办法。

    例：工作中遇到了问题就要想方设法去解决，不能知难而退。

28. **克服**：kèfú

    用坚强的意志和力量战胜缺点、错误、坏现象、不利条件等。

    例：克服急躁情绪、克服恶劣环境

29. **挥汗如雨**：huī hàn rú yǔ

    形容汗出得非常多，像下雨一样。

    例：麦收时节，村民们都在田里挥汗如雨地收割麦子，生怕来不及收完就遇到下雨天。

30. **流连忘返**：liúlián wàng fǎn

    形容对美好景致或事物十分留恋，忘记了回去。

    例：这里的山水太美了，真让我流连忘返。

31. **感染**：gǎnrǎn

    原意为病原体侵入机体引起病变，借指通过某种方式引起他人相同的情绪和行动，后者为褒义。

    例：他的演讲充满了激情，感染了在场的每一位听众。

32. **蓬勃**：péngbó

    繁荣，旺盛。

    例：朝气蓬勃、蓬勃发展

二、注释

1. 马约翰

马约翰（1882—1966）是中国近代体育史上的著名体育教育家，1914—1966年在清华大学任助教、教授、体育部主任等职，1954年起任中国田径协会主席、中华全国体育总会副主席、主席。在52年的体育教育实践中，他研究了体育运动的基本规律，参考中外经验编制出了各种不同内容的徒手操近百套，发表了《体育运动的迁移价值》《我们对体育应有的认识》等论著。

2.《黄帝内经》

《黄帝内经》是中国最早的医学典籍，相传为黄帝所作，但一般认为此书最终成型于西汉，作者亦非一人，而是由历代黄老医家传承增补而成。《黄帝内经》在道家理论上提出了中医学的阴阳五行学说、脉象学说、经络学说、病因学说、养生学说等重要理论，基本素材来源于古人对生命现象的长期观察与大量临床医疗实践。《黄帝内经》奠定了人们对人体生理、病理、诊断、治疗的认识基础，对后世影响极大，被称为"医之始祖"。

3. 恬淡虚无

"恬淡虚无"指生活淡泊质朴，心境平和宁静，外不受物欲诱惑，内不存情虑侵扰，能够达到物我两忘的境界，是道家所崇尚的养生途径。

三、阅读检查：解释下列句子中划线的部分

1. 心理健康越来越受到重视，并常常与身体健康相提并论。现在人们普遍认为二者是相辅相成的，身心健康才是真正的健康。

2. 要想保持心理健康，身体健康是不可或缺的基础，中国的大中小学越来越重视体育课就是一个明证。

3. 清华历史上有一条"铁"的规定：体育课不及格不能毕业。

4. 1912年，周诒春出任清华副校长，确立了"德智体三育并重"的方针。

5. 从此，这句脍炙人口的口号便成为清华大学文化理念中崇尚体育的重要标志。

6. 在健康方面，中国素有"养生先养心"的说法。

7. 一个人的心理健康会受到遗传和环境的双重影响。

8. 身体健康与心理健康是相辅相成的，二者息息相关，密不可分，是一种良性循环的关系。

9. 在健身房他挥汗如雨，在名胜古迹与青山绿水之间他流连忘返。

四、拓展练习：举例说明下列成语

1. 相提并论
2. 相辅相成
3. 脍炙人口
4. 息息相关
5. 流连忘返

第二部分　口语表达：讨论

一、观点提示

1. 生活中有压力是一种正常现象。
2. 人感到有压力不是坏事。
3. 压力有正面与负面之分。
4. 我们可以把压力变成动力。
5. 使环境要求与自身应对能力达到平衡很重要。
6. 内控型性格与外控型性格之我见。
7. 很多压力是自己给自己制造的。
8. 我们应该坦然面对挫折。
9. 战胜压力首先要靠内心的强大。
10. 身心健康才是真正的健康。

二、示范提纲

观点：我们可以把压力变成动力。

说明：

1. 观念上：如果生活中的某种压力不可避免，我们必须面对，那就不如把压力变成动力，积极地应对。例如，就业压力对很多人来说是不可避免的，找工作不容易，即使是一份普通的工作，要求也越来越高，像公司文秘就需要精通外语、熟练使用电脑、会开车。

2. 方法上：要把压力变成动力，只有观念是不行的，还要有许多行之有效的方法。例如，如果你想应聘公司文秘，那么你就要学会外语、电脑、开车这些甚至更多的技能。万一应聘不成功，你还可以选择考研、留学，全面提升自己，让自己将来有条件寻求更好的职位。

结论：

生活的压力永远存在，你认为它是压力，那么这些压力就会越来越大。如果你把它变成动力，那么你就能获得解放，真正摆脱压力。

三、话题词群

1. 中心议题：压力、动力；身体健康、心理健康
2. 性格特征：内向、外向；内控型、外控型
3. 人生态度：塞翁失马、顺其自然、与世无争、知足常乐、海阔天空
4. 对立统一：得失、成败、取舍、乐观、悲观
5. 基本观念：人生观、世界观、价值观

四、参考用语

1. 压力过大会使人处于亚健康状态，要防患于未然。
2. 生活中出现这样或那样的不可预期的情况很正常，所以我们要培养自己随机应变的能力。
3. 生活中永远有做不完的事情，所以我们做事情必须分清主次。
4. 面对压力我们有三种选择：第一是改变，第二是接受，第三是离开。
5. 随遇而安是一种很好的生活态度。
6. 幸福来自内心，你觉得幸福就是幸福。
7. 中国有一句俗话："知足常乐。"这种乐观的生活态度非常有利于身心健康。
8. 要想把压力变成动力，必须有正确的应对方法。
9. 人生的路应该边走边看，有时候停下来休息休息也没关系。
10. 生活中的压力，有一些是不可避免的，有一些是可以避免的。

话题六　积极向上的童年是人生良好的基础

话题背景

　　人人都有童年。童年往往会给我们留下美好的回忆，然而更重要的是，童年对我们未来的人生起着非常重要的作用，我们在童年的所作所为、所思所想都会潜移默化地影响我们的性格、人生观和生活态度。所以说，积极向上的童年可以为我们的人生打下良好的基础。

教学目标

1. 对中国少年儿童的生活状况有基本的了解；
2. 能够与同学交流自己的童年生活。

热身活动

1. 讲一个自己童年的故事；
2. 进行中外少年儿童生活状况对比。

第一部分　阅读文章

> **提示**　这篇长文汇聚了中国多个地方、多所学校学生的短文，这些孩子在"六一"国际儿童节即将到来之际，把他们的真实想法、真实情感表达出来，让我们这些成年人的心不禁为之一动。我们也是从童年时期成长起来的，有一句话说得好："不忘初心，方得始终。"

小朋友，啥事让你最快乐？

　　6月1日是国际儿童节，在一年一度的"六一"儿童节到来之际，让我们听听孩子们的心声。

王梓安：战胜挫折

　　我是北京首都师范大学附属育新学校四年级学生，现在9岁，眼看就要过"六一"儿童节了，我心中充满期待。

几天前，爸爸在送我去学钢琴的路上问道："儿子，爸爸提前祝你儿童节快乐。你跟爸爸说说，让你最快乐的事是什么？"

我很认真地想了想爸爸问我的问题。

在我成长的过程中，快乐的事情很多：爸爸给我买玩具让我很快乐，妈妈唱着歌陪我睡觉让我很快乐，老师表扬我让我很快乐……让我快乐的事情真不少，要说让我最快乐的事情是什么，我还真想出来了！

我高兴地对爸爸说："爸爸，我知道让我最快乐的事情是什么了！"

爸爸慈爱地看着我："能和爸爸分享你的答案吗？"

我说："当然，就是每次遇到困难时，我都能努力克服困难把事情做好，这时候我最快乐，并且这种快乐能持续很久。"

爸爸又问："你认为努力之后的成就感让你最快乐，能举个例子吗？"

我想了一下，说道："我 4 岁的时候，您和妈妈决定让我学习钢琴。刚开始我觉得好难啊，我的手那么小，也没劲，钢琴键按起来很困难。可是经过这几年的学习，我的钢琴已经顺利通过五级考试，在海淀区艺术节展演中获得了一等奖，还能听曲弹奏了。我的努力没有白费，所以我很快乐。"

学习钢琴的孩子

爸爸笑了起来："哈哈，我儿子长大了，爸爸为你自豪！"

"谢谢爸爸！我一定会继续努力。"我大声应答。

熊贵根：我爱足球

我是江西南昌新建区松湖和平小学四年级学生，今年 10 岁。我最喜欢踢足球，因为踢足球不仅能锻炼身体，还让我感到很快乐。

在我们那儿，踢足球是个新鲜事，以前我和同学们只在电视上看过足球比赛。从 2014 年开始，我们学校在放学后会组织学生们进行足球比赛，很多同学都会围着去看，觉得很新奇。

学校足球队刚成立的时候，队员都是四、五、六年级的学生。当时我读二年级，每天都跑去看高年级的哥哥姐姐踢球，抓住机会也踢上两脚。那时我就想，如果自己能上场该多好啊！

读三年级的时候，学校足球队与其他学校进行足球比赛，成绩很好，就在低年级的学生里选拔新队员。我虽然个子小，但身体**结实**又灵活，传球也还可以，于是顺利进入了学校足球队。

刚开始踢足球时，我不太懂踢球的规则，看到球过来时不知道怎么控制它，总喜欢拿手抱起来。我还习惯用脚尖踢球，不但球踢不远，而且踢完之后脚还很痛。在**支教**老师的帮助下，我从最基本的动作练起：**热身**跑圈、传球射门、分组**对抗**。那时候我们的体育课基本上都是足球的内容，老师讲解动作**要领**时，我听得很仔细。有时听不懂，还会单独去问老师。慢慢地，我对足球有点儿感觉了，也明白了足球拼的不仅是体力和速度，还有技术。

以前学校没有足球场地，我和其他小伙伴就到河滩上踢，摔倒后满身都是泥巴，我们仍然很开心。后来学校的人工草坪足球场修好了，我们踢球就不用跑那么远了，而且场地也正规了。

进入学校足球队以后，由于我个子小，队友们就让我多练习。现在，传球、带球、过人、射门，样样我都练得不错，成了学校足球队的主力队员。每当进球的时候，我就感觉特别兴奋，好像一下子什么烦恼都没有了。

以前我不喜欢说话，但在学校踢足球时，我和小伙伴聊起足球总有说不完的话。现在我们学校经常参加外面的足球比赛，我不仅增长了见识，还获得了很多比赛经验。前不久，在南昌市第二届农村校园足球联赛中，我们学校足球队**蝉联**第一名。

因为经常踢足球，衣服总是很脏，为了不给爸爸妈妈增加负担，回到家后，我也会做点儿家务。有一次，我踢球时受了伤，爸爸妈妈看到后非常心疼，想让我放弃踢足球。后来他们在电视上看到我们学校足球队取得了不错的成绩，而且我踢球也没有影响到学习，才放心让我继续踢。

踢球的这几年，学校足球队拿了不少冠军，我也长高了不少。我以后还要继续努力踢球，争取考上体育学院，学习更多的足球技巧，早日成为一名职业足球运动员。

王一凯：痴迷京剧

我是北京戏曲艺术职业学院的学生，今年12岁。京剧是中国的**国粹**，与国粹结缘是我最幸运和最快乐的事。

小时候，我经常跟着姥爷到公园听**票友**唱戏，这么一熏陶，我对**京胡**的声音和京剧的**腔调**有了一种特别的亲切感。在中国人民大学附属小学，我加入了学校金帆艺术团的京剧团，开始跟着专业老师学花脸表演艺术。从二年级开始，每周的京剧课成了我最快乐的时光。老师教的每一出戏我都认真听，认真学，课后反复练。在老师的悉心指导下，我参加了两届"国戏杯"学生戏曲大赛，因饰演《草船借箭》中的曹操荣获了金奖，这次大赛还在央视戏曲频道播出了呢。我还跟随艺术团去英国演出了，剧院里座无虚席，不只是当

中国的国粹——京剧，刘谦功摄

地的华侨华人特别喜爱京剧，就连外国人也对咱们的国粹艺术很感兴趣。每次一谢幕，听着观众热烈的掌声，自豪感油然而生——原来中国的国粹艺术在外国这么受欢迎呀！我暗下决心，一定要好好学戏。

就在我对京剧越来越痴迷的时候，我遇到了恩师——中国国家京剧院著名花脸表演艺术家康秉钧老师和北京京剧院著名老旦演员康静老师。康秉钧老师对艺术精益求精的态度让我明白了京剧艺术的严谨，他耐心地对我言传身教，让我更坚定了学好京剧艺术的信心。康静老师则在繁忙的工作之余，不辞辛苦地教授我们这些喜欢京剧的孩子，还带领我们登上梅兰芳大剧院10周年庆典、2018国学春晚的舞台去展现自我。

2017年3月，在爸爸妈妈的支持下，我参加了北京戏曲艺术职业学院的招生考试并被录取，从此走上了京剧专业学习的道路。学京剧是我的选择，学好京剧是我的梦想，为了实现梦想，我必须咬牙克服困难。虽然每天练功很辛苦，经常汗流浃背，但我心里却很幸福，我的基本功也有了很大进步。学校的同学来自天南海北，我们是同龄人，上课一块儿练功，互相鼓励，下课一块儿玩耍，十分开心，和同学相处我感到很快乐。

我的童年因京剧而快乐。我知道，自己学戏的路还很长，我会继续努力。为了心中的梦想，为了弘扬祖国传统文化，我要成为一名出色的京剧艺术传承人。

刘彦岑：好友相伴

我是北京清华大学附属中学国际部的五年级学生，今年11岁，对我来说，最快乐的事是和朋友在一起。只要大家在一起，不管做什么我都很快乐。

我爱和大家一起玩，比如打篮球和踢足球。我们这些女孩儿喜欢一起聊天，会说一些很少跟别人说的悄悄话，特别喜欢谈论班上的男生。周末我常常和同学一起度过，有时候她们来我家，有时候我去她们家，大家住在一起特别开心。有一次，我的一个同学在我家住了四

个晚上，我们一起吃饭、一起睡觉、一起上学、一起读书、一起写作业、一起玩游戏，我高兴极啦！

当然，我也喜欢和家人在一起。我有一个大家庭：爸爸、妈妈、妹妹、爷爷、奶奶、姥姥、姥爷。我们一大家子人在一起，做什么都快乐。在家里我最喜欢和妹妹玩游戏，因为我老能赢她。

韩宗宇阳：无忧无虑

我是四川成都七中实验小学四年级学生，今年10岁。对我来说，最快乐的事是过一个没有作业的儿童节。

时间过得真快，转眼间，我已经是一名四年级小学生了。回忆这4年的快乐时光，既有爸爸妈妈的陪伴，也有老师的悉心教导，还有一起读书、**嬉戏**的同学们的关爱，但最快乐的时候要数每年的"六一"儿童节了。我们在属于自己的节日里，开心地做着自己想做的事情。但是，现在随着学习压力的加大，儿童节好像仅仅成了一个名词，即使过节也找不到属于我们自己的快乐了。

记得小学一年级的时候，我第一次参加学校举办的儿童节活动。那天下起了倾盆大雨，可穿着节日**盛装**的我们却抑制不住即将登台表演的喜悦，**焦急**等待着主持人的召唤。在华丽的舞台上，有歌舞、**相声**、**小品**表演，甚至还有魔术，每个节目都非常精彩，让人**赞不绝口**。终于等到主持人点到我们班了，全班45名同学开心地登上舞台**载歌载舞**。我们的表演非常成功，获得了团体一等奖。

在我就读过的甘孜藏族自治州炉霍县新都小学，"六一"儿童节这天，全校师生都会登台演出，庆祝属于我们自己的节日，没有作业，没有补习班。节日到来前的一个月，老师就开始带我们编排节目。为了我们的节目能**惟妙惟肖**，妈妈和其他几位同学的家长还会用**废弃物**帮我们制作道具。

现在我转学到了成都，学习压力越来越大，各种有意思的活动也减少了。今年的儿童节又要到了，我多想像小时候那样过一个属于自己的节日：在那一天，不再有沉重的书包和作业，不再有培训班，同学们一起愉快地玩游戏，**欢声笑语久久回荡**在校园和家里。我最大的期盼，就是能像小时候那样无忧无虑地过一个快乐的儿童节。

陈莫非：爸妈陪伴

我是山东滨州实验学校二年级学生，今年7岁。我有个双胞胎妹妹叫陈依然，长得跟我**一模一样**，只比我小一分钟。

妈妈问我们俩什么时候觉得快乐。我认真想了想，发现快乐的事还真不少：吃好东西的时候、考100分的时候、得到老师表扬的时候、穿漂亮衣服的时候……不过，最快乐的事情还是妈妈陪伴我和妹妹的时候。

我妈妈是警察，老是忙，经常加班，还经常去外地出差。有一次，她出差去一个地方**执勤**，去了很多天，我们特别想她。放学后，我就让奶奶给妈妈发视频聊天，妈妈不告诉我们她在哪里，但她说很想我们。再见到妈妈时，她就**使劲**亲我们。我和妹妹好快乐，妈妈也好快乐。

妈妈如果周末不加班的话，早晨还会和我们一起**赖床**。我们玩自拍，玩手指游戏，我和妹妹特别开心。

爸爸妈妈都特别忙，从来不接我们放学，如果爸爸和妈妈能来接我们一次，该有多好呀。爸爸晚上总是有事不在家，所以他在家的时候，我觉得特别快乐。周末的时候妈妈老是让我们弹钢琴，但是爸爸喜欢带我们出去散步，和我们一起赛跑，或者在公园里**捉迷藏**。

有一次，爸爸妈妈带我们坐高铁去成都看大熊猫。有只熊猫妹妹叫二巧，它太活泼了，和别的大熊猫不太一样。别的熊猫都在吃竹子，要不就是睡大觉，但是二巧一会儿爬树，一会儿翻跟头，太有意思了，它一定特别快乐。在山下的商店里，妈妈给我们买了大熊猫帽子。

孩子们喜欢的大熊猫，刘谦功摄

真希望爸爸妈妈以后能多带我们出去玩。

陈林濠：问心无愧

我是吉林长春东北师范大学附属中学的初一学生，今年13岁。童年是一个人一生中最美妙的**乐章**。对于我来说，童年最大的快乐就是能做到**问心无愧**。

问心无愧未必代表着成功的喜悦，也不一定是失败的**沮丧**。无论成败，只要**竭尽全力**去做了，便会感到问心无愧。问心无愧这种感觉是阳光的、健康的、快乐的，是一种发自内心的自豪与骄傲。

这种感觉时常会在我游泳训练结束后油然而生。

教练一声令下，我和小伙伴们一头扎进水里，耳机中不时传来**严苛**的指令，充沛的体力被水一分一秒地**吞噬**着。有时偷偷看一眼岸上的大钟，训练仅仅过去了一半。每每在这**疲惫**的时候，我常常用父亲对我说过的一句话来鼓励自己："无论何事，要么不做，要么做好！"

上岸时已是体力全无，但还是与小伙伴们欢笑着交谈，因为我付出了最多的汗水与最大的努力，所以问心无愧地快乐着。

问心无愧不是经历挫折后的**一了百了**，而是前进道路上的动力。

记得上个学期的校运动会上，我初次参加1000米长跑，身边全是各班的"运动健将"。裁判一声枪响，大家立刻从起跑线飞奔出去。开始我还跟大家跑在一起，很快呼吸变得越来**越急促**，体力**消耗**越来越大，与第一名的距离也越来越远，我告诉自己："绝对不能放弃！"于是朝着终点奋力冲了过去……

最后，我只在22人的小组赛中取得了第8名的成绩。即便如此，我依然问心无愧地快乐着。落后并不可怕，只要坚持下去就有可能取得胜利，下次运动会我还会再来。

（选自《人民日报》（海外版）2018年5月31日，作者王梓安、熊贵根、王一凯、刘彦岑、韩宗宇阳、陈莫非、陈林濠，有删改）

阅读理解

一、生词

1. **心声**：xīnshēng
   发自内心的声音，指真实的想法与愿望。

2. **慈爱**：cí'ài
   指长辈对晚辈的温情与怜爱。

3. **结实**：jiēshi
   健壮；牢固。
   例：我爷爷已经85岁了，可是身体很结实。

4. **热身**：rèshēn
   在进行某种运动之前用短时间低强度的动作做相关准备，也指为其他事情做相关准备。
   例：游泳之前最好先热一下身，下水之后才能游得很畅快。

5. **对抗**：duìkàng
   对立的双方相持不下。

例：在竞技体育的对抗中，双方都必须遵守规则。

6. **要领**：yàolǐng

   要点，主要内容。

7. **烦恼**：fánnǎo

   烦闷苦恼，文中指让人不顺心的事。

8. **蝉联**：chánlián

   指连续不断地获得。

   例：这次比赛你们有希望蝉联冠军吗？

9. **国粹**：guócuì

   指一个国家固有文化中的精华。

   例：京剧是中国的国粹。

10. **票友**：piàoyǒu

    指会唱戏而不以专业演戏为生的爱好者。

11. **京胡**：jīnghú

    一种传统拉弦乐器，是京剧的主要伴奏乐器。

12. **腔调**：qiāngdiào

    音乐、戏曲、歌曲的调子，也指说话的语气。

13. **花脸**：huāliǎn

    又称"净"，在京剧中主要表现有突出特征的男性人物。

14. **悉心**：xīxīn

    全心全意。

    例：在医护人员的悉心照料下，受伤的人很快就康复了。

15. **饰演**：shìyǎn

    扮演。

    例：你是在这部电影中饰演男主角吗？

16. **座无虚席**：zuòwúxūxí

    座位没有空着的，形容观众很多。

    例：这部话剧很受欢迎，每场演出都是座无虚席。

17. **谢幕**：xièmù

    演出结束后观众鼓掌时，演员站在台上向观众致礼答谢。

18. **油然而生**：yóurán ér shēng

    形容思想感情自然而然地产生。

    例：面对眼前险峻的山势，一种对大自然的敬畏之感油然而生。

19. **精益求精：** jīngyìqiújīng

    比喻已经很好了，还要做得更好。

    例：你的论文已经写得很好了，不过还有时间，再精益求精一下吧。

20. **严谨：** yánjǐn

    严肃谨慎。

    例：你放心，他做事很严谨。

21. **耐心：** nàixīn

    心里不急躁，不厌烦。

    例：作为一个老师，对学生必须有耐心。

22. **言传身教：** yánchuán-shēnjiào

    既用言语来教导，又用行动来示范。

    例：家庭教育很重要，父母的言传身教会对孩子产生深远的影响。

23. **繁忙：** fánmáng

    事情很多，没有空闲。

    例：业务繁忙、网络繁忙

24. **汗流浃背：** hànliú-jiābèi

    出汗很多，湿透了脊背。

    例：今天太热了，我在外面没待多久就汗流浃背了。

25. **悄悄话：** qiāoqiāohuà

    指耳语或私房话。

26. **无忧无虑：** wú yōu wú lǜ

    没有任何忧愁和顾虑，形容很快乐。

    例：不仅童年可以无忧无虑，只要凡事想得开、放得下，你现在也可以无忧无虑。

27. **嬉戏：** xīxì

    无忧无虑地玩耍。

28. **盛装：** shèngzhuāng

    华丽的装束。

    例：盛装出席、盛装出场

29. **抑制：** yìzhì

    约束，压制。

30. **焦急：** jiāojí

    非常着急。

31. **相声**：xiàngsheng
   一种民间说唱曲艺，以说、学、逗、唱为主要形式。

32. **小品**：xiǎopǐn
   指简短的戏剧表演。

33. **赞不绝口**：zànbùjuékǒu
   赞美的话说个不停，形容对人或事物十分欣赏。
   例：中秋节的晚上，我们在广场上载歌载舞，尽情欢乐。

34. **载歌载舞**：zàigē-zàiwǔ
   一边唱歌，一边跳舞，形容尽情欢乐。
   例：中秋节的晚上，我们在广场上载歌载舞，尽情欢乐。

35. **惟妙惟肖**：wéimiào-wéixiào
   形容描写或模仿得非常逼真。
   例：我的同屋很有表演天赋，模仿电影里的人物惟妙惟肖。

36. **废弃物**：fèiqìwù
   被丢弃的没有用的东西。

37. **道具**：dàojù
   指演出戏剧或拍摄电影时所用的器物。

38. **欢声笑语**：huānshēng-xiàoyǔ
   欢笑的声音和话语。
   例：联欢会上到处是欢声笑语。

39. **回荡**：huídàng
   指声音发出回声。
   例：我们的呼喊回荡在山谷中。

40. **一模一样**：yìmú-yíyàng
   形容完全相同。
   例：双胞胎并不一定长得一模一样。

41. **执勤**：zhíqín
   执行公家分派的公共事务。

42. **使劲**：shǐjìn
   用力。
   例：这箱子太沉了，我怎么使劲都抬不起来。

43. **赖床**：lài chuáng
   早上醒来喜欢在床上多躺一会儿。

44. **捉迷藏**：zhuōmícáng
    一种寻找躲藏者的游戏。

45. **乐章**：yuèzhāng
    交响乐或其他大型乐曲的组成部分，结构上有相对的独立性，有的可以单独演奏。
    例：这部交响乐共有三个乐章。

46. **问心无愧**：wènxīn-wúkuì
    自问内心没有惭愧。
    例：我不管别人怎么说，只要自己问心无愧就行了。

47. **沮丧**：jǔsàng
    灰心，失望。
    例：你不能遇到困难就沮丧，要想办法克服困难。

48. **竭尽全力**：jiéjìn quánlì
    用尽全部力量。
    例：我们要竭尽全力按时完成任务。

49. **严苛**：yánkē
    严厉苛刻。
    例：我不想跟他们合作了，他们的条件太严苛了。

50. **吞噬**：tūnshì
    吃掉、吞咽，比喻消失。
    例：我们行驶在盘山路上时突然起雾了，能见度很低，前面的车都被大雾吞噬了。

51. **疲惫**：píbèi
    非常劳累。
    例：疲惫不堪、十分疲惫

52. **一了百了**：yīliǎo-bǎiliǎo
    把一件主要的事情了结以后，其余有关的事情也就跟着了结了，一般用来指不好、不吉利的事情。
    例：他以为在这里犯的罪出国就一了百了了，现在还是被抓住了。

53. **急促**：jícù
    快速而短促。
    例：急促的声音、急促的脚步

54. **消耗**：xiāohào
    指精神、力量、物品等因使用或受损失而逐渐减少。
    例：跑马拉松太消耗体力了，你必须提前做好准备。

二、注释

1. 支教

支教是支援乡镇中小学校教育和教学管理的项目，致力于改善中国贫困地区的教育状况，有官方与非官方多种途径。例如，如果是大学应届毕业生，可以参加团中央、教育部等四部委联合发起的大学生志愿服务西部计划，该计划从 2003 年开始实行。又如，如果有意愿参加民间组织的支教活动，可以去中华支教与助学信息中心（China Teaching-Assistance，简称CTA）报名参加，该机构主要负责支教和助学信息的收集、核实、发布、宣传、统筹等工作。

2.《草船借箭》

京剧《草船借箭》演的是中国古典名著《三国演义》中赤壁之战的故事：周瑜限十天内造出十万支箭，诸葛亮立刻识破这是一条害人之计，却淡定地表示"只需要三天"。第三天是个大雾天，诸葛亮利用曹操多疑的性格调用了几条草船诱敌射箭，因此借足了十万支箭。诸葛亮的才智与胆识备受后人赞美，因而后世多有相关的文学著作与戏剧表演。

3. 中国国家京剧院

中国国家京剧院成立于 1955 年 1 月，是中华人民共和国文化部直属的国家级剧院，著名京剧艺术大师梅兰芳先生任京剧院的首任院长。团内表演艺术家李少春、袁世海、叶盛兰、杜近芳，剧作家翁偶虹、范钧宏，导演阿甲等均享誉海内外。半个世纪以来，剧院或继承，或创编，上演了约 600 部不同题材与体裁的传统和现代剧目，代表剧目有《三岔口》《白蛇传》《文成公主》《大闹天宫》《杨门女将》等。剧院担负着重要的对外文化交流任务，不断派出艺术团组到世界各地演出，先后出访过五十多个国家和地区，足迹遍及五大洲，赢得了良好的国际声誉。

三、阅读检查：选择正确答案

1. 在这篇文章中，"孩子们的心声"的意思是
    A 孩子们的经历
    B 孩子们的故事
    C 孩子们的想法
    D 孩子们的要求

2. 王梓安觉得什么事情让他最快乐？
    A 爸爸给他买玩具
    B 妈妈陪他睡觉
    C 老师表扬他
    D 努力克服困难把事情做好

3. 经过几年的学习，王梓安弹钢琴的结果是什么？
   A 顺利通过五级考试
   B 在艺术节展演中获得一等奖
   C 能够听曲演奏
   D 包括以上三者

4. 熊贵根喜欢踢足球的原因是
   A 可以锻炼身体，而且让他感到很快乐
   B 他觉得踢足球是个新鲜事，很好奇
   C 他的学习成绩很好，有时间踢足球
   D 他不太懂踢足球的规则，想学习一下

5. 下列哪一项不是熊贵根顺利进入学校足球队的优势？
   A 个子小
   B 身体结实
   C 动作灵活
   D 传球还可以

6. 熊贵根对职业生涯的规划是
   A 学习更多的足球技巧
   B 考上体育学院
   C 做一名足球运动员
   D 包括以上三者

7. 王一凯学习的花脸表演艺术属于京剧角色中的
   A 生
   B 旦
   C 净
   D 丑

8. 京剧《草船借箭》源于中国古代四大名著的哪一部？
   A《水浒传》
   B《三国演义》
   C《西游记》
   D《红楼梦》

9. "座无虚席"的意思是
   A 参加演出的人很多
   B 参加演出的都是著名演员
   C 演出的剧目非常受欢迎
   D 演出的环境非常好

10. "精益求精"的意思是

    A 越来越好

    B 越来越强

    C 越来越大

    D 越来越多

11. "言传身教"这个成语应该用于以下哪个方面？

    A 言语

    B 传承

    C 身体

    D 教育

12. 刘彦岑喜欢跟别的女孩儿说悄悄话，"悄悄话"的意思是

    A 好听的话

    B 难听的话

    C 秘密的话

    D 公开的话

13. 韩宗宇阳所说的"无忧无虑的儿童节"不包括下列哪一个儿童节？

    A 一年级的儿童节

    B 四年级的儿童节

    C 没有作业的儿童节

    D 表演节目的儿童节

14. "赞不绝口"的意思是

    A 不停地说话

    B 不停地称赞

    C 不停地表演

    D 不停地鼓掌

15. "惟妙惟肖"形容

    A 学习非常刻苦

    B 模仿非常逼真

    C 工作非常努力

    D 运动非常频繁

16. 陈莫非感到最快乐的事情是什么？

    A 考100分的时候

    B 穿漂亮衣服的时候

    C 和同学一起玩的时候

    D 妈妈陪伴她和妹妹的时候

17. 每到周末，妈妈总是让陈莫非和妹妹做什么？
    A 弹钢琴
    B 散步
    C 赛跑
    D 捉迷藏

18. 陈林濠认为问心无愧
    A 是他最大的快乐
    B 是他应该做到的事情
    C 是爸爸妈妈对他的要求
    D 是老师提出的标准

19. "竭尽全力"的意思是
    A 想尽一切办法
    B 用尽全部力量
    C 接受所有结果
    D 包括以上三者

四、拓展练习：用下列词语造句

1. 座无虚席
2. 精益求精
3. 言传身教
4. 汗流浃背
5. 无忧无虑
6. 赞不绝口
7. 载歌载舞
8. 惟妙惟肖
9. 一模一样
10. 问心无愧

第二部分　口语表达：讨论/演讲

一、观点提示

1. 我的童年生活丰富多彩。

2. 快乐的童年是一生的财富。

3. 兴趣是学习的动力。

4. 良好的运动习惯要从童年开始培养。

5. 童年时期父母的言传身教很重要。

6. 父母应该尊重孩子。

7. 童年的梦想要脚踏实地去实现。

8. 一个人从小就要有战胜困难的勇气。

9. 我有一个无忧无虑的童年。

10. 努力之后的成就感让我感到很快乐。

二、示范提纲

观点：快乐的童年是一生的财富。

说明：

1. 快乐的童年有利于塑造乐观的性格。快乐有一种惯性，如果你已经习惯了快乐，那么无论遇到什么事情你都会向好的方面看，高高兴兴地过好每一天。比如，小的时候，偶尔考试考得不太好并不会影响我的情绪，我照样可以高高兴兴地和同学一起玩。当然，我也会认真反思问题所在，争取下一次取得好成绩。我认为，在自己失利的情况下还能保持良好的情绪，可以更好、更快地解决问题。

2. 快乐的童年有利于树立积极的人生观。所谓人生观，即一个人在生活实践中形成的对于人生目的和人生意义的根本看法，它可以直接左右一个人的生活道路。童年是一个人树立人生观的关键时期，中国有一句俗话叫作"三岁看老"，说的是透过一个三岁儿童的行为举止便可以看出这孩子将来会是一个什么样的人，更深刻地说，一个人童年的行为习惯会影响其一生。我从小便想当一个医生，因此我好好学习，天天向上，为的是有一天能够治病救人。

3. 快乐的童年有利于培养豁达的生活态度。对于一个孩子来说，未来的生活道路是不可预知的，但有一点可以肯定，生活道路不可能一帆风顺，总会遇到这样那样的挫折。只有具有豁达的生活态度，才能战胜这些挫折，进而使自己的生活越来越幸福。例如，有一次暑假我们去山区旅游，遇到强降雨，山洪暴发，交通被阻断，我们在山里足足待了一个星期才出来，但是我们没有郁闷，没有沮丧，反而利用这段时间帮助村子里的孩子学习文化知识，因此过得很充实。

结论：

一个人要想幸福，必须具有乐观的性格、积极的人生观、豁达的生活态度，而这一切往往是以童年的快乐为基础的，因此说快乐的童年是一个人一生的财富。

三、话题词群

1. 童年的生活：上学、做功课、运动、旅游、玩游戏
2. 童年的感受：兴高采烈、无忧无虑、两小无猜
3. 童年的兴趣：看书、写书法、画画儿、弹钢琴、游泳、踢足球
4. 童年的理想：科学家、文学家、艺术家；周游世界、九天揽月、海底探险
5. 童年的回忆：光阴似箭、回味无穷、情趣盎然、其乐无穷

四、参考用语

1. 在我成长的过程中，让我感到快乐的事情太多了，不胜枚举。
2. 每当克服困难、超越自己时，我是最快乐的。
3. 我一定努力学习，成为一个有用的人。
4. 在老师的帮助下，我从最基本的方面开始学习做科学实验。
5. 父母的言传身教让我懂得了很多做人的道理，帮我树立了积极向上的人生观。
6. 为了实现梦想，我必须克服各种各样的困难，不经历风雨怎么见彩虹？
7. 对我来说，最快乐的事是和朋友在一起。只要大家在一起，不管做什么我都很快乐。
8. 我们在属于自己的节日"六一"儿童节里，开心地做着自己想做的事情。
9. 小的时候我总是希望爸爸妈妈能够多带我们出去玩，看看这个奇妙的世界。
10. 问心无愧这种感觉是阳光的、健康的、快乐的，是一种发自内心的自豪与骄傲。

五、口语表达拓展：演讲

演讲题目备选：

1. 我童年的故事
2. 我最喜欢的童年故事
3. 快乐的童年是一生的财富
4. 艰苦的童年是一生的财富
5. 童年是人生的基础

话题七　大众文化的文化含量有多少？

话题背景

中国现在流行的大众文化崛起于 20 世纪后半叶，它被改革开放的春风吹醒，在市场经济的大潮中发展壮大，与来自官方的主流文化和来自学界的精英文化并驾齐驱，在很大程度上改变了中国文化的传统格局，影响了社会发展的面貌，因此引发了各种各样的评价和议论，促使人们不得不去思考它的价值、效应以及发展导向问题。

教学目标

1. 对中国的大众文化有所了解；
2. 具有对大众文化进行评价的意识。

热身活动

1. 举例说明什么是大众文化；
2. 简要介绍一下自己国家的大众文化。

第一部分　阅读文章

提示　大众文化与我们的日常生活息息相关，我们会不知不觉地参与其中。随着时代的发展和人们对生活质量的追求，大众文化的地位与作用日益凸显出来，因此我们有必要对大众文化进行深入的研究，包括其内容、形式、风格等诸多方面，以期对大众文化的发展与创新有所裨益，使我们的生活更加美好。

大众文化面面观

所谓大众文化，是指以大众传媒为手段、按商品市场规律运作、旨在使民众喜闻乐见的日常文化形态，具体表现为广告、电视剧、流行音乐等诸多方面。而现在一说到大众文化，首先想到的无疑是手机文化。大众文化日新月异，不仅让人眼花缭乱，有时甚至让人无所适从，所以我们有必要对大众文化进行深入的探讨，以期正确地对待它，进而引导它向积极向上的方向发展。

一、内容上良莠不齐

中国的大众文化崛起于1978年改革开放以后,一方面与官方主流文化、学界精英文化相互区别和对应,另一方面也与民间文化、通俗文化血脉相连,其主要特征表现为商业性、流行性、娱乐性。大众文化的发展壮大改变了中国文化的传统格局,影响了社会的发展与变化,引发了多重社会效应,这促使人们不得不去思考它的价值与导向问题。

1. 大众文化中的积极因素

大众文化是一种兼收并蓄的文化,尽管它既与官方主流文化、学界精英文化不同,也与民间文化、通俗文化不同,但它从这些文化中汲取着各种营养,尤其在承载和传播先进文化、弘扬人文精神方面,与这些文化是**并行不悖**的。大众文化关注人生的快乐,能够缓解人们身心疲惫的状态,而且其中不乏积极、正面的内容,许多**饱含**正能量的名言、**段子**、信息、歌曲的流传就是大众文化的具体表现。例如,歌曲《我和我的祖国》广为传唱:"我和我的祖国,一刻也不能分割,无论我走到哪里,都流出一首赞歌。我歌唱每一座高山,我歌唱每一条河,**袅袅**炊烟,小小村落,路上一道**辙**。我最亲爱的祖国,我永远紧依着你的心窝,你用你那母亲的脉搏和我诉说。我的祖国和我,像海和浪花一朵,浪是海的**赤子**,海是那浪的依托。每当大海在微笑,我就是笑的**漩涡**。我分担着海的忧愁,分享海的欢乐。我最亲爱的祖国,你是大海永不**干涸**,永远给我,碧浪清波,心中的歌。"又如,美国《华盛顿邮报》评选出的十大精神奢侈品在微信群中广为流传:"1.生命的觉悟;2.一颗自由、喜悦与充满爱的心;3.走遍天下的气魄;4.回归自然、与大自然共处的能力;5.安稳而平和的睡眠;6.享受真正属于自己的空间与时间;7.彼此深爱的灵魂伴侣;8.任何时候都有真正懂你的人;9.身体健康,内心富有;10.能感染并**点燃**他人的希望。"这些充满正能量的内容无疑对大众有着正面的影响,能够激发人们积极向上的生活态度,让我们的生活更加美好。

2. 大众文化中的消极因素

大众文化是一种消费文化,以满足人的**感官**快乐为原则,不重视文化产品的人文意义与社会价值,什么能赚钱就生产什么,其社会效益往往被忽略,结果就是排挤了高雅文化,使文化特有的正面教育作用被弱化,有时甚至会造成文化生态失衡现象。例如,大众文化中出现了暴力、色情、迷信等方面的内

大众文化聚集地南罗鼓巷,田琨摄

容，这些文化垃圾格调低下，手法雷同，被大规模复制后流传到社会的各个角落，淡化了传统道德、社会理想、人生意义等大众文化应有的精神内涵，显然对社会健康发展不利。大众文化如果以"享乐至上"为指导思想，必然会使人丧失责任感与道德感，导致人文精神的缺失。因此，为大众文化注入健康向上的内容是很有必要的，这样才能使大众在体验快乐的同时也得到精神上的**升华**。

二、形式上五花八门

今天的文化生态与以往有着**天渊之别**，手机、网络等电子媒介的广泛使用使大众文化能够以极快的速度产生与发展，形式的多样化前所未有。因为只有形式上花样翻新、**引人注目**，才能博取大众的青睐，使大众文化迅速传播，形成新的文化潮流。

1. 商业性特征明显

在当代，无论大众文化采用什么形式，其商业性特征都越来越明显。随着社会生产力的发展和大众物质生活水平的提高，人们的经济收入和**闲暇**时间都增多了，文化消费成为一种普遍需求，为大众文化的产生和发展提供了更好的条件。例如，电视机的普及使电视节目成为大众日常生活中不可或缺的**消遣**内容与审美对象，电视文化成为重要的文化现象之一。电视节目在具有**教化**作用的同时越来越多地兼具娱乐功能，千方百计地想出能够**取悦**大众的方式来提高收视率，从而实现大众娱乐的目标。由于一年一度的**春节联欢晚会**成为大众狂欢的盛宴，各种名目的综艺晚会、娱乐节目**蜂拥而起**，形成了一种新的文化景观，小品、**贺岁片**、综艺节目**层出不穷**，目的是使大众获得感官上的刺激与精神上的放松。因此，大众文化难以像精英文化那样承载厚重的历史使命感和理智的批判性，这就是大众文化更容易流于**肤浅**乃至庸俗的重要原因。其实，大众文化从一开始就以商品的形式出现，需要把握文化市场的脉搏，顺应大众的消费心理和消费口味，以适应市场的风云变幻，最终达到把文化产品销售出去的目的。在这种情况下，艺术家难以真正按艺术规律进行创作，艺术品也难以真正保持自身的独立性和创造性，这些都会影响大众的价值观念和生活方式，大众文化的商业性特征也由此可见。

2. 标准化制作盛行

现代科学技术对大众文化的推波助澜作用，不仅表现在传媒方面，而且表现在生产方面，尤其是电脑技术的使用，给观众带来了逼真乃至震撼的视觉效果与精神享受。这种状况不无好处，它使得大众文化的表现形式更加轻松愉快和赏心悦目。然而，这也造成了大众文化产品的批量生产和无限复制，使其具有明显的标准化特征，丧失了真正的艺术品应有的无可替代的个性化特征。例如，表现现代都市生活的电视剧通常都是这样一个**套路**：富丽堂皇的场景、人见人爱的主角、引人入胜的情节、皆大欢喜的结局。这种电视剧似乎不需要丰富的生活积淀和深厚的艺术素养，只需要套用某种固定的格式即可，收视效果居然并不差，因为观剧过程让人们觉得很有意思，结局也迎合了人们追求"圆满"的心理期待。然而，大众文化毕竟属于文化的范畴，文化产品的创作不应等同或接近于物质产品的生产，它所达到的水准不能用生产速度与经济效益来衡量，其精神层面的追求应远远高于物质

将形式发挥到极致的迪斯尼乐园，田琨摄

层面，更应讲究文化品位与文化精神，这才是一切文化包括大众文化的根本魅力所在。

三、风格上雅俗共赏

大众文化出现伊始在风格上或许是以俗为主的，然而随着全民文化教育水平的提高和艺术家、学术精英等群体的加入——包括作为创造者和作为接受者——大众文化显现出一种雅俗共赏的趋势。在这个过程中，高雅艺术走出了神圣的剧院，通俗艺术也有可能登上**大雅之堂**，这些都使大众文化产品**不拘一格**，有可能既优美又通俗，不管什么人都能欣赏。

1. 审美上的生活化

就文化审美而言，大众文化已突破了纯艺术与非艺术、审美活动与日常生活的界限。在以往很长的历史时期内，真正意义上的艺术似乎是**束之高阁**、**凌驾**于普通民众的日常生活之上的。而在当代，借助文化工业、大众传媒等手段，艺术的经典性与生活的日常性从**针锋相对**走向了和谐统一，处于文化中心或成为文化热点的不再是传统的经典艺术，广告、时装、电视剧、畅销书、流行歌曲、网络文学，以及动漫、视频、网络游戏、手机短信等多种多样的文化艺术形式不断涌现，审美活动也不再局限于音乐厅、歌剧院、美术馆等与日常生活**疏离**的艺术场所，它有可能就发生在购物中心、街心花园、体育场馆、度假胜地等普通百姓的生活空间，甚至可能作为一种文化消费进入普通家庭，体现在环境设计、街区美化、居室装修等方面。大众文化的这一特点对高雅文化、经典艺术不可避免地产生了影响，促使它们改变形态，寻求新的展示方式呈现于大众面前，以满足人们审美与日常生活的需要。

2. 趣味上的时尚化

大众文化植根于大众，自然反映了大众的趣味，今天的时代又是一个日新月异、**瞬息万变**的时代，所以大众文化在趣味上不断**推陈出新**，不拘古今中外，只求层出不穷，引领时代

风尚。例如，话剧、芭蕾舞都是由西方传入中国的艺术表演形式，原本都是在专门的剧场演出的，而现在越来越普及，各种业余话剧团体越来越多，非专业的芭蕾舞训练班更是如雨后春笋一般。无论男女老少，参加这样的团体或训练班都不是为了上台演出，而是为了提高自己的艺术修养，培养自己的高雅气质。又如，现在年轻人结婚流行举办婚礼，婚礼的服装往往是**中西合璧**的，以举行仪式时穿西式礼服、参加婚宴时穿中式礼服居多，婚纱照更是兼有人文与自然、中国风格与外国风格等多种场景，具体情形自然是跟着时尚走。由此可见，趣味上的时尚化使得大众文化更加丰富多彩，人们也因此更加喜闻乐见。从表面上看，时尚似乎是商家或媒体制造出来的，是当下文化市场竞争的需要，但从根本上来说，这些时尚与大众的选择是分不开的，隐藏在时尚背后的是人们的审美趣味与心理需求，更重要的是其理想的张扬与情感的抒发。因此，大众文化应把握大众的审美趣味与审美心理，努力造就为大众所推崇的时尚，引领文明、健康、积极、向上的时代风尚。

综上所述，大众文化在内容上是良莠不齐的，在形式上是五花八门的，在风格上是雅俗共赏的。面对这种情形，我们应该保持清醒的头脑，采取批判的态度。"众所周知，大众文化是**后工业化社会**的产物。现代化大众传媒的发达、技术力量的无比强大，使文化不再只是精英们书斋里**评头品足**的对象，而成为了普通平民百姓也可以随时参与的活动，甚至是日常生活的一部分。从某种意义上讲，时下**大行其道**的大众文化似乎可以被视为走下'圣坛'的文化——一种流行的、**无孔不入**的文化。正如美国文化批评家弗雷德里克·杰姆逊（Fredric Jameson）在《后现代主义与文化理论》一书中所说：'高雅文化与大众文化、纯文学与通俗文学的距离正在消失。'目前大众文化过分强调迎合各种所谓的'大众需求'，文化自身的批判功能逐步弱化，直接影响到文化的创新功能，在很大程度上制约了文化的进步。因此，大众文化批判不仅肩负着抨击负面影响的使命，还应通过批判实现建构，促进大众文化的创新。"[①] 大众文化应当纳入我们的文化建设之中，使其尽量向先进性与大众性统一的方向发展。一方面，先进文化只有被广大人民群众接受才能实现其功能和价值；另一方面，广大人民群众才是创造、实践和享受文化的主体。因此，大众文化的发展直接影响到社会的发展，文化建设必须包括大众文化建设，先进文化前进的方向也就是大众文化前进的方向。

（原创，作者刘谦功）

---

① 刘柏清（2010）大众文化批判与大众文化创新，《北方论丛》第3期。

阅读理解

一、生词

1. **旨**：zhǐ
   用意，目的。
   例：这些举措旨在弘扬中国传统文化，我们必须支持。

2. **喜闻乐见**：xǐwén-lèjiàn
   既喜欢听，也喜欢看，形容很受欢迎。
   例：相声是中国人喜闻乐见的表演形式。

3. **日新月异**：rìxīn-yuèyì
   每天都在更新，每月都有变化。指发展或进步迅速，不断出现新事物、新气象。
   例：看着家乡日新月异的变化，我由衷地感到高兴和骄傲。

4. **眼花缭乱**：yǎnhuā-liáoluàn
   看着纷繁的东西感到迷乱。
   例：元宵节晚上到处都是彩灯，看得我眼花缭乱。

5. **无所适从**：wúsuǒshìcóng
   不知应该怎么办。
   例：我们公司的两位经理总是有不同意见，我经常感到无所适从。

6. **良莠不齐**：liángyǒu-bùqí
   比喻好的坏的夹杂在一起。
   例：网络上的内容良莠不齐，要学会分辨。

7. **崛起**：juéqǐ
   原意为地势突起，现多指发展迅速。
   例：我亲身经历了这家公司崛起的全过程。

8. **并行不悖**：bìngxíng-búbèi
   同时进行，互不违背。
   例：这两个方案虽然侧重点不同，但根本目标是一样的，实施起来可以并行不悖。

9. **饱含**：bǎohán
   满含，充满。
   例：他童年时饱含艰辛的经历成了他一生的宝贵财富。

10. **段子**：duànzi
    相声、评书等曲艺中可以一次表演完的节目，泛指兼具独立性与幽默性的短文、对话等。

11. **袅袅**：niǎoniǎo

    形容烟气缭绕上升。

12. **辙**：zhé

    车轮压出的痕迹，车辙。

13. **赤子**：chìzǐ

    刚出生的婴儿，也指对故土有深厚感情的人。

    例：海外赤子、赤子之心

14. **漩涡**：xuánwō

    打转的水流。

15. **干涸**：gānhé

    指河流、池塘等干枯无水。

    例：大旱之年，河水都干涸了，村民们要打很深的井才能取到地下水。

16. **点燃**：diǎnrán

    使燃烧，点着（zháo）。

    例：奥运会火炬的点燃方式多种多样，别出心裁，总是给人耳目一新的感觉。

17. **感官**：gǎnguān

    指人体的感觉器官，如眼、耳、鼻、舌等。

18. **排挤**：páijǐ

    推挤，特指利用势力或手段使别人失去地位或利益。

    例：真有本事的人不会采用排挤别人的手段往上爬。

19. **雷同**：léitóng

    不应该相同而相同。

    例：如果这座城市的新建筑都是雷同的，那怎么体现这座城市的风格与特色呢？

20. **升华**：shēnghuá

    固态物质不经液态直接变为气态，比喻事物的精炼和提高。

    例：音乐不仅能让人们的身心得到放松，而且能使人们的思想与情感得到升华。

21. **五花八门**：wǔhuā-bāmén

    原指古代兵法中的"五花阵"与"八门阵"，现比喻事物多种多样。

    例：老师提出的问题太难了，大家的回答五花八门，但老师说都不正确。

22. **天渊之别：** tiānyuānzhībié

    天空和深渊的区别，比喻差别极大。

    例：这两种产品的质量有天渊之别，价格差异大很正常。

23. **引人注目：** yǐn rén zhùmù

    形容人或事物很有特色，很容易引起人们的注意。

    例：她喜欢引人注目，所以总是打扮得很时髦。

24. **博取：** bóqǔ

    用言语、行动取得信任、重视等。

    例：如果你不能博取对方的信任，那人家凭什么跟你合作呢？

25. **闲暇：** xiánxiá

    空闲，没有事的时候。

    例：闲暇时间你都做什么？

26. **消遣：** xiāoqiǎn

    指做一些自己感兴趣但无关紧要的事来打发时间，消闲解闷。

    例：你这个周末打算上哪儿消遣去呀？

27. **教化：** jiàohuà

    教育感化。

    例：电视的普及会使越来越多的人坐在电视机前，所以我们不能忽视电视节目的教化作用。

28. **取悦：** qǔyuè

    取得别人的喜欢以达到自己的目的。

    例：法国文学家伏尔泰有一句名言："外表的美只能取悦人的眼睛，而内在的美却能感染人的灵魂。"

29. **蜂拥而起：** fēngyōng ér qǐ

    像蜜蜂那样成群飞起来，形容许多人成群结队地做某种事情。

    例：年轻人都喜欢追求时尚，看到点儿新鲜东西就蜂拥而起，做父母的应多引导他们。

30. **层出不穷：** céngchū-bùqióng

    指接连不断地出现，没有穷尽。

    例：现代社会新事物层出不穷，我们要学会不断接受新事物。

31. **肤浅：** fūqiǎn

    局限于表面的，浅薄的。

    例：我对戏曲的了解比较肤浅，所以不敢贸然评论。

32. **庸俗**：yōngsú

    平庸粗俗，不高尚。

    例：通俗不等于庸俗，不能混为一谈。

33. **套路**：tàolù

    指做事具有相对固定的模式。

34. **富丽堂皇**：fùlì tánghuáng

    形容建筑物宏伟豪华。

    例：紫禁城庄重严谨的布局与富丽堂皇的风格都展示着封建社会的皇权至上。

35. **积淀**：jīdiàn

    积累沉淀，也指积累沉淀下来的事物。

    例：北京城厚重与大气的风格是在漫长的历史中积淀下来的。

36. **素养**：sùyǎng

    素质，修养。

    例：文化素养、艺术素养

37. **迎合**：yínghé

    猜测别人的心意以便顺从或投合。

    例：我们坚决反对那些迎合低级趣味的作品上市。

38. **品位**：pǐnwèi

    此指档次和格调。

    例：你这件大衣很有品位，在哪儿买的？

39. **雅俗共赏**：yǎsú-gòngshǎng

    形容既优美又通俗，各种文化程度的人都能够欣赏。

    例：话剧有它独特的魅力，雅俗共赏。

40. **伊始**：yīshǐ

    起头，开始，书面语中使用。

    例：改革开放伊始，很多事大家都不知道怎么做，只能摸着石头过河。

41. **大雅之堂**：dàyǎzhītáng

    高尚雅致的地方。

    例：相声本是一种常在街边表演的民间艺术，现在也可以登上大雅之堂了。

42. **不拘一格**：bùjū-yìgé

    不局限于一种规定或一个格局。

    例：我穿衣服不拘一格，关键是看什么场合。

43. **束之高阁**：shùzhī gāogé
    把东西捆起来放在高高的架子上，比喻放着不用或脱离生活实际。
    例：一种理论正确不正确要放到实践中去检验，不能束之高阁。

44. **凌驾**：língjià
    超越，压倒。
    例：作为领导，不能凌驾于群众之上，而要和群众打成一片。

45. **针锋相对**：zhēnfēng-xiāngduì
    针尖对针尖，比喻双方意见、观点等尖锐对立。
    例：关于这个问题，大家提出了很多意见，有些意见甚至是针锋相对的。

46. **疏离**：shūlí
    彼此之间的距离很远。

47. **瞬息万变**：shùnxī-wànbiàn
    在极短的时间内变化快而多。
    例：现在是一个瞬息万变的时代，我们必须要有随机应变的能力。

48. **推陈出新**：tuīchén-chūxīn
    指去掉旧事物的糟粕，取其精华，使它向新的方向发展。
    例：我们的产品不断推陈出新，始终致力于满足各种消费者的需求。

49. **中西合璧**：zhōngxī hébì
    将中国和外国的好东西组合在一起。
    例：你的客厅既有欧式家具又有中国古董，真是中西合璧，让人感到十分舒适和惬意。

50. **评头品足**：píngtóu-pǐnzú
    指轻浮地议论妇女的容貌，比喻在小节上多方挑剔。
    例：你根本不了解情况，不要在这里评头品足。

51. **大行其道**：dàxíng-qídào
    原指某种学术或道术盛行，也比喻某种新鲜事物流行。
    例：这种服装设计风格能够大行其道，是因为它迎合了年轻人喜欢标新立异的心理。

52. **圣坛**：shèngtán
    举行神圣的宗教仪式的地方。

53. **无孔不入**：wúkǒng-búrù
    指遇到空隙就会钻进去，比喻善于四处钻营或善于利用一切机会。
    例：他们公司推销产品真是无孔不入，不放过任何一个可以利用的机会。

54. **抨击**：pēngjī
   用言语或文章进行攻击。
   例：如果违背了社会道德，必然会受到社会各界人士的抨击。

二、注释

1. 春节联欢晚会
春节联欢晚会简称"春晚"，是中央广播电视总台在每年除夕之夜为了庆祝春节而开办的综合性文艺晚会，1983年正式开办，2014年被定位为国家项目。晚会涵盖歌曲、舞蹈、相声、小品、杂技、魔术、戏曲等多种艺术形式，把现场观众和电视机前的观众带入节日的狂欢，营造出"普天同庆，盛世欢歌"的节日气氛。

2. 贺岁片
贺岁片指元旦、春节期间上映的电影，目的是满足人们节日期间寻求欢乐与放松的心理需求，因此这类电影风格轻松而幽默，具有强烈的观赏性和娱乐性。著名的贺岁片有《红番区》《甲方乙方》《泰囧》等。

3. 后工业化社会
后工业化社会是工业社会进一步发展的产物，其关键变量是信息和知识，主要经济部门是以服务为主导的第三产业，甚至是第四、第五产业，如贸易、金融、运输、保险、卫生、房地产、公共福利事业、科学研究与技术开发等。

三、阅读检查：简要回答问题

1. 什么是大众文化？

2. 为什么要对大众文化进行深入的探讨？

3. 简要介绍中国的大众文化。

4. 为什么说大众文化是一种兼收并蓄的文化？

5. 举例说明大众文化的积极因素。

6. 为什么说大众文化是一种消费文化？

7. 举例说明大众文化的消极因素。

8. 为什么大众文化在形式上是五花八门的？

9. 大众文化商业性特征的时代背景是什么？

10. 举例说明电视文化是一种什么样的文化。

11. 大众文化商业性特征的根源是什么？

12. 为什么说现代科学技术对大众文化起着推波助澜的作用？

13. 表现现代都市生活的电视剧的套路是什么？

14. 怎样理解"大众文化毕竟属于文化的范畴"这句话？

15. 为什么现在的大众文化在风格上是雅俗共赏的？

16. 为什么说大众文化在审美上生活化了？

17. 举例说明大众文化在趣味上的时尚化。

18. 隐藏在时尚背后的是什么？

19. 为什么说时下大行其道的大众文化似可视为走下"圣坛"的文化？

20. 为什么应将大众文化纳入我们的文化建设之中？

四、阅读拓展：用下列词语造句

1. 喜闻乐见
2. 日新月异
3. 兼收并蓄
4. 千方百计
5. 层出不穷
6. 不拘一格

7. 瞬息万变
8. 推陈出新
9. 评头品足
10. 无孔不入

第二部分　口语表达：讨论

一、观点提示

1. 大众文化是一种不可或缺的文化。
2. 大众文化是一种无孔不入的文化。
3. 通俗不等于庸俗。
4. 时尚未必都是好的。
5. 大众文化的创新应是超越基础上的创新。
6. 一家媒体应该是一所学校。
7. 应当充分发挥媒体的教育功能。
8. 我们的精神需要真正有营养的东西。
9. 应以批判的态度看待大众文化。
10. 我们应当具有文化上的自觉与自律。

二、示范提纲

观点：通俗不等于庸俗。

说明：

1. 从意义上看，"通俗"和"庸俗"不是一回事，"通俗"的意思是浅显易懂，能够适合大众的水平和需要；而"庸俗"的意思是平庸鄙俗，不高尚。例如，我们可以说"把深奥的哲学概念解释得通俗一些"，而不能说"把深奥的哲学概念解释得庸俗一些"；又如，我们可以说"这种庸俗的笑话很让人讨厌"，而不能说"这种通俗的笑话很让人讨厌"。

2. 从实际生活看，通俗的东西不一定庸俗，而庸俗的东西也不一定通俗。例如，民间歌曲、民间舞蹈是通俗的，老百姓喜闻乐见；而奢华无度的生活则是庸俗的，不应提倡。

3. 从切身体会看，通俗的东西让人感觉身心愉悦，而庸俗的东西则使人浑身不舒服。例如，当你听到一段诙谐而富有哲理的相声时，一定会开怀大笑；但当你听到一个内容低俗的故事时，一定会心生厌恶。

结论：
不应把通俗和庸俗混为一谈，通俗是可取的，而庸俗则应摒弃。

三、话题词群

1. 文化种类：主流文化、精英文化、大众文化
2. 对待文化的态度：文化上的自觉、文化上的自律、文化上的自省
3. 文化现状：内容与形式、继承与创新、单一与多元
4. 文化特点：千篇一律、一成不变、五花八门、形形色色
5. 文化发展：古为今用、洋为中用、百花齐放、推陈出新

四、参考用语

1. 文化没有高低贵贱之分，所有种类的文化都有其存在的价值。
2. 沉溺于所谓的大众文化是思想苍白、见识浅薄的表现。
3. 现代生活节奏太快，人们无暇顾及高深的精英文化。
4. 如果要建构创新型的大众文化，自省的、具有"自知之明"的文化自觉不可或缺。
5. 商品的普遍性、享乐的合理性、社会的世俗化、文化的多元化为中国大众文化的发展提供了适宜的文化生态环境。
6. 在媒体指导生活的时代控制媒体对文化的影响是不现实的。
7. 媒体文化中两个主要的方面——"名人"和"时尚"——都未必真有文化。
8. 大众文化具有时代特征，不同时代的文化菜单造就了不同时代的人。
9. 研讨大众文化创新必须强调文化批判意识，增进文化内涵中的积极意义，使大众文化成为一种引领人们积极向上的文化。
10. 大众文化如果过分强调迎合所谓的"大众需求"，会直接影响到文化的创新，在很大程度上制约文化的进步。

| 话题八 | 社会变迁对家庭生活的影响 |

话题背景

家庭是社会的细胞，社会是由一个个家庭组成的，因此家庭的变化直接影响社会生活的状况，而社会的变化也会反映到家庭的结构和生活中。要了解中国社会，必须了解中国家庭。

教学目标

1. 基本了解中国家庭的结构和生活状况；
2. 引起进一步探讨中国家庭文化的兴趣。

热身活动

1. 准备一个关于家庭生活的故事，不拘古今中外；
2. 根据你所接触过的中国同学、房东等谈谈你对中国家庭的了解。

第一部分　阅读文章

提示　社会是由一个个家庭组成的，在不同的时代，家庭模式与家庭观念都会有所不同，因此我们可以从家庭变化中看出社会的变迁。这篇文章在大规模调查研究的基础上，总结了当代中国家庭结构的特征，折射出当代社会生活的面貌。

社会在变，家庭在变

国家卫生计生委[①]2014年5月14日发布首个《中国家庭发展报告》，数据显示，中国共有家庭户4.3亿左右，约占世界家庭户总数的1/5，家庭数量居世界之首。1949年中华人民共和国成立以来，在人口政策、城镇化和老龄化背景下，中国家庭的方方面面都发生了**显著变化**。

[①] 中华人民共和国国家卫生和计划生育委员会。2018年3月，根据国务院机构改革方案，组建中华人民共和国国家卫生健康委员会和中华人民共和国国家医疗保障局，不再保留国家卫生和计划生育委员会。

家在变小：家庭规模已缩至 3 人

在 20 世纪 50 年代之前，中国家庭户平均人数基本上保持在 5.3 人的水平上。中华人民共和国成立后，家庭户平均规模开始缩小。

报告显示，20 世纪 80 年代以来，家庭户平均规模缩小的趋势更加显著，1990 年缩减到 3.96 人，2012 年居民家庭户的平均规模为 3.02 人。中国已是平均家庭规模较小的国家。

从人口变化的角度看，结婚年龄的推迟、不婚率和离婚率的提高、低生育率、寿命的延长、人口

三口之家

流动等，都会导致家庭户规模不断缩小。2000 年以来，生育率下降对家庭户缩小的影响逐渐减弱，持续的大规模人口**迁移**流动正在成为家庭规模缩小的重要**推力**。家庭观念的变化、生活水平的提高、生活方式的现代化、居住条件的改善等经济社会发展因素也直接促进了家庭规模的小型化。

孩子变少：单身贵族或二人世界

中国 1 人户和 2 人户的微型家庭数量迅速增加，到 2010 年，这两类家庭共计 1.6 亿户，占全部家庭户的近 40%。

初婚年龄的推迟导致 1 人户增加，人口迁移和流动导致 1 人户和 2 人户增加，老年夫妇家庭的增加导致 2 人户的增加。近年来，由夫妇二人组成的**核心家庭**比重大幅提高，主要是由于中老年夫妇不与他们的成年子女同住，以及更多的年轻夫妇选择推迟生育甚至不生育等。

10 年间，城市的 1 人户增加了 1.5 倍，农村的单人家庭也增加了近 40%，主要是由于大龄未婚人口增长、离婚率提高和丧偶独居老人数量增长。

未婚独居人口增多，一方面是由于自我实现需求的发展以及职业竞争的加剧，一些人推迟了结婚年龄，另一方面是由于一直没有找到合适的结婚对象。另外，还有的人是因为生活观念和生活方式的改变而主动选择单身生活。

有走有留：流动家庭和留守家庭

在城镇化过程中，产生了两类新型家庭：流动家庭和**留守家庭**。报告显示，目前中国共有 7000 万户留守家庭，其中农村留守家庭占 77%；流动家庭也迅速增加，1994 年农村外出劳动力中，夫妻同行的不到 9%，到 2010 年，**携**配偶、子女、父母等一同流动的已占到 66.4%。

农村留守老人，田琨摄

很多流动家庭希望孩子能彻底城市化，然而学龄前儿童入园难、高中生**异地**高考难等问题让一些青年农民工**无奈**选择将孩子留在农村由老人照顾。

当青壮年男性劳动力离开农村时，留下的是一个由儿童、妇女、老人组成的家庭。儿童的养育照顾、老人的赡养、妻子与丈夫之间的关系等等，都会受到不同程度的影响。

根据第六次全国人口普查数据**推算**，农村 0 至 17 岁留守儿童已达 6103 万人，农村留守老人约 5000 万人。

有分有合：直系家庭和网络家庭

如今，老年家庭与子女家庭甚至孙子女家庭重新组合而成的新型**直系家庭**越来越多。报告显示，2010 年直系家庭总数为 9240 万户，占全部家庭户的比例从 2000 年的 21% 提高到了 23%。

新直系家庭的形成方式与传统的直系家庭完全不同。一方面老年人寿命的延长和高龄老年人数量的增长导致他们对家庭照料的需求迅速增长，尤其是当老年人丧偶或失能之后；另一方面紧张的工作节奏使青年父母**无暇**照顾幼子。于是，本来各自独立的两个家庭合二为一，住到了一个**屋檐**下。

与此同时产生的，是一种"离而不分、分而不解"的网络式家庭。2010 年关于城市家庭结构和家庭关系的调查发现，有超过 12% 的成年人仍与父母同住，68.9% 的人没有离开父母居住的城市。这种"同城不同屋"的家庭模式也非常普遍。

（选自《人民日报》（海外版）2014 年 5 月 15 日，作者李晓宏，有删改）

阅读理解

一、生词

1. **显著**：xiǎnzhù
   明显，引人注目。
   例：他们历时三年半的研究工作已经取得了显著的成果。

2. **缩减**：suōjiǎn
   缩小，减少。
   例：尽管我们公司最近效益不错，但仍然应该缩减不必要的开支。

3. **迁移**：qiānyí
   离开原来的住地到一个新的地方。

4. **推力**：tuīlì
   推进的力量。

5. **核心家庭**：héxīn jiātíng
   指夫妻两人或者加上未婚子女组成的家庭，这样的家庭结构最为普遍，代表了大多数人的生活状态。

6. **留守家庭**：liúshǒu jiātíng
   指青年夫妇都在外地打工，仅留下孩子和老人的家庭。

7. **携**：xié
   携带，为书面用语。
   例：今天的晚会，欢迎您携夫人前往。

8. **异地**：yìdì
   不是自己家乡的地方。
   例：高中生在异地参加高考会有很多不方便的地方。

9. **无奈**：wúnài
   无可奈何，没有办法。
   例：这孩子一到周末就整天玩电子游戏，有的时候连饭都不吃，真让人无奈！

10. **赡养**：shànyǎng
    指在经济上为长辈提供必需的生活用品和费用的行为，即承担一定的经济责任，提供必要的经济帮助。
    例：赡养老人、抚养孩子都是我们应尽的义务。

11. **推算**：tuīsuàn
    推演计算，根据已知的计算未知的。

例：根据气象学家推算，下个星期会有一股冷空气袭来。

12. **直系家庭**：zhíxì jiātíng

 指有直接血统关系的家庭。

13. **无暇**：wúxiá

 没有时间。

 例：他们夫妇工作非常忙，无暇照顾孩子，现在两个孩子都在寄宿学校读书。

14. **合二为一**：hé èr wéi yī

 将两者合为一个整体。

 例：这两家工厂生产的产品完全不一样，怎么能合二为一呢？

15. **屋檐**：wūyán

 房顶前后坡的边缘部分。

二、注释

第六次全国人口普查

根据国家普查项目和周期安排的有关规定，国务院决定于2010年开展第六次全国人口普查。此次人口普查标准时点为11月1日零时，人口普查主要调查人口和住户的基本情况，内容包括：姓名、性别、年龄、民族、户口登记状况、受教育程度、行业、职业、迁移流动、社会保障、婚姻、生育、死亡、住房情况等。人口普查的对象是普查标准时点在中华人民共和国境内的自然人以及在中华人民共和国境外但未定居的中国公民。2011年4月28日，国家统计局局长马建堂发布2010年第六次人口普查登记（已上报户口）的全国总人口为1339724852人。

三、阅读检查：判断正误

1. 根据《中国家庭发展报告》，2014年中国约有家庭户4.3亿，约占世界家庭户的20%，家庭数量为世界第一。（　　）
2. 中国家庭户平均规模开始缩小的时间是1978年改革开放以后。（　　）
3. 目前，中国家庭规模缩小的重要推力是生育率下降。（　　）
4. 核心家庭的意思是祖孙三代在一起生活。（　　）
5. 最近10年，城市单人户增加的速度比农村单人户增加的速度快。（　　）
6. 文中提到的未婚独居人口增多的原因有三种。（　　）
7. 城镇化是流动家庭和留守家庭产生的原因。（　　）
8. 根据第六次全国人口普查数据推算，农村留守老人多于留守儿童。（　　）

9. 年轻人生活与工作压力大导致了新直系家庭的增加。　　　　　　　　（　　）

10. "离而不分、分而不解"是指夫妇离婚后依然保持着某种联系。　　　（　　）

四、拓展练习：简要介绍下列各种类型的家庭

1. 核心家庭
2. 流动家庭
3. 留守家庭
4. 直系家庭
5. 网络家庭

提示　"家庭是社会的细胞"是大家公认的一个论断，因此家庭在社会中的作用是怎样体现的需要我们进行深入的探讨。如果能够使每一个家庭更美好，我们的社会自然也会更美好。这篇文章从不同的方面阐释了家庭作为社会细胞的功能与意义。请结合自己的家庭生活经验以及对各种家庭的了解进行阅读，在此基础上深入思考家庭问题，为后面的口语表达做好准备。

家庭是社会的细胞

　　社会是由千千万万个家庭组成的，家庭是社会的细胞。家庭文明状况不仅是社会文明状况的缩影，而且可以影响甚至改变社会风气，因此，良好的家庭关系与家庭风尚的形成与传承不仅能够给家庭带来幸福，而且能够利国利民，促进整个社会的繁荣与发展。

一、家庭是我们立足于社会的基础

　　一个人幸福与否、成功与否，在很大程度上取决于他的家庭。中国古代典籍《礼记》中有这样一段著名的话："古之欲明明德于天下者，先治其国；欲治其国者，先齐其家；欲齐其家者，先修其身；欲修其身者，先正其心；欲正其心者，先诚其意；欲诚其意者，先致其知，致知在格物。物格而后知至，知至而后意诚，意诚而后心正，心正而后身修，身修而后家齐，家齐而后国治，国治而后天下平。"这一段话的意思是：古代想要在天下弘扬光明正大品德的人，先得治理好国家；要想治理好国家，先得管理好家庭；要想管理好家庭，先得修养品性；要想修养品性，先得端正思想；要想端正思想，先得使自己的意念真诚；要想使自己的意念真诚，先得获得知识，获得知识的途径在于认识、研究万事万物；通过对万事万物

的认识研究才能获得知识，获得知识以后才能意念真诚，意念真诚后才能端正思想，端正思想以后才能修养品性，品性修养后才能管理好家庭，家庭管理好以后才能治理好国家，治理好国家以后天下就太平了。也即，"修身、齐家、治国、平天下"。这个逻辑性很强的**论断**充分说明了家庭是我们立足于社会的重要基础这样一个道理。一个人如果家里的事都处理不好，你还能**企望**他对这个社会做出重要**贡献**吗？在这方面，古人还说了一句著名的话："一屋不扫，何以扫天下？"意思是连一间屋子都不打扫，怎么能够治理天下呢？强调的是一个人必须从**一点一滴**的小事做起，才能成就一番大事业。

良好的家庭环境可以培养一个人良好的品质，而这正是家庭给予每个成员最宝贵的财富，也是他们在社会中的立

社会是由千千万万个家庭组成的，刘谦功摄

身之本。古有仁、**义**、**礼**、**智**、**信**，今有勤、孝、谦、和、思，二者相辅相成，让现代家庭更加美好：或家庭和睦，邻里友爱；或**克勤克俭**，勤劳致富；或本分做人，尽职做事；如此等等，不一而足。以上种种良好的品质都会使人终生受益，同时也会成为推动社会向前发展的**取之不尽**、**用之不竭**的宝贵财富。

二、家庭是孩子的第一个学校

家庭教育对孩子的成长起着举足轻重的作用。家庭是孩子的第一所学校，父母是孩子的第一任教师，家庭教育会影响孩子的一生。父母应以**身作则**，身教重于言教，对孩子的思想品德、生活方式、人生观念的培养起到**榜样**的作用，他们的每句话、每种行为，甚至是看不见的精神世界，都会给孩子潜移默化的影响。因此在日常生活中，父母要注意自己的言行，通过身边一些具体的小事教育孩子，让他们在成长中学会**为人处世**，养成尊老爱幼的传统美德、**遵纪守法**的行为规范、乐观向上的生活态度等等。如果每个孩子都能具有健全的人格和良好的习惯，那将是孩子与社会的双重**幸事**。

对于孩子来说，家庭教育既非**一蹴而就**之事，也非**一朝一夕**之功，需要长期的熏陶与积淀。例如，父母要想培养孩子良好的行为习惯，就要用**耳濡目染**的方式：当孩子和小朋友在一起玩耍时，就要教育他们哪些行为是对的、哪些行为是错的，告诉他们可以做什么、不可以做什么。与此同时，还要让他们知道一些最基本的道理，如要有礼貌、不是自己的东西不能拿等等。当孩子**逐渐**长大了，父母应该教他们自己的事情自己做、自己的问题自己解决，如生活上自己**收拾**房间、学习上自己深入思考并学会**质疑**等等。要坚持培养孩子各方面的好习惯，进而让这些好习惯成为他们的自觉行为，这样孩子才能具备高尚的品德与**情操**，将来才能带给社会**正能量**，促进社会的进步与发展。

子女教育是家庭的头等大事，田琨摄

三、家和万事兴

中国从古至今都重视家庭关系与家庭风尚，认为家和万事兴，即家庭和睦才能兴旺发达。儒家经典《**论语**》中说："礼之用，和为贵。"和睦的家庭是人生的港湾。外面的世界很大，也很精彩，充满了各种各样的机遇与**诱惑**，在外面的世界你需要竞争与拼搏。当你在外面**奔波操劳**过后，回到家里就像倦鸟归巢一样，可以获得身体上的休息与精神上的放松。家庭是我们得以**休憩**的港湾，包括身体的休憩与心灵的休憩。在家中，一碗饭、一壶茶、一声问候、一阵细语就能缓解疲惫，把烦恼关在门外，老板的**训斥**、工作的繁重、客户的**刁难**等等都会**烟消云散**。当你第二天迎着太阳走向工作岗位时，你又将热情洋溢，精力充沛。

家庭是人生的港湾主要是针对个人而言的。从全社会的角度来说,家风具有更重要的意义。家风是社会风气的基础,一个家庭能够把先辈留下来的良好的思想品德和生活方式继承下来并发扬光大,是造福当代、**惠及**后人的大事,对今天的社会风尚和未来的社会发展有着不可估量的作用。例如,"青少年对于社会是否认同,以及是否有亲社会意识和社会责任感,与社会是否繁荣与稳定密切相关,而在此方面家庭的作用至关重要。家庭可以**塑造**子女的心理特征,传递一套规范和价值,它对子女的生活习惯、行为、态度、信念的作用是其他任何机构都不能比拟的,其中对于国家与民族的认同和忠诚,直接关系到社会的繁荣与稳定,也关系到子女亲社会观念和行为的养成。于是,家庭的价值又有了新的内涵。总之,稳定、和谐、功能正常的家庭是社会繁荣的根本,也是增强国家综合实力的基石。"②——这是家和万事兴之**大义**,是我们必须要重视和付诸行动的。

家和万事兴,田琨摄

综上所述,家庭既是我们立足于社会的基础,也是孩子的第一个学校。家和万事兴是**亘古不变**的道理,家庭是社会的细胞,让我们都来关注家庭文明建设,让每个家庭都给社会带来一片温馨、一片祥和,这样我们的社会才会更加美好。

(原创,作者刘谦功)

---

② 孟宪范(2008)家庭:百年来的三次冲击及我们的选择,《清华大学学报》(哲学社会科学版)第3期。

阅读理解

一、生词

1. **缩影**：suōyǐng
   指可以代表同一类型并反映广阔社会生活的具体事物。
   例：传统节日是中国古代文明的缩影，它展示了中国人的传统习俗、风土人情、民族心理等等。

2. **风尚**：fēngshàng
   在一定时期内大家共同崇尚的社会风气和习惯。
   例：助人为乐应该成为我们这个时代的风尚。

3. **传承**：chuánchéng
   指某种学问、技艺等在前辈与后辈之间传授和继承的过程。
   例：民间文学在很大程度上是以口耳相传的方式传承下来的。

4. **典籍**：diǎnjí
   记载古代法制的图书，泛指古代图书。

5. **格物**：géwù
   探究万物的规律。

6. **端正**：duānzhèng
   指姿势挺直或思想、态度、品行等正派，也指使之挺直或正派。
   例：态度端正、端正态度

7. **论断**：lùnduàn
   经过推论做出的判断。
   例：科学的论断之所以让人信服，是因为有理有据。

8. **企望**：qǐwàng
   希望、盼望，多用于书面语。
   例：我们都企望孩子获得成功，所以我们在教育孩子方面应该不遗余力。

9. **贡献**：gòngxiàn
   对国家或公众所做的有益的事。
   例：这项科学研究在环境保护方面为国家做出了重要贡献。

10. **一点一滴**：yì diǎn yì dī
    零星微小。
    例：这些丰富的经验都是他在长期工作中一点一滴积累起来的。

11. **克勤克俭**：kèqín-kèjiǎn
    既勤劳又节俭。

例：尽管现在日子富裕了，但她还是保持着克勤克俭的习惯。

12. **取之不尽**：qǔzhī-bújìn

    形容财富、资源等极其丰富，常与"用之不竭"连用。

13. **用之不竭**：yòngzhī-bùjié

    形容财富、资源等极其丰富，常与"取之不尽"连用。

    例：自然资源不是取之不尽、用之不竭的，我们必须要合理利用。

14. **以身作则**：yǐshēn-zuòzé

    以自己的行为做出榜样。

    例：作为领导，在工作中必须以身作则，上行下效，这样才能带动大家一起进步。

15. **榜样**：bǎngyàng

    作为大家学习的人物或事例。

    例：在如何待人接物方面，父母应该给孩子做个好榜样。

16. **为人处世**：wéirén chǔshì

    指做人与处理事情的观念、方法、行为等。

    例：他为人处世很真诚，大家都愿意和他做朋友。

17. **遵纪守法**：zūn jì shǒufǎ

    遵守纪律和法律。

    例：要让孩子养成遵纪守法的好习惯，父母必须以身作则。

18. **幸事**：xìngshì

    幸运的事情。

    例：无论是幸事还是憾事，只要过去了就别再想了，应该向前看。

19. **一蹴而就**：yícù'érjiù

    踏一步就会成功，比喻事情很容易做。

    例：做学问不可能一蹴而就，必须踏踏实实进行学习和研究。

20. **一朝一夕**：yì zhāo yì xī

    早上和晚上，借指很短的时间。

    例：任何一种观念都不是一朝一夕形成的，而观念的改变也是一个长期的过程。

21. **耳濡目染**：ěrrú-mùrǎn

    耳朵经常听到，眼睛经常看到，指不知不觉地受到影响。

    例：他生长在书香门第，父母都热爱文学，他从小耳濡目染，文学修养也不错。

22. **逐渐**：zhújiàn

   慢慢地，一步一步地。

   例：立秋之后，天气逐渐转凉了，要注意防寒保暖。

23. **收拾**：shōushi

   整理，整治。

   例：你的房间太乱了，赶紧收拾一下吧。

24. **质疑**：zhìyí

   提出疑问。

   例：学生喜欢质疑是一件好事，说明他们动脑子了。

25. **情操**：qíngcāo

   由感情和思想信念所形成的比较稳定的精神状态。

   例：读书是陶冶情操最好的方式之一。

26. **正能量**：zhèngnéngliàng

   指健康乐观、积极向上的情感和行为。

   例：网络上各种信息太多了，不一定都是传播正能量的，要注意辨别。

27. **诱惑**：yòuhuò

   引诱迷惑，多指做坏事。

   例：金钱的诱惑很难抵御，所以有些人会为金钱而犯错。

28. **奔波**：bēnbō

   忙忙碌碌地往来奔走，意思是非常辛苦。

   例：做销售工作不容易，经常要在不同的城市奔波。

29. **操劳**：cāoláo

   操心，劳累。

   例：哪有父母不为子女操劳的，所以子女长大成人之后孝敬父母是应该的。

30. **休憩**：xiūqì

   休息，多用于书面语。

   例：他们的新居布置得很温馨，真是一个舒适而惬意的休憩场所。

31. **训斥**：xùnchì

   训诫与斥责。

   例：作为老板，不能无缘无故地训斥员工，即使员工做错了，也要讲究批评的方式、方法。

32. **刁难**：diāonàn

   故意难为别人。

例：在饭店里吃饭，顾客可以提出合理要求，但故意刁难服务员就不对了。

33. **烟消云散**：yānxiāo-yúnsàn

    像烟云消散一样，比喻事物消失得干干净净。

    例：每当我下班回家看到可爱的孩子，所有的疲劳都烟消云散了。

34. **惠及**：huìjí

    把好处给予某人或某地。

    例：希望工程惠及中国广大农村地区的教育事业，我们必须支持。

35. **塑造**：sùzào

    此指培养孩子的人格。

36. **大义**：dàyì

    要义，要旨。

37. **亘古**：gèngǔ

    自古以来，整个古代。

    例：母爱是文学作品亘古不变的主题。

38. **祥和**：xiánghé

    吉祥平和。

    例：春节到了，家家户户张灯结彩，到处都是一派祥和的景象。

二、注释

1. **《礼记》**

《礼记》成书于汉代，为西汉礼学家戴圣所编。《礼记》记载了先秦礼制的重要典章制度，体现了儒家最重要的思想观念：其一为哲学思想，如天道观、宇宙观、人生观等；其二为政治思想，如以教化政、大同社会、礼制刑律等；其三为教育思想，如个人修身、教育制度、教学方法、学校管理等；其四为美学思想，如物动心感说、礼乐中和说等。由此可见，《礼记》是研究儒家思想与先秦社会的重要资料。

2. **仁、义、礼、智、信**

"仁、义、礼、智、信"是儒家提倡的做人的道德准则，即"三纲五常"中的"五常"，"三纲"为"君为臣纲，父为子纲，夫为妻纲"。在"五常"中，孔子提出了"仁、义、礼"，孟子延伸为"仁、义、礼、智"，董仲舒扩充为"仁、义、礼、智、信"，后称"五常"。"五常"贯穿了中华伦理的发展过程，是中国传统价值体系的核心因素。

3. **《论语》**

《论语》是孔子及其弟子的语录集，由孔子的弟子及再传弟子编写，成书时间为春秋战国时期。《论语》以语录体为主，叙事体为辅，集中体现了孔子的政治主张、伦理思想、道德观念、教育原则等，主要涵盖了三个既各自独立又紧密相关的范畴：伦理道德方面的"仁"，社会政治方面的"礼"，认知方法方面的"中庸"。汉武帝时，大臣董仲舒提出"罢黜百家，独尊儒术"的主张，即废除其他思想，只尊崇有利于皇权统治的儒家学说，后世多有沿袭，《论语》在儒家经典中的地位日益提高。北宋政治家赵普的"半部《论语》治天下"之说更是反映了《论语》在中国古代社会所发挥的巨大作用。

三、阅读理解：选择正确答案

1. 家庭是社会的细胞，因为
   A 家庭文明状况是社会文明状况的缩影
   B 家庭风尚可以影响甚至改变社会风气
   C 良好的家庭关系与家庭风尚能够利国利民
   D 包括以上三者

2. 《礼记》中"格物"的意思是
   A 治理国家
   B 管理家庭
   C 端正思想
   D 获得知识

3. 在"修身、齐家、治国、平天下"这一著名论断中，哪一项是基础？
   A 修身
   B 齐家
   C 治国
   D 平天下

4. "一屋不扫，何以扫天下"强调的是
   A 打扫房间的重要性
   B 治理天下的重要性
   C 从一点一滴的小事做起的重要性
   D 成就一番大事业的重要性

5. 让现代家庭更美好的表现是
   A 家庭和睦，邻里友爱
   B 克勤克俭，勤劳致富
   C 本分做人，尽职做事
   D 包括以上三者

6. "取之不尽，用之不竭"用来形容
   A 伟大

B 丰富

C 美观

D 高尚

7. 在"家庭教育对孩子的成长起着举足轻重的作用"这句话中,"举足轻重"的意思是

A 非常重要

B 比较重要

C 不太重要

D 很不重要

8. "家庭是孩子的第一所学校,父母是孩子的第一任教师"强调的是

A 家庭关系的重要性

B 家庭教育的重要性

C 家庭风尚的重要性

D 家庭功能的重要性

9. "以身作则"的意思是

A 以自己的意愿安排生活

B 以自己的方法教育孩子

C 以自己的行为做出榜样

D 以自己的意见说服别人

10. "潜移默化"是指

A 不知不觉的影响

B 举足轻重的作用

C 不可替代的功能

D 令人满意的效果

11. 让孩子在成长中学会为人处世的主要方面是

A 尊老爱幼的传统美德

B 独立自主的生存能力

C 乐观向上的生活态度

D 包括以上三者

12. "家庭教育既非一蹴而就之事,也非一朝一夕之功"的意思是

A 家庭教育既需要观念,也需要方法

B 家庭教育既需要管理,也需要研究

C 家庭教育既需要努力,也需要时间

D 家庭教育既需要法律,也需要制度

13. 在"父母要想培养孩子良好的行为习惯,就要用耳濡目染的方式"这句话中,"耳濡目染"的意思和下面哪一个成语相近?

A 相辅相成

B 潜移默化

C 循序渐进

D 相得益彰

14. 下列哪一项不属于正能量？

A 好逸恶劳

B 艰苦奋斗

C 爱岗敬业

D 助人为乐

15. 下列哪一句古代名言强调了家庭关系的重要性？

A 修身、齐家、治国、平天下

B 一屋不扫，何以扫天下

C 家和万事兴

D 礼之用，和为贵

16. "和睦的家庭是人生的港湾"这句话的含义是

A 外面的世界充满了各种各样的机遇与诱惑

B 在外面的世界你需要竞争与拼搏

C 在家里可以获得身体上的休息与精神上的放松

D 家里没有老板的训斥、工作的繁重、客户的刁难

17. 下列哪一个成语与"烟消云散"的意思相同？

A 无边无际

B 无影无踪

C 无声无息

D 无穷无尽

18. "不可估量的作用"是指作用

A 非常大

B 比较大

C 比较小

D 非常小

19. 在培养青少年亲社会意识和社会责任感方面，能够起到至关重要的作用的是

A 国家

B 社会

C 学校

D 家庭

20. "亘古不变的道理"是指这种道理
　　A 不言而喻
　　B 毋庸置疑
　　C 不可理喻
　　D 莫名其妙

四、拓展练习：用下列成语造句

1. 一点一滴
2. 取之不尽
3. 举足轻重
4. 以身作则
5. 遵纪守法
6. 一蹴而就
7. 一朝一夕
8. 耳濡目染
9. 烟消云散
10. 不可估量

第二部分　口语表达：讨论/辩论

一、观点提示

1. 家庭是社会的细胞。
2. 社会的变化一定会反映到家庭中来。
3. 家和万事兴。
4. 家是我们避风的港湾。
5. "男主外，女主内"是中国人提倡的家庭模式。
6. 家庭幸福是事业成功的保证。
7. 家庭是子女的第一个学校。
8. 离婚率上升的现象应该得到足够的重视。
9. 不同国家的人会有不同的家庭观念。
10. 幸福的家庭是需要经营的。

二、示范提纲

观点：家庭幸福是事业成功的保证。

说明：

1. 家庭幸福是努力工作的动力。一个人有了家庭，自然会有家庭责任感，希望自己的家人过上好日子。要想让家人过上好日子，需要坚实的经济基础，也就是说，努力工作多挣钱，才能让自己的家里人住上理想的房子，让自己的孩子受到良好的教育，并且可以经常去看戏、听音乐会、到国内外的名胜古迹旅游，等等。

2. 家庭幸福是集中精力工作的前提。一个人家庭生活幸福，心情自然就好，就能以良好的情绪、认真的态度投入工作，使工作中出差错甚至事故的概率大大降低。否则，一个人如果带着由于家庭生活不幸福产生的不良情绪如紧张、焦虑、伤心、痛苦等等来工作，精力自然不能高度集中，就容易出差错甚至事故。

结论：

家庭幸福与事业成功往往是相辅相成的，家庭幸福是事业发展的动力与根本保证，而事业成功又将使家庭更幸福。

三、话题词群

1. 基本角度：家庭制度、家庭规模、家庭情感、家庭责任
2. 家庭类型：单身家庭、单亲家庭、空巢家庭、丁克家庭、重组家庭
3. 婚姻过程：订婚、结婚、离婚、再婚
4. 家庭关系：和睦、团圆、美满、忍让、沟通、相处、代沟
5. 家庭特征：四世同堂、儿女双全、严父慈母、白头偕老、尊老爱幼

四、参考用语

1. 家庭是社会的细胞，社会的变迁必然会反映到家庭之中。
2. 随着社会的发展，家庭结构也会发生变化。
3. 家和万事兴，一个家族的兴旺发达必须有和谐的家庭关系做保证。
4. 从四世同堂到单身贵族，说明中国人的家庭观念发生了巨大的变化。
5. 家庭结构的多样化是社会生活丰富多彩的表现。
6. 随着女性社会地位的不断提高，"男主外，女主内"的传统家庭模式已经发生了变化。
7. 不同国家的人有不同的家庭观念，这与其生存环境与文化背景有直接的关系。
8. 在中国有"严父慈母"之说，在教育孩子方面，父亲一般都比较严厉，母亲一般都比较温和。

9. 家庭这个人类社会的初级组织总是面临着新的问题和新的挑战。

10. 稳定、和谐、功能正常的家庭是社会繁荣的根本，也是增强国家综合实力的基石。

五、口语表达拓展：辩论

辩论题目：离婚率上升是社会的进步还是社会的不幸？

正方观点：离婚率上升是社会的进步。

1. 离婚自由是社会进步的结果，如中华人民共和国成立后很多人为冲破封建包办婚姻而离婚。

2. 为摆脱男人虐待而主动离婚，是妇女自尊自立、男女平等的表现。

3. 婚姻关系破裂而不离婚，孩子受到的伤害更大。

4. 离婚是摆脱低质量婚姻的最佳选择，维持没有感情的婚姻是不道德的。

5. 随着社会的发展和人们对精神生活要求的提高，离婚率上升是不可避免的。

……

反方观点：离婚率上升是社会的不幸。

1. 离婚是社会问题转化为家庭矛盾的一种表现。

2. 离婚说明夫妻对婚姻和家庭都失去了信心，双方都是很痛苦的。

3. 父母离婚，孩子往往是最大的受害者。

4. 离婚率上升常常是草率结婚或婚外恋造成的，这反映了社会道德水平的下降。

5. 离婚率上升是社会的不安定因素，会在某种程度上影响社会进步。

……

话题九　你坐过中国的高铁吗？

话题背景

中国土地广阔，人口众多，所以火车一直是中国最重要的交通工具之一，无论是日夜兼程的慢车还是疾速飞驰的高铁，都有可能一票难求。随着中国经济快速而稳步的发展，人们对火车速度的要求越来越高，因此高铁便成为中国铁路发展的重中之重。纵观今天的中国，高铁不失为一道亮丽的风景线。

教学目标

1. 对中国最重要的交通工具之一高铁有所了解；
2. 通过高铁了解中国的经济发展状况。

热身活动

1. 谈谈你自己坐火车或高铁的经历；
2. 谈谈你最喜欢的交通工具和喜欢的原因。

第一部分　阅读文章

> **提示**　所谓高铁，即高速铁路，在不同国家、不同时代有不同规定。中国国家铁路局将高速铁路定义为新建设计开行250公里/小时（含预留）及以上的动车组列车、初期运营速度不小于200公里/小时的客运专线铁路。欧洲国际铁路联盟1962年将旧线改造时速达200公里、新建时速达250～300公里的铁路定为高铁；1985年日内瓦协议做出新规定：新建客货共线型高铁时速为250公里以上，新建客运专线型高铁时速为350公里以上。

中国高铁是这样炼成的

中国高铁是外国青年心中的**中国新四大发明**之首、最想带回家的"中国**特产**"。在很多外国人眼中，中国高铁有着高颜值、高速度，能给人近乎完美的乘车体验。

高铁改变了中国，改变了我们的生活。高铁，正成为中国的一张名片，向世界散发出魅力。中国高铁是怎么来的？中国高铁"牛"在哪儿？中国高铁能不能跑得更快？本报记者一一为您揭秘。

刷新认知的"中国速度"

"立硬币不倒"似乎成了外国人对中国高铁最直接的印象。早前，一位外国人拍摄了一段在中国高铁上立硬币的视频，在网络上一度引发热议。在这个长达数分钟的视频里，列车飞速行驶，硬币却始终立得稳稳的，引爆了外国网友的讨论。

"我曾经坐高铁完成了一次从北京到西安的旅行，这经历简直刷新了我的认知！"来自美国的罗杰曾在加拿大、英国、日本和中国生活，他表示，在中国，不管是城市轻轨还是高铁，他都喜欢。

在中国，外国人称高铁是最好的旅行方式。在国外，中国高铁同样为当地群众带去了便利和机遇。

莱文特是土耳其文化大学的一名学生。近年来，他关注到中土两国在高铁建设方面的合作："土耳其有很多高铁工程项目，中国在这些项目中提供了很多帮助。我认为土耳其和中国还有更多的合作机会。"

中国高铁，刘谦功摄

中国高铁的发展成绩也引来了国外媒体的关注。去年，俄罗斯第一频道推出了一部名为《跟着叶叔走中国》的系列纪录片。据纪录片主创叶叔介绍，一期介绍中国高铁的节目收到了观众大量热情洋溢的评语，而他在坐过中国高铁后也感叹：中国"和谐号"列车真是个铁路奇迹！

英国广播公司（BBC）曾在一篇题为《中国新工业革命》的文章中将高铁建设看作是中国正在开展新工业革命的标志。文章说，中国特有的文化和中国人的勤劳创新使得中国高铁技术得以迅速应用，并**引领**世界。

韩联社的表述则更加**直白**："坐上高铁，你能真切地感受到'中国速度'。"

一场持续的"高铁革命"

"那真的是一段**激情燃烧**的岁月。所有人都憋着一股劲：**必须让中国高铁真正成为中国人自己的高铁**。"回顾起中国高铁的创新发展历程，北京交通大学教授、"十三五"先进轨道交通重点专项专家组组长贾利民非常感慨。从20世纪90年代开始，贾利民就投身于中国高铁的科研创新工作，见证了中国高铁孕育发展至今的全过程。

"我们是站在西方的肩膀上起步的。"谈到中国高铁的发展，贾利民坦言，西方技术的引进、消化、再创新，对我们的发展非常重要，从照图施工到小改小修，从引进西方的制造能力到形成自己的核心技术，中国"高铁人"用10年多的时间全面地、系统化地、一个角落都不**遗漏**地研究、建设起了自己的高速铁路。

武广高铁，建设工期4年半，而这在国外一般需要8～10年。武广高铁董事长王志坚说："我们是把他们用在休息和喝茶、喝咖啡上的时间用在了工作上。"中车长客股份公司的焊接工李万君，被誉为"工人院士"，在他手下，高铁所有焊件都"**表里如一**"、没有**瑕疵**，在他眼中，每一个焊件都得是艺术品。历时5年建设的**宝兰高铁**，沿线地质地貌复杂，被中铁二局宝兰高铁甘肃段项目部经理袁韬形容为"就像在豆腐上建高铁"。

中国高铁的发展离不开高铁建设者的辛勤付出，也离不开国家的战略支持。在贾利民看来，中国高铁成功的发展模式，很大程度上取决于中国的制度优势：集中力量办大事。

"我们集成了全国最优秀的科技和创新力量，包括20多家国内顶级高校、50多家重点实验室和创新能力平台、500多家配套企业。从基础材料到控制、从电子到化工、从机械到信息，我们在所有涉及的领域都开展了高度组织化的创新。我们选择了一条面向问题、目标引领、需求**导向**的科技创新路径。"贾利民回忆道，当时**恰逢**中国高铁的大建设、大发展时期，国家为高铁科研创新提供了宝贵的市场机遇和实验验证环境，"我们出了产品就可以做实验，每条新线路开通前都会专门安排一段时间给我们做实验。除了中国，全世界谁还有这个机会？"

"欧洲人把这叫作'中国的高铁革命'，这个革命还在**持续**。"贾利民补充道。

领先优势独此一家

由于复杂的地质环境和气候变化，中国高铁面对的挑战是世界上任何一个国家和地区都**无法比拟**的。中国铁路总公司总工程师何华武说，中国高速铁路运营环境最复杂，有高寒高铁、抗大风沙高铁和沿海高铁，且连续高速运距长，这些因素决定了中国对高速动车组的多样化需求。

为此，贾利民和高铁创新团队在国际上首次提出了"高速列车**智能化**"和"高速列车**谱系化**"的概念和技术架构。贾利民把谱系化技术平台比作一只老母鸡，可以根据实际需求来"下蛋"，完成高速列车产品的定制化和需求导向的快速设计、制造与交付。在这个谱系化平台下，中国已经生产出了城际动车组、高原动车组、高寒动车组和一系列适用于高原荒漠地区的高速列车产品，2017年6月26日首发的"**复兴号**"也是这一技术平台的应用成果。

从冰雪覆盖的高寒地带到热带海岛、从特大荒漠风区到**极端艰险**的山区，中国的高铁建设取得了举世瞩目的成绩。中国铁道科学研究院研究员王俊彪表示，中国铁路在建设、运营、风险防控等方面的总体技术已经达到了世界领先水平。

北京南站，刘谦功摄

中国高铁何以领跑世界？贾利民对本报记者说，中国高铁具有全球最完整的技术和产业配套体系，中国完全可以**自给自足**地解决与高铁有关的所有技术问题，这个完整性在全球范围内中国独此一家。

贾利民同时**坦言**，我们在高铁涉及的材料、电子**元器件**、信息技术基础部件等基础技术和产业领域上还有**短板**，需要引进，但这并不影响我们的自主创新，经济全球化可以极大地缓解这些短板给我们造成的制约。"高铁技术、设计、标准都是我们制定和掌握的，我们要讲品质、讲效益、讲面向全球的包容性发展，需要集成全球资源，这并不影响中国高铁创新能力和产业能力体系的完整性。"

高铁可否"达速"？

"这简直是居家旅游必备啊！"前两天，小杨从北京乘坐"复兴号"去上海，"全程Wi-Fi，充电插座，感觉舒服极了。"

北京到上海的高铁，全程只需5个多小时，连接了中国的首都和经济中心；北京到河北廊坊，21分钟，为大批"跨省上班"的工薪阶层带来了便利……在一路领跑中，高铁成为中国经济发展的新**引擎**，为中国人的生活带来了巨大的改变。

打开中国地图，我们可以看到，**纵横交错**的铁路线把中国紧密地联系在一起。过去5年，中国高铁新增运营里程1.2万公里，总里程超2.2万公里，超过世界上其他国家高铁运营里程的总和。到2025年，中国高速铁路网络将达到3.8万公里，覆盖中国240座中型以上的城市，它将彻底改变这片土地上距离与时空的概念。

随着一系列技术创新，高铁的速度问题受到了社会的广泛关注。"'复兴号'试验时速可达400公里，设计持续运行时速350公里，但为什么实际运行时速仍是300公里？"北京一位市民对此表示疑惑。实际速度能否达到设计速度？试验速度能否保证安全行驶？这些问题引发了不少网民的讨论。

对此，贾利民直言，以安全为由降低高铁速度是没有经过科学理性评估的，以成本为由抵制达速更是**狭隘**、**短视**和缺乏大局观的。"高铁从研发设计到运营维护，任何一个环节都坚持'**故障安全原则**'这一条**底线**原则，即任何故障必须导致安全侧输出。我们的设计速度是350公里，就意味着通过我们的设计过程和技术手段，高铁本身就具备了在350公里条件下安全运行的条件和技术能力。"贾利民告诉记者，现在有关部门正在全力以赴准备恢复速度。

（选自《人民日报》（海外版）2017年7月13日，作者王萌，有删改）

阅读理解

一、生词

1. **特产**：tèchǎn
   指某一个地方特有的或特别著名的产品。

2. **颜值**：yánzhí
   表示人靓丽的数值，用来评价人的容貌。
   例：这家宾馆的服务员颜值很高。

3. **揭秘**：jiēmì
   揭开秘密，使真相显露出来。

4. **引爆**：yǐnbào
   指引起轰动效应。
   例：这一事件引爆了教育观念的大讨论。

5. **刷新**：shuāxīn
   刷洗之后使之变新，比喻突破旧的而创造新的（记录、内容等）。
   例：我们学校今年的春季运动会有三项纪录被刷新了。

6. **引领**：yǐnlǐng
   引导，带领。
   例：我们的设计一定能引领今年夏装的新潮流。

7. **直白**：zhíbái
   直截了当，坦率明白。
   例：他的话很直白，虽然不太好听，但是说得都对。

8. **激情**：jīqíng
   指强烈的、爆发性的情感。

9. **燃烧**：ránshāo
   物体被点燃后发出光和热。

10. **憋**：biē
    抑制或堵住不让出来。
    例：他早就憋了一股劲要好好干一场了。

11. **遗漏**：yílòu
    因疏忽而漏掉。
    例：他看了一下工作备忘录，确认没有任何重要的事情被遗漏。

12. **焊件**：hànjiàn
    需要焊接的零部件。

13. **表里如一**：bǎolǐ-rúyī
    指表面和内心都一样，形容言行和品质完全一致。
    例：做人要真诚，表里如一才能赢得大家的尊重。

14. **瑕疵**：xiácī
    玉的斑痕，比喻人的过失或事物的缺点。

15. **机械**：jīxiè
    机器的总称。

16. **导向**：dǎoxiàng
    使事情向某个方面发展，也指所引导的方向。

17. **恰逢**：qiàféng
    正好赶上。
    例：今天恰逢这所学校举办建校80周年纪念活动，校园里热闹极了。

18. **持续**：chíxù
    继续下去。
    例：真不知道这种状况还要持续多久？

19. **无法比拟**：wúfǎ bǐnǐ
    不能相比。
    例：这座城市的经济基础相当雄厚，又引进了大量人才，发展速度是周围其他城市无法比拟的。

20. **智能化**：zhìnénghuà
    指越来越具有高智能。

21. **谱系化**：pǔxìhuà
    指形成系统。

22. **极端**：jíduān
    非常、极其，形容程度很高。
    例：面对极端艰苦的自然条件，他们依然保持着十分乐观的态度。

23. **艰险**：jiānxiǎn
    指困难与险阻。
    例：他们不怕艰险，用了十天时间穿过了那片丛林。

24. **自给自足**：zìjǐ zìzú
    指家庭或集体自己的生产可以满足自己的需求。

例：在这个偏远的山区，农民只能过着自给自足的生活。

25. **坦言**：tǎnyán

    坦率地说。

26. **元器件**：yuánqìjiàn

    指电子电路中的独立个体，电流通过它能产生频率幅度变化或改变流向的个体零件叫器件，否则就叫元件。

27. **短板**：duǎnbǎn

    指人的短处。

    例：既然已经清楚了你的短板是什么，就补上它。

28. **引擎**：yǐnqíng

    引擎即发动机，常用来比喻推动事物发展的动力。

29. **纵横交错**：zònghéng jiāocuò

    横的竖的交叉在一起，也用来形容情况复杂。

    例：周庄有"中国第一水乡"之誉，纵横交错的水道布满了整个小镇。

30. **狭隘**：xiá'ài

    指气量、见识等狭小。

    例：狭隘的观念、狭隘的做法

31. **短视**：duǎnshì

    即目光短浅。

32. **故障**：gùzhàng

    指发生障碍或出了毛病。

33. **底线**：dǐxiàn

    最低的限度。

    例：人不是什么事情都可以做的，必须有底线。

二、注释

1. 中国新四大发明

中国新四大发明指高铁、支付宝、共享单车、网购，是 2017 年 5 月由来自"一带一路"沿线 20 个国家的青年评选出来的。

2. 和谐号

中国铁道部将引进国外技术、联合设计生产的 CRH 动车组车辆命名为"和谐号"，2007 年 4 月 18 日开行。CRH 是 "China Railways High-speed" 的缩写，意思是"中国高速铁路"。"和谐号"动车组是中国铁路全面实施自主创新战略取得的重大成果，标志着中国铁路客运装备技术达到了世界先进水平，中国也由此成为世界上少数几个能够自主研制时速380公里动车组的国家之一。

3. 宝兰高铁

宝兰高铁即宝鸡至兰州铁路客运专线，是国家铁路"四纵四横"客运专线的重要组成部分，正线全长400公里，主要承担西北地区新、藏、甘、青等省区对外直通客流运输，兼顾通道沿线大中城市间的城际快速客流运输。

4. 复兴号

"复兴号"即"复兴号"动车组列车，是中国标准动车组的中文名称，是由中国铁路总公司牵头组织研制、具有完全自主知识产权、达到世界先进水平的动车组列车。"复兴号"的英文代号为CR，高于CRH系列。三个级别为CR400/300/200，数字表示最高时速，而持续时速分别对应350、250和160，适应于高速铁路（高铁）、快速铁路（快铁）和城际铁路（城铁）。2017年6月25日，中国标准动车组被正式命名为"复兴号"，次日在京沪高铁正式双向首发，率先实现350公里时速运营，中国再次成为世界上高铁商业运营速度最高的国家。

三、阅读检查：简要回答问题

1. 中国新四大发明是什么？

2. "高铁，正成为中国的一张名片"的含义是什么？

3. 在高铁上"立硬币不倒"说明什么？

4. 来自美国的罗杰对中国高铁的体验是什么？

5. 来自土耳其的莱文特是怎样谈论中土两国在高铁建设方面的合作的？

6. 英国广播公司（BBC）如何评价中国高铁？

7. "激情燃烧的岁月"是什么意思？

8. "我们是站在西方的肩膀上起步的"是什么意思？

9. 武广高铁的建设周期为什么只有4年半？

10. "每一个焊件都得是艺术品"的含义是什么？

11. 为什么说宝兰高铁"就像在豆腐上建高铁"？

12. 中国高铁成功的发展模式是什么？

13. 为什么说中国高铁面对的挑战是世界上任何一个国家和地区都无法比拟的？

14. 贾利民和高铁创新团队在国际上首次提出了什么概念和技术框架？

15. 在谱系化平台下，中国主要有什么高速列车产品？

16. 中国高铁为什么可以领跑世界？

17. 中国发展高铁的短板是什么？

18. 中国高铁到 2025 年的发展目标是什么？

19. 北京一位市民对"复兴号"的疑惑是什么？

20. 贾利民是如何解答北京市民对"复兴号"的疑惑的？

四、阅读拓展：谈谈你对中国新四大发明的体验

1. 简要介绍中国新四大发明。
2. 谈谈你对高铁的体验。
3. 谈谈你对支付宝的体验。
4. 谈谈你对共享单车的体验。
5. 谈谈你对网购的体验。

当代中国话题

> **提示** 中国高铁运营者意识到，中国高铁无论是在国内运营，还是走向海外，都不仅仅是修铁路、造车厢这么简单，同时要有相应的经营管理模式和服务理念与之配套。也就是说，光有硬实力还不够，软实力也要跟上。阅读本文时，可以结合你坐高铁的经历，或者你所听说的别人在高铁上的体验。

高铁也要讲软实力

7月11日，**中国铁路总公司**宣布，铁路部门将在全国27个主要高铁客运站推出动车组列车互联网订餐服务，为旅客提供更多品种、更多口味的餐食服务。

提升餐饮体验是今年中国高铁提升服务水平的措施之一。事实上，今年高铁在**优化乘客体验**方面**屡**有大动作：春节期间，一些车次开始实现网上购票选座功能，甚至开行务工人员"私人订制"列车以及夜间高铁动车；4月份，部分高铁车站开通刷卡进出站功能，免去乘客排队、购票、身份证**核**验环节，乘高铁**犹如**坐公交车一样方便；7月份，中国新型**卧铺**动车组正式上线，经过全新设计，高铁每个铺位都是"**包间**"，配备单独的茶桌、充电插座等设施，为旅客带来更舒适的乘坐体验。

着力打造高水平服务，凸显出中国高铁正在有意识地提升自身软实力。

最近一段时间，中国高铁硬实力建设再上新台阶。"复兴号"标准动车组投入运营，让中国高铁具有了"纯正的中国**血统**"；宝兰高铁全线开通，将中国西北地区全面融入全国高速铁路网。然而，中国高铁的硬实力虽已获得举世公认，但软实力却仍与发达国家相差甚远。

不久前，一组"日本**铁路便当**和中国高铁盒饭对比"的图文在网络上广为传播。

高铁也要讲软实力，刘谦功摄

通过比较不难发现，中国高铁的餐饮服务，无论是价格、种类还是品质、体验等，都远输日本。事实上，中国高铁在速度、安全等各个方面，都走在前列，但服务水平上的差距还是让高铁这张国家"名片"大打折扣。

中国高铁运营者应该意识到，中国高铁走"出去"，不仅仅是在海外修铁路、造车厢这么简单，在出口整套高铁动车组的同时，也要有相应的经营管理模式和服务理念与之配套。因此，高铁"出海"，光有硬实力还不够，软实力也要跟上。然而，我们也要意识到，创新经营理念、提升服务水平、打造中国高铁软实力，我们还有相当长的一段路要走。如今，中国高铁服务态度不热情、服务细节不到位、服务设置不合理等现象仍时有发生。解决这些问题，既要充分吸收海外先进的经营服务理念，也要发挥中国特色，让**高效**、**优质**、贴心的服务成为中国高铁新标签。

近期，来自"一带一路"沿线20个国家的青年评选出了他们心中的中国新四大发明，其中高铁**高居榜首**，成了他们最想带回家的"中国特产"。随着中国高铁在世界上的**名头**越来越响，高铁这个"中国特产"开到外国青年家门口已**为期不远**。笔者**衷心**期待中国高铁在保持快速、平稳、安全这些硬实力的同时，加速提升方便、贴心、亲民等方面的软实力，只有这样，才能让中国高铁超出交通工具的概念，在拉近空间距离的同时，也能成为拉近中外民众心灵距离的中国品牌。

（选自《人民日报》（海外版）2017年7月13日，作者卢泽华）

阅读理解

一、生词

1. **优化**：yōuhuà
   采取一定措施使变得优秀。
   例：目前优化产业结构势在必行。

2. **屡**：lǚ
   多次。
   例：最近我们学校篮球队在大学生篮球比赛中屡战屡胜，大家开心极了。

3. **核验**：héyàn
   检查，验证。
   例：核验证件、核验身份

4. **犹如**：yóurú
   好像。

例：那座新建的大桥非常壮观，犹如一道彩虹飞架在大江两岸。

5. **卧铺**：wòpù

   火车上可以躺着睡觉的床位。

6. **铺位**：pùwèi

   火车为旅客安设的床铺。

7. **包间**：bāojiān

   宾馆、饭店、娱乐场所等开设的供客人专用的房间。

8. **血统**：xuètǒng

   指不间断继承同一祖先血缘的子孙直系亲族，通常以姓氏继承来表现。

9. **便当**：biàndāng

   可随身携带的盒饭。

10. **出海**：chūhǎi

    文中指走出国门。

11. **高效**：gāoxiào

    效率很高。

    例：要想让公司各部门高效运转，必须有适当的激励机制。

12. **优质**：yōuzhì

    质量很好。反义词：劣质。

    例：我们超市在食品质量方面把关很严格，能上架的食品一定是优质的，绝不允许劣质食品进入超市。

13. **贴心**：tiēxīn

    亲密而周到。

    例：我觉得中国高铁上乘务员的服务十分贴心。

14. **标签**：biāoqiān

    标明物品名称、价格、规格的纸签。

15. **高居榜首**：gāo jū bǎngshǒu

    排名前列。

    例：在这次全厂的质量评比中，我们车间又高居榜首。

16. **名头**：míngtóu

    即名声。

17. **为期不远**：wéiqī bù yuǎn

    指快到规定或算定的日子了。

    例：交货的日子已为期不远了，咱们必须加紧生产。

18. **衷心**：zhōngxīn

    发自内心的。

    例：我衷心祝愿你在新的一年里万事如意！

二、注释

中国铁路总公司

中国铁路总公司（简称"中国铁路"）是经国务院批准、依据《中华人民共和国公司法》设立、由中央管理的国有独资公司，以铁路客货运输服务为主业，实行多元化经营。

三、阅读检查：解释下列句子中划线的部分

1. 今年高铁在优化乘客体验方面<u>屡有大动作</u>。

2. 着力打造高水平服务，凸显出中国高铁正在有意识地提升自身<u>软实力</u>。

3. 最近一段时间，中国高铁<u>硬实力</u>建设再上新台阶。

4. "复兴号"标准动车组投入运营，让中国高铁具有了<u>"纯正的中国血统"</u>。

5. 中国高铁在速度、安全等各个方面，都走在前列，但服务水平上的差距还是让高铁这张国家"名片"<u>大打折扣</u>。

6. 高铁"出海"，<u>光有硬实力还不够，软实力也要跟上</u>。

7. 打造中国高铁软实力，<u>我们还有相当长的一段路要走</u>。

8. 发挥中国特色，让高效、优质、贴心的服务<u>成为中国高铁新标签</u>。

9. 近期，来自"一带一路"沿线20个国家的青年评选出了他们心中的中国新四大发明，其中<u>高铁高居榜首</u>。

10. 随着中国高铁在世界上的名头越来越响,高铁这个"中国特产"开到外国青年家门口已为期不远。

四、拓展练习：谈谈你对中国高铁的建议

1. 关于车厢设计
2. 关于运营速度
3. 关于拓展线路
4. 关于售票网点
5. 关于车厢服务

第二部分　口语表达：讨论

一、观点提示

1. 发展高铁非常符合中国国情。
2. 在中国旅行，坐高铁不但方便快捷，而且经济实惠。
3. 高铁的速度符合当代人的生活节奏。
4. 高铁是交通发达的一个重要标志。
5. 与其他交通工具相比，高铁有很多优势。
6. 交通是经济的命脉，高铁是中国交通的重要组成部分。
7. 在中国，坐高铁出行是我的首选。
8. 高铁车厢的设计使我们的旅行非常舒适。
9. 高铁可以开发各种各样的服务项目。
10. 坐高铁给我一种全新的体验。

二、示范提纲

观点：与其他交通工具相比，高铁有很多优势。

说明：

1. 安全。由于高铁是运行在既定的轨道上的，所以只要保证轨道的畅通并进行科学的调度，就在很大程度上保证了安全性，而坐汽车难以预料前面的路况，坐飞机有可能遇到恶劣的天气，坐轮船看不到水中的情形，所以坐高铁在安全上更让人放心。

2. 准时。在各种交通工具中，相对于汽车、飞机、轮船而言，火车是最准时的。除非有台风、暴雪等重大自然灾害，否则火车的运行是不会受到影响的。而在各种类型的火车中，高铁是最争分夺秒的，所以准点率极高，在时间上给我们可靠的保证。

3. 舒适。高铁车厢的设计非常人性化，不仅宽敞明亮，而且座椅还可以自由转动。有了可以自由转动的座椅，就等于有了一个小型的客厅，人们可以面对面地下棋打牌、谈天说地，长途旅行变得不再枯燥无味，而是充满乐趣。

结论：

在中国，坐高铁出行有很多独特的优势，所以很多时候我会选择坐高铁。

三、话题词群

1. 交通工具：汽车、火车、飞机、轮船
2. 旅行要求：安全、准时、舒适
3. 选择标准：票价高低、耗时长短、方便与否
4. 车厢设计：采光条件、通风状况、活动空间
5. 个人体验：全新的感觉、热情的服务、愉快的旅途

四、参考用语

1. 对于大多数中国人来说，火车是进行长途旅行首选的交通工具。
2. 高铁改变了中国，也改变了中国人的生活。
3. 火车一般不会受天气状况的影响，所以我喜欢坐火车去旅行。
4. 在中国，外国人称高铁是最好的旅行方式；在国外，中国高铁同样为当地群众带去便利和机遇。
5. 中国特有的文化和中国人的勤劳创新使得中国高铁技术得以迅速应用，并引领世界。
6. 坐上高铁，我能真切地感受到"中国速度"，包括高铁的速度和中国发展的速度。
7. 西方技术的引进、消化和再创新，对中国高铁的发展非常重要。
8. 中国高铁成功的发展模式，很大程度上取决于中国的制度优势：集中力量办大事。
9. 中国高铁在保持快速、平稳、安全这些硬实力的同时，还要加速提升方便、贴心、亲民等方面的软实力。
10. 考虑到安全、准时、舒适等各个方面，只要有高铁，我就会选择坐高铁出行。

话题十　到书店读书去

话题背景

　　书店原本是人们买书的场所，但随着科学技术的发展与时代的变迁，书店被赋予了越来越多的生活功能与文化内涵，而且不断地发生着这样那样的变化，甚至是脱胎换骨的巨变。然而万变不离其宗。俗话说："书籍是人类进步的阶梯。"而书店，则是这阶梯不可或缺的平台。

教学目标

1. 对中国书店的发展与变化有一定的了解；
2. 通过书店的发展与变化进一步了解中国的国情与文化。

热身活动

1. 准备一个在书店发生的小故事；
2. 讲讲自己在书店买书或读书的经历。

第一部分　阅读文章

> **提示**　本文讲述了实体书店复兴的过程。实体书店相对于网络书店而言，指的是具有售书店铺乃至阅读空间的书店。随着科学技术与现代通讯的发展，网络书店与电子阅读越来越发达，对实体书店形成了巨大的冲击，曾使其一度陷入困境，但从本质上讲，实体书店有着不可替代的功能，因而近年来又改头换面乃至脱胎换骨地涌现出许多新型实体书店，深受消费者欢迎。

找准调性的连锁书店

　　在今年1月"阅读X"图书行业论坛上，来自新华文轩的杨柳青女士诚恳地向业界同行分享了自己的思考：年轻人最爱的书店到底是什么模样？"首先要有颜值，"杨女士笃定地说道，"要有符合书店品牌的文化调性，让读者感到舒适。"她的思考不无道理，因为就在近两年，一批颜值高、氛围好、经营思路灵活的连锁书店纷纷落成。

　　从民营书店品牌西西弗、言几又、方所等，到立志转型的老字号新华书店，个性化的连锁书店如雨后春笋般相继涌现，受到读者追捧。

实体书店扩张加速

3月4日晚7点，笔者抵达位于北京蓝色港湾的西西弗书店。踏入书店的一刻，时间仿佛慢了下来：500多平方米的店面里，暖色的灯光融化了寒夜的凉意，悠长的音乐包裹着淡淡的咖啡香气。"背包太沉，存吧；站着太累，坐吧；买了太贵，抄吧；您有意见，提吧。"——从开店起沿用至今的服务标语贴在棕色的墙面上，让人感到温暖贴心。

"这里环境温馨、安静，很适合读书。"正在翻阅一本历史书籍的李女士告诉笔者，她经常带着孩子过来，两个人各挑一本书，然后一大一小靠在沙发上静静地读，渴了就去旁边的咖啡区点个饮品。"孩子喜欢这儿，每天一放学就吵着要来。"李女士笑道。放眼望去，店内茶歇区、阅读区的十几张座椅几乎满座。

据西西弗相关负责人介绍，截至2017年12月31日，西西弗已在全国40多个城市开了111家门店。未来5年，西西弗还将在全国拓展门店至1000家。

在经历了10年发展"寒冬"之后，实体书店在近几年有了明显的回暖迹象，不少和西西弗类似的新型连锁书店快速扩张，更新着传统书店的生存方式。截至目前，品牌书店言几又在北京、上海、杭州、南京等10个城市布局了37家门店。钟书阁、方所等书店也在最近一年频频开店。

新华书店发祥地旧址，田琨摄

与此同时，各省的国营老字号新华书店纷纷转型，推出新华壹品、小桔灯绘本馆、前言后记等子品牌连锁书店，为传统老店注入了新活力。

成功之道在于精细转型

随着这些新型连锁书店在全国各地的成功,实体书店一扫多年来被"唱衰"的阴霾,找到了一条适应新时代的生存之道。

几年前,倒闭风潮袭击实体书店。2010年元旦刚过,位于北京中关村的全国最大民营书店第三极倒闭;2011年,三联书店相继关闭广州所有门店;同年,光合作用书房告别读者,10家店铺全部关闭;北大附近的知名学术书店国林风、风入松等也在一片惋惜声中相继歇业。据全国工商联书业商会调查显示,2002年到2012年,全国有近五成实体书店未能躲过这场"寒冬"。

这背后,有网络书城与电子阅读的发展冲击,有租金飞涨的成本压力,还有书店之间恶性竞争等原因。但"最根本的原因在于,市场不断在变,但实体书店的商业模式却始终停滞不前",曾任光合作用书房品牌部主管的杨函憬这样评价。

在过去,书店的功能只是简单的图书陈列与销售,但随着人们精神生活日益丰富,文化消费水平也越来越高,这对书店的空间布置、服务体验、文化内涵等提出了新的要求。"人们不是不再需要书店了,而是对书店的要求更高了,书店将演变为一种文化生活方式。"西西弗书店文化产业集团副总裁曹晋锐说。这恰恰给了连锁书店转型的机会。

曹晋锐表示,西西弗书店注重运用科技的力量提升读者体验。例如,书店运用大数据决定图书的选择、摆放和归类;根据不同商圈的客户群体差异,每一家门店都有独一无二的图书库;科学设计的分类导航牌、架号牌、地面引导语能帮助读者方便地找到自己感兴趣的书籍;等等。除此之外,暖色调的光源、文化性的装饰、根据最舒适抬臂高度设计的展台,都为读者带来人性化的阅读体验。

另一书店连锁品牌言几又则走上了业态融合的道路,将画廊、咖啡店、花艺馆等与书店有机融合,并通过举办多种文化活动吸引读者,打造更为全面的文化交流空间。言几又品牌总监谢玲玲向本报介绍,截至2017年12月,言几又在北京地区举办相关文化活动近400场,超过5万人参与。

图书收益不再是新型连锁书店唯一的收益来源,咖啡、文创产品等众多业态已成为书店的标配。据曹晋锐介绍,文创产品和咖啡占西西弗销售盈利比重的20%左右。

在书店读书,刘谦功摄

政策东风助力发展

在北京大学信息管理系教授李常庆的眼里,实体书店是一座城市不可或缺的元素,市民可能逛街时碰巧进去翻一翻,随手就买书了,这会间接刺激人们阅读,促进文化繁荣。他欣喜地看到,国家出台了不少政策,帮助实体书店复苏。

过去两年,国家相继发布《全民阅读"十三五"时期发展规划》和《"十三五"推进基本公共服务均等化规划》,均明确提出支持实体书店发展。

2016年6月,中宣部等11部门印发《关于支持实体书店发展的指导意见》,指出应加强财税和金融扶持,落实图书批发、零售环节免增值税政策。截至当年,中央财政已投入3亿多专项资金扶持了全国210家有文化影响力的实体书店。

上海市是国内首个出台综合配套扶持实体书店发展政府文件的省市。2012年,上海市从新闻出版专项资金中划拨1500万支持出版物发行网点建设,其中500万元用于定向支持各类实体书店,尤其是已经形成专业定位和品牌影响的民营实体书店。广东省从2013年起,每年设立100万元专项扶持资金,学而优、方所等民营书店成为首批获得扶持的品牌。西安市财政自2015年起每年安排1000万元专项资金支持实体书店的发展。2017年3月,山东省提出:到2020年,建成以大型书城、综合书店为中心,县(区)中小特色相配套,乡镇发行网点和社区便民书店、邮政报刊亭、校园书店为延伸的实体书店服务体系,实现每千人拥有出版物发行网点0.16个的目标,全省实体书店达到1.6万个。2017年5月,北京市出台《北京市实体书店扶持资金管理办法(试行)》等文件,首批投入1800万元扶持71家实体书店,预计未来5年资金总投入过亿元。厦门市则提出,对经营困难的书店的房租、装修等费用给予30%的补贴。

政策的利好为实体书店的发展插上了翅膀,而随着人们追求精神生活、体验感和满足感的时代逐步到来,不断增多的实体书店无疑为人们提供了更多抬脚可及的"诗意去处",为公众阅读习惯的培养提供了"沃土"。

"目前中国的阅读市场并不成熟,人均阅读量不高,潜在空间很大,"曹晋锐坦言,他希望未来有更多推动阅读文化的书店出现,"只有全民阅读文化繁荣了,实体书店才会更好,这是良性互动关系。"

谈及1993年在遵义市碧云路72号开设的第一家西西弗书社,书友老关至今记忆犹新。彼时,民营连锁书店刚刚兴起,西西弗书社的营业面积不过20平方米,狭小的空间里挤满了看书、买书的人。老关说,这里有一座城市的精气神。

如今,伴随着新型连锁书店的快速崛起,书店这一承载着浓厚文化内涵且历久弥新的精神场所，必将成为城市文化的崭新地标。

书籍是人类进步的阶梯，刘谦功摄

（选自《人民日报》（海外版）2018年4月6日，作者严冰、原洋、吕安琪，有删改）

阅读理解

一、生词

1. **业界**：yèjiè
   指企业界或某个行业。
   例：他们的新产品得到了业界人士的认可。

2. **笃定**：dǔdìng
   有把握，从容不迫。
   例：你这种笃定的态度让我们放心了。

3. **调性**：diàoxìng
   音乐中调的主音和调式类别的总称，此指书店的定位与风格。

4. **融化**：rónghuà
   指冰或雪在阳光的照射下化成水，也比喻消解或温暖某种东西。
   例：春天到了，融化的冰雪汇成了一江春水。

5. **悠长**：yōucháng
   深长，久远。

例：我们坐在小院里喝茶时，远处传来了舒缓而悠长的琴声。

6. **包裹**：bāoguǒ

   此指包含。

   例：徐徐吹来的春风中包裹着淡淡的花香。

7. **标语**：biāoyǔ

   文字简练、意义鲜明的宣传口号。

   例：我觉得"质量是企业的生命"是一句很好的标语。

8. **截至**：jiézhì

   到某一个时间为止。

   例：截至6月底，我们这家不大却很有特色的宾馆已经接待了300多位客人。

9. **老字号**：lǎozìhao

   指商业和手工业中经过长时间竞争留下的著名品牌，最终能统领一行。

   例：全聚德是北京烤鸭的老字号，菜品上乘，服务一流，非常受欢迎。

10. **唱衰**：chàngshuāi

    不看好；用言论让名声受损。

11. **阴霾**：yīnmái

    指空气中悬浮着大量烟尘的天气，有时用来比喻心情不好或状况不好。

12. **惋惜**：wǎnxī

    指同情或可惜的心情。

    例：他们失败了，我们不能只对他们表示惋惜，应该伸出手来帮助他们一下。

13. **有机**：yǒujī

    事物的各部分互相关联协调而不可分，就像一个生物体那样。

    例：公司是一个整体，各个部门要有机地合作，互相补台。

14. **总监**：zǒngjiān

    指某个部门的第一监管人。

    例：财务总监、工程总监

15. **标配**：biāopèi

    指基本的装备或标准的配置。

16. **定位**：dìngwèi

    确定位置。

    例：定位准确、定位得当

17. **补贴**：bǔtiē

    指财政上的支持与帮助。

18. **沃土**：wòtǔ
    肥沃的土壤，比喻在某一方面有良好的环境。

19. **记忆犹新**：jìyì yóu xīn
    过去的事至今印象还非常清楚，就像刚刚发生的一样。
    例：去海南旅行太有意思了，我至今记忆犹新。

20. **彼时**：bǐshí
    那个时候。

21. **精气神**：jīngqìshén
    指精神与灵魂。

22. **历久弥新**：lìjiǔ mí xīn
    指经历长久的时间而更加鲜活，更有价值。
    例：经过几十年的生活体验，我觉得小时候在书中读到的许多道理历久弥新，至今都有意义。

23. **地标**：dìbiāo
    指一个城市的标志性区域或地点。
    例：东方明珠塔是上海的地标性建筑。

二、注释

"十三五"时期

指实施《中华人民共和国国民经济和社会发展第十三个五年规划纲要》的时期，时间是2016—2020年。五年规划是中国国民经济计划的重要部分，属长期计划，主要是对国家重大建设项目、生产力分布和国民经济重要比例关系等做出规划，为国民经济发展远景规定目标和方向。

三、阅读检查：选择正确答案

1. 在"一批颜值高、氛围好、经营思路灵活的连锁书店纷纷落成"这句话中，"颜值高"的意思是

    A 书籍多

    B 价格高

    C 环境美

    D 服务好

2. 在"个性化的连锁书店如雨后春笋般相继涌现"这句话中，"雨后春笋"是形容个性化的连锁书店

A 越来越多

B 越来越大

C 越来越强

D 包括以上三者

3. "孩子喜欢这儿，每天一放学就吵着要来"这句话的含义是

A 妈妈觉得孩子不听话

B 妈妈认为孩子应该多买书

C 孩子不喜欢上学

D 孩子喜欢在书店读书

4. 在"最根本的原因在于，市场不断在变，但实体书店的商业模式却始终停滞不前"这句话中，"停滞不前"这个词语的反义词是

A 光明正大

B 与时俱进

C 德才兼备

D 自力更生

5. "根据不同商圈的客户群体差异，每一家门店都有独一无二的图书库"是指书店能够满足

A 所有顾客的阅读需求

B 专业人士的阅读需求

C 不同群体的阅读需求

D 包括以上三者

6. "将画廊、咖啡店、花艺馆等与书店有机融合"的意思是

A 书店具有多个区域与多种功能

B 书店不拘一格创造利润

C 书店主要经营艺术方面的书籍

D 书店要给人们休假提供方便

7. 在"实体书店是一座城市不可或缺的元素"这句话中，"不可或缺"的意思是

A 可有可无

B 不能缺少

C 可大可小

D 必须强大

8. 在"为公众阅读习惯的培养提供了'沃土'"这句话中，"沃土"是指

A 肥沃的土地

B 坚实的基础

C 良好的环境

D 和谐的氛围

9. 在"书友老关至今记忆犹新"这句话中,"记忆犹新"的意思是

A 印象很深

B 印象不深

C 感觉很好

D 感觉不好

10. 在"书店这一承载着浓厚文化内涵且历久弥新的精神场所,必将成为城市文化的崭新地标"这句话中,"历久弥新"的意思是

A 历史作用十分重要

B 很有教育意义

C 非常受顾客欢迎

D 时间越长越鲜活

四、拓展练习:思考题

1. 实体书店的利与弊是什么?
2. 网络书店的利与弊是什么?
3. 你对书店的发展有什么建议?
4. 你觉得读书环境对读书效果有什么影响?
5. 你最喜欢在哪里读书?为什么?

提示 本文讲述了中华书局伯鸿书店成立与发展的过程。中华书局是中国出版界著名的老字号,由中国近代著名教育家、出版家陆费逵于1912年1月1日在上海创办,1958年成为以整理古籍为主的专业出版社。在日新月异的时代,他们能够与时俱进,出版许多普及读物,真正做到雅俗共赏,并于2017年成立了"接地气"的伯鸿书店——陆费逵字伯鸿,故名——深受广大读者欢迎。

伯鸿书店:老字号的新名片

1997年末,**中华书局**离开了繁华的王府井大街,入驻当时还略显冷清的丰台区太平桥

西里一幢白色的大楼。

此后近20年的时间里,四周高楼渐多,人群渐密,不远处的西三环上,**穿梭不息**的车流日显拥挤,但中华书局始终安守着**本分**,似乎很少与周边的世界发生关系。生活在附近的居民对于这个近在眼前的名社并不熟悉,甚至很陌生。

直到2017年1月6日,中华书局伯鸿书店试营业,很多人才第一次走进这家传统文化出版重镇,才知道这些每日出入于这幢白色大楼的邻居们,原来在经营着这样一份事业。

伯鸿书店的店面不大,不足200平方米,青砖灰瓦,修竹老槐。春节刚过,两扇门上,一边贴着"福"字,一边贴着"春"字,颇有几分老北京民居的风韵。店内被3000多种书填得**满满当当**,远至上世纪五六十年代编辑的《资治通鉴》《全唐诗》,近至新出版的《郑天挺西南联大日记》《本草中国》,**举凡**传统文化涉及的古籍整理、文史研究、普及读本,**无所不包**。在有限的空间里,还摆下了几把座椅、几张书桌,读者可以坐下来读书**品茗**,也可以望望窗内窗外的风景,发发呆。

伯鸿书店,田琨摄

"躲进书斋成一统,管他冬夏与春秋。"媒体人李婧璇住得不远,闲暇时,她喜欢在书店里坐上一个下午,从阅读中享受难得的安静。不少人像她一样,一来到这里,就会想起"两三竿竹见君子,十万卷书思古人"这副旧联。

两年前,退休干部任冰山刚搬到太平桥西里时,这个位置尚是七八间小门脸,开着几家杂货店、服装店。这位老北京对新家周围的环境早就**心中有数:城乡结合部**,流动人口多,文化底蕴不深。**没承想**，几个月之后，小店不见了，伯鸿书店**取而代之**，这让素爱读书、藏书的任冰山颇感惊喜。**每每**经过书店，他都会进来看看上了哪些新书。

"书店开业这一年多，我基本没断了买。像《中华好诗词》《陟彼景山》都是一版一印，《评书三国演义》是连丽如、贾建国夫妇的签名本，《燕京旧画全编》是画家李滨声先生的签名本，《〈资治通鉴〉与家国兴衰》是作者张国刚教授签名的毛边书。"从年轻时代起，任冰山就常逛书店，但对于中华书局的出版物，他总是**敬而远之**，"在我过去的印象里，中华书局的书大多是给学者用的，和老百姓的关系不大。进到这个书店才发现，他们跟上了时代的脚步，有很多'接地气'的普及读物。而且因为学术积累深厚，这些普及读物无论是文化品位还是编校质量都堪称**上乘**，真正做到了雅俗共赏。"

除了逛书店，任冰山还常到书局二楼参加伯鸿讲堂。"伯鸿讲堂每月举办一次，主讲人都是传统文化领域的专家学者。为了听上一场讲座，有的读者从外地远道而来，而我们社区居民有得天独厚的便利条件，可以'**近水楼台先得月**'。我们还有一个书友微信群，及时分享讲堂的最新信息。"据任冰山观察，讲堂的听众不仅有中老年人，还有不少大学生乃至中小学生，"伯鸿书店、伯鸿讲堂拉近了我们这些普通读者与传统文化的距离，让孩子们多了一个感受优秀传统文化氛围的空间。"

"伯鸿书店的图书品种远不及那些大的图书卖场或者网上书店，但这里集中展示了各种类型的传统文化图书，是独一无二、不可替代的。"在中华书局总经理徐俊看来，伯鸿书店是一个可以读、可以买、可以聚、可以叙的场所，不仅社区居民，到书局访问的众多学者、出版人也都会在书店**驻足**，"中华书局传播优秀传统文化，靠的主要就是这一屋子的书。我每次给大家介绍的时候，心里都很**自豪**。"

不久前，读者范永平在伯鸿书店偶遇徐俊，读者、编者相谈甚欢。雅好**楹联**的范永平自拟一副对联"长欣我辈买书富，唯恐后人卖纸贫"，长于书法的徐俊欣然提笔，在他购买的新书上录写此联以作留念。伯鸿书店经常邀请作者来为图书签名，笔、墨是常备的。

"多了一个**图章**、一个签名，书的主体内容虽然没有变化，但读者能感到与作者、编者的距离更近了。这也是读者对我们的认同。"徐俊常常告诫书店的同事，要珍惜读者的这份认同，像对待艺术品一样对待每一本签名本，即使多年之后，读者看到书上的图章、签名仍能感受到一份温暖。

读者对签名本的需求有时超出了很多出版人的想象。中华书局退休编审崔文印、许逸民**学殖**深厚，但一辈子为人作嫁，很少走到前台。伯鸿书店把两位先生请来为他们曾经点校、撰写的《大金国志校证》《靖康稗史笺证》《酉阳杂俎校笺》《庚子山集注》《古籍常识丛谈》《古籍整理释例》等图书签名。很短的时间里，读者就通过实体店和微店购买了200多本签名本，论销量，**毫不逊色**于一些名家。

上海读者包豪勤在伯鸿书店微店留言说："伯鸿书店是最专业的书店，因为只有这家书店能真正地明白读者的心思，明白实体书店所具有的优势。"

中华书局创始人陆费逵有一段激励了几代出版人的名言："我们希望国家、社会进步，不能不希望教育进步；我们希望教育进步，不能不希望书业进步。我们书业虽然是较小的行业，但是与国家、社会的关系，却比任何行业大些。" 2017年4月23日，在伯鸿书店正式营业的仪式上，清华大学中文系教授刘石在这段话中又加了一句："我们希望书业进步，就不能不希望书店进步。"

经过一段时间的**困境**，如今，实体书店的当代文化价值已经越来越为人们所认可。对于中华书局这家拥有106年历史的老牌出版机构来说，年轻的伯鸿书店无疑已经成为了一张崭新的名片。近来，中华书局的诞生地上海、滨城大连等城市都伸出了**橄榄枝**，希望中华书局到当地开办书店。

"城市需要书店，尤其需要有文化特色和品牌影响力的书店。伯鸿书店创办的时间虽然不长，但已经初步具备了自己的特色。"徐俊希望，未来伯鸿书店能走进更多社区、学校、文博单位，把优秀传统文化传播得更远、更深。

读书倡导标语，刘谦功摄

（选自《人民日报》（海外版）2018年4月13日，作者杜羽，有删改）

阅读理解

一、生词

1. **穿梭不息**：chuānsuō bù xī
   不停地来来往往。
   例：他住在临街的公寓里，窗外便是各种车辆穿梭不息的大街。

2. **本分**：běnfèn
   指应尽的责任和义务。
   例：他是个安守本分的人。

3. **满满当当**：mǎnmǎndāngdāng
   形容很满的样子。
   例：他的书柜满满当当的，新买的书只能放在桌子上。

4. **举凡**：jǔfán
   凡是，表示总括。
   例：举凡公司的员工，都必须遵守公司的纪律，不得在工作时间办私事。

5. **无所不包**：wú suǒ bù bāo
   是指没有什么不被包括，形容包含的东西非常多。
   例：新开的那家商场商品非常丰富，无所不包。

6. **品茗**：pǐnmíng
   饮茶。

7. **心中有数**：xīnzhōng-yǒushù
   指对情况有基本的了解，有把握进行处理。
   例：作为一个班主任，应该对班里每一位学生的学习情况心中有数。

8. **没承想**：méi chéngxiǎng
   没有想到。
   例：我以为做饭很容易，没承想，学了三个月还做得不太好。

9. **取而代之**：qǔ'érdàizhī
   夺取别人的地位由自己代替，也指以某一事物代替另一事物。
   例：由于销售业绩非常好，他在公司的地位十分稳固，没有人可以取而代之。

10. **每每**：měiměi
    经常。
    例：他每每在下课之后去图书馆查阅专业资料。

11. **敬而远之**：jìng'éryuǎnzhī

    尊敬却有所顾虑，不愿接近。

    例：你既不想接近他又不想得罪他，敬而远之就是了。

12. **接地气**：jiē dìqì

    指广泛接触普通老百姓的生活。

13. **上乘**：shàngchéng

    上品，第一流的东西。

    例：上乘之作、上乘产品

14. **驻足**：zhùzú

    停住脚步。

15. **自豪**：zìháo

    指自己感到光荣、值得，具有成就感。

16. **楹联**：yínglián

    即对联。

17. **图章**：túzhāng

    图书印章，泛指各种印章。

18. **学殖**：xuézhí

    指学问。

    例：学殖素养、学殖深厚

19. **为人作嫁**：wèirén-zuòjià

    原指穷苦人家的女儿没钱置备嫁衣，却要辛辛苦苦地给别人做嫁衣，比喻为别人辛苦。

    例：编辑这种工作虽然是为人作嫁，却也自有乐趣。

20. **点校**：diǎnjiào

    对古籍进行标点、校订。

21. **微店**：wēidiàn

    一种帮助卖家在手机上开店的软件。

22. **毫不逊色**：háo bú xùnsè

    一点儿没有不及之处。

    例：你的专业水平跟他比毫不逊色，但是他比你努力，所以有更大的成就。

23. **困境**：kùnjìng

    困难的处境。

    例：走出困境、摆脱困境

二、注释

1. 中华书局

全称为中华书局有限公司，是一家集编辑、印刷、出版、发行于一体的出版机构，由中国近代著名教育家、出版家陆费逵于1912年1月1日在上海创办。创立之初以出版中小学教科书为主，并印行古籍、工具书与各类科学、文艺著作。1954年5月，中华书局总部迁址北京，并于1958年改为以整理古籍为主的专业出版社，出版过《中华大字典》《四部备要》《古今图书集成》《中华百科丛书》等经典巨著。

2. 城乡结合部

城乡结合部指位于城市边缘、乡村与城市的交接地。现代城市不断向外围扩展，使得毗邻乡村地区的土地从农业区转变为工业区、商业区、居住区以及其他具有城市功能的区域。由于同时受到城市与乡村经济的双向辐射，其经济发展具有明显的多样化特点。

3. 近水楼台先得月

即水边的楼台先得到月光，比喻由于接近某些人或事物而抢先得到某种利益。语出宋代俞文豹的《清夜录》："范文正公镇钱塘，兵官皆被荐，独巡检苏麟不见录，乃献诗云：'近水楼台先得月，向阳花木早逢春。'公即荐之。"

4. 橄榄枝

橄榄枝指油橄榄的树枝，圣经故事中把它作为大地复苏的标志，后来西方国家用它作为和平的象征。据《圣经·创世纪》记述："此事发生在2月17日。这一天，巨大的深渊之源全部冲决，天窗大开，大雨40天40夜浇注到大地上。诺亚和他的妻子乘坐方舟在洪水中漂流了40天以后，搁浅在高山上。为了探知洪水是否退去，诺亚先是放出乌鸦，随后又两次放出鸽子。直到他第二次放出的鸽子衔回橄榄枝后，才知道洪水已经退去。"

三、阅读检查：判断正误

1. "老字号的新名片"指的是老的品牌焕发出新的生命活力。（　　）
2. "中华书局始终安守着本分"的含义是：尽管时代在变化，但中华书局始终坚持其出版宗旨与出版特色。（　　）
3. "传统文化出版重镇"是指非常具有传统文化特点的城市。（　　）
4. "无所不包"的意思是什么都没有。（　　）
5. "躲进书斋成一统，管他冬夏与春秋"的意思是在任何情况下都坚持读书。（　　）
6. "心中有数"的意思是知道具体的数字是多少。（　　）
7. 城乡结合部是指位于城市边缘、正在由乡村过渡到城市的地区。（　　）
8. "敬而远之"的意思是尊敬却有所顾虑，不愿接近。（　　）
9. 在"他们跟上了时代的脚步，有很多'接地气'的普及读物"这句话中，"接地气"的意思是出版范围非常大。（　　）

10. "雅俗共赏"的意思是非常具有艺术性。（　　）
11. "近水楼台先得月"的意思是风景十分优美。（　　）
12. 在"伯鸿书店是一个可以读、可以买、可以聚、可以叙的场所"这句话中，"可以叙"指的是可以一起讨论读书问题。（　　）
13. "学殖深厚"的意思是很有学问。（　　）
14. "毫不逊色"的意思是一点儿特色也没有。（　　）
15. "我们书业虽然是较小的行业，但是与国家、社会的关系，却比任何行业大些"这句话强调的是出版行业的重要性。（　　）

四、阅读拓展：用下列词语造句

1. 穿梭不息
2. 无所不包
3. 心中有数
4. 取而代之
5. 敬而远之
6. 雅俗共赏
7. 远道而来
8. 得天独厚
9. 为人作嫁
10. 毫不逊色

第二部分　口语表达：讨论

一、观点提示

1. 书店不仅是买书的场所，也是读书的去处。
2. 书店的发展与变化反映了社会的发展与变化。
3. 在书店读书有很多好处。
4. 我在书店买书与读书的经历。
5. 书店的设计与建造应该与时俱进。
6. 有效地利用书店进行学习是一种很好的学习方法。
7. 实体书店与网络书店各有所长。
8. 一个好的书店就是一个好的图书馆。

9. 书店要有自己的特色。
10. 书店是一个小社会。

二、示范提纲

观点：在书店读书有很多好处。

说明：

1. 可以在第一时间读到新书。图书一经出版，就会以最快的速度送至书店，所以我们可以在第一时间读到各种各样的新书。当然，图书馆也在不断地补充新书，但毕竟需要登记和上架的时间，不像书店那样可以直接把新书给读者看。

2. 可以享受良好的读书环境。如今的书店与从前大不相同，既是买书的地方，也是读书的地方。为了让读者方便而舒适地读书，许多书店都将书籍摆放得十分容易取阅，同时备有书桌、沙发等适宜阅读的设施，甚至还会提供茶点，让你有宾至如归的感觉，就像在家里读书一样。

3. 可以随时与人交流读书心得。书店是一个公共场所，总是有很多人在那里读书。大家可以互相推荐好书，并在一起讨论书中的观点、故事等等，这非常有利于更为透彻地理解所读图书。

结论：

综上所述，在书店读书有很多在其他地方读书所没有的好处，因此有空到书店去读书是一种很好的生活习惯。

三、话题词群

1. 书店类型：实体书店、网络书店；常规书店、特色书店
2. 书店状况：环境、氛围；方便、舒适；特色、情调
3. 书店特色：雅俗共赏、兼收并蓄、不拘一格
4. 读书的目的：增长知识、开阔眼界、取得经验
5. 读书的作用：了解历史、体察文化、学习科学

四、参考用语

1. 实体书店在我们的生活中不可或缺，其文化价值已经越来越为人们所认可。
2. 我们需要书店，尤其需要有文化特色和品牌影响力的书店。
3. 市场在不断变化，实体书店的商业模式不能停滞不前。
4. 书店要想长盛不衰，必须找到适应新时代的生存之道。
5. 即使是在网络书店和电子阅读非常发达的今天，实体书店也是不可取代的。

6. 书店是一个非常好的、可以让人们随时学习的地方。

7. 我们希望书业进步，就不能不希望书店进步。

8. 人们不是不再需要书店了，而是对书店的要求更高了，书店将演变为一种文化生活方式。

9. 随着人们精神生活日益丰富，文化消费水平也越来越高，这对书店的空间布置、服务体验、文化内涵等提出了新的要求。

10. 书店就像是一个小社会，你在那里可以遇到各种各样的人，也会发生各种各样的事情。

话题十一　如何应对"银色浪潮"的冲击?

话题背景

所谓"银色浪潮",即愈演愈烈的老龄化现象,目前在中国这是一个越来越突出的社会问题。中国有一句名言:"百善孝为先。"然而,对于工作和生活压力都很大的年轻人来说,照顾好父母乃至更多的长辈是一项艰巨的任务,必须借助社会的力量才能完成,因此居家养老服务应运而生,并借助现代科学技术的发展不断完善。

教学目标

1. 了解中国人在养老方面的理念与做法;
2. 进行中外养老理念与做法的比较。

热身活动

1. 讲一个关爱老年人的故事;
2. 谈谈你们国家的养老问题。

第一部分　阅读文章

提示　"银色浪潮"是指人口迅速老龄化。目前中国人口老龄化状况愈演愈烈,"银色浪潮"正在给社会带来广泛而深远的影响。为此,中国制定了《中华人民共和国老年人权益保障法》,特别强调要实现"老有所养、老有所医、老有所为、老有所学、老有所乐"的目标。本文即从这五个方面进行了阐释,并介绍了中国人在养老以及人生方面的一些理念与做法。

如何应对"银色浪潮"的冲击?

"银色浪潮"是对人口老龄化十分形象的描述,目前中国人口老龄化状况愈演愈烈,"银色浪潮"正在给社会带来广泛而深远的影响。为了应对"银色浪潮"的冲击,保障老年人的合法权益,弘扬中华民族敬老、养老、助老的美德,中国制定了《中华人民共和国老年人权益保障法》。其中,第一章第四条为:"积极应对人口老龄化是国家的一项长期**战略**任务。国家和社会应当采取措施,健全保障老年人权益的各项制度,逐步改善保障老年人生活、健康、安全以及参与社会发展的条件，实现老有所养、老有所医、老有所为、老有所学、老有所乐。"法律中倡导的这五项内容，确实是应对"银色浪潮"冲击的关键之举。

一、老有所养

老有所养是指老年人能够依靠社会和家庭得到基本的照顾，按照现在的养老理念，应当包括生活上的保障和精神上的慰藉。

1. 生活上的保障

在老年人的生活保障方面，目前采用的是多元化的模式，最为常见的是家庭养老，由子孙后代照顾老人或请保姆照顾老人。除此之外，还有许多个人、社会、国家多方合作解决养老问题的模式。例如，居家养老，即以家庭为核心、以社区为依托的，包括生活照料、医疗护理和精神慰藉的养老模式，主要对象是体弱多病的老人或空巢老人。又如，社区养老，即在社区建立老人餐厅、老年之家等设施，通过"白天进社区活动、晚上回家里居住"的模式提供养老服务。再如，机构养老，即国家或民间提供资金开设养老院，解决家庭养老人力资源不足的问题。随着养老需求不断增加，还出现了一些新型养老模式，如老年公寓、医养结合机构等等，老年人在生活上越来越有保障。

2. 精神上的慰藉

随着人们健康理念的更新，"养老"的概念也从生活上的保障扩展到了精神上的慰藉，但是在具体实施时结果并不理想。例如，"在现有的居家养老模式中，服务类型主要集中在物质生活方面，以送餐、洗衣、打扫房间等基本服务为主，缺乏健康护理和精神慰藉方面的服务。一方面，服务人员对每个老人的身体健康指标及精神慰藉需求缺乏了解，服务时不能有的放矢；另一方面，老人对健康护理和精神慰藉的需求也不能一次性传递给今后要来服务的每一名护工，常常要反复向新护工叙述。造成这种情况的主要原因在于社区对每位老人的精神需求缺乏了解和记录，因此老人的个性化精神慰藉需求很难得到满足。"① 然而，人到了老年，精神上的慰藉显得尤其重要，不仅关乎身体健康，而且关乎生活质量，这是我们在老有所养方面亟需研究

家庭养老，田琨摄

---

① 睢党臣、彭庆超（2016）"互联网＋居家养老"：智慧居家养老服务模式，《新疆师范大学学报》（哲学社会科学版）第 5 期。

和解决的问题。

由此可见，生活上的保障是老有所养的基础，精神上的慰藉是老有所养的提升，两方面相辅相成，缺一不可，而后者目前是一个**薄弱**环节，必须采取**行之有效**的措施来解决。

二、老有所医

老有所医是指根据老年人的身体特点与精神特征积极发展医疗保健事业，使老年人有病能得到及时而良好的治疗，以达到**延年益寿**、安享晚年的目的。而要达到这个目的，身体上的健康和心理上的健康都不容忽视。

1. 身体上的健康

要想保障老年人身体上的健康，医疗条件是基础。目前具体的做法是：设立老年门诊与老年家庭病床、兴建老年病医院和老年病研究机构、开展对老年病防治知识的宣传和医疗咨询服务等等。要解决好老有所医问题，从根本上说**涉**及到整个社会的经济状况和医疗水平，因此还有待于大力发展社会生产力，努力提高人民的生活水平，使老有所医有条件落到实处。

2. 心理上的健康

现代意义上的"健康"指的是身心都健康，所以老有所医不仅包括老年人的身体问题，而且包括老年人的心理问题。在这方面，中国人所**热衷**的养生是大有**裨益**的。俗话说："养生先养心。"中国传统的养生之道就兼顾身体与心理两个方面："我国养生保健的历史较长，早在古代社会就有许多养生保健的著作和方法流传。唐代的医学家**孙思邈**较为重视老年人的运动保健，在其作品中提及人如果经常进行运动锻炼，则百病都无法对身体造成**侵害**。道家

养生之道太极拳，田琨摄

的思想提倡的是'动功以动养形，静功以静养神'，主张精气神合修。现代的养生保健将古代养生理论和现代科学理论相结合，得到了更好的养生保健效果。"[②] 老年人应注重科学合理的养生保健，以良好的心态面对每一天的生活。

由此可见，身体上的健康是老有所医的基本目标，精神上的健康是老有所医的更高层次，身心都健康才是真正的健康。正如美国作家亨利·戴维·梭罗在《瓦尔登湖》中所说的那样："只有我们睁开眼睛醒过来的时候黎明才会到来。"——生活中的阳光首先来自心里的阳光。

三、老有所乐

老有所乐是指要使老年人愉快地安度晚年。对于老年人来说，最让自己感到快乐的莫过于**天伦之乐**了，而生活之乐则是他们每一天最为**切实**的快乐。

1. 天伦之乐

所谓天伦之乐，是指有**血缘**关系的老一辈和小一辈之间的家庭乐趣。这种快乐**温情脉脉**，**其乐融融**，是其他任何快乐都不能取代的。1999年春节联欢晚会上，陈红、蔡国庆演唱了歌曲《常回家看看》："找点儿空闲，找点儿时间，领着孩子，常回家看看。带上笑容，带上祝愿，陪同爱人，常回家看看。妈妈准备了一些**唠叨**，爸爸张罗了一桌好饭。生活的烦恼跟妈妈说说，工作的事情向爸爸谈谈。常回家看看，回家看看，哪怕给妈妈刷刷筷子洗洗碗，老人不图儿女为家做多大贡献，一辈子不容易就图个团团圆圆。常回家看看，回家看看，哪怕给爸爸**捶捶**后背揉揉肩，老人不图儿女为家做多大贡献，一辈子总操心就奔个平平安安。"这首歌风格朴实，情意**真切**，既是父母的呼唤，也是儿女的心声，在这个**阖家团圆**的时刻引发了千家万户的**共鸣**，至今**萦绕**在人们的心头，这也正是天伦之乐的内涵与**真谛**。

2. 生活之乐

和年轻人相比，老年人有更多的闲暇时间，更需要享受日常生活中的快乐，所以我们应该注重丰富老年人的文化生活，让老年人能够参加各种有益身心的活动，享受生活的快乐。例如兴办各种俱乐部、联谊会，组织各种合唱团、舞蹈队，开设各种培训课、训练班等。除此之外，很多老年人都喜欢旅游，他们要把年轻时"走遍中国，**周游世界**"的梦想变成现实。请看《中国老年报》这样一则报道："退休快7年的沈适齐说，自己退休后一直热衷旅游，老年人出游，年龄不是**障碍**，只要有决心、有计划，就能**成行**。走遍了国内大江南北，国外也去过很多地方，沈适齐说：'我在十几年前看到过一本关于世界上66个值得一去的地方的旅行书籍，我**收藏**至今，并且按照上面的目的地，正在**逐个**去旅行，至今已经去过50多个

---

② 吴佳欣（2020）科学养生保健对老年人心理健康的影响，《心理月刊》第2期。

地方了，我还会继续走完剩下的旅游目的地。'"③ 生活的快乐是**无穷无尽**的，关于老有所乐，还可以进行深入的**发掘**，一定会有更多的发现。

由此可见，天伦之乐是人之常情，生活之乐是人之常态，老有所乐首先要乐在这两方面，老年人才能保持阳光灿烂的心境，尽享生活的快乐。

黄河漂流，田琨摄

四、老有所学

老有所学是指让老年人也有机会与条件受到各种形式的教育，也能像年轻人那样不断更新知识，继续发挥作用。说到老有所学，可以分为**经世致用**之学和**修身养性**之学，前者具有正规性，后者具有娱乐性。

1. 经世致用之学

所谓经世致用，是指学问必须有益于国事。老年人再学习的形式很多，主要有上培训班、上大学、出国留学等。老年人再学习既是社会的需要，也是自身的需要，不仅有利于他们适应社会的发展变化，而且为其参加社会工作和再就业创造了条件。老有所学是养老问题中很重要的一环，既能为老有所养、老有所医、老有所为提供知识、能力和水平上的保证，也能为老有所乐增加情趣，使老年人的生命与生活更有意义。

2. 修身养性之学

所谓修身养性，是指提高自身素养，使身心达到完美的境界。老年人的学习，往往重

---

③ 吴多、全杰（2018）老人旅游日益追求个性化，《中国老年报》4月19日。

在修身养性。俗话说:"人生有八雅,琴棋书画诗酒花茶。""八雅"指的是弹琴、**弈棋**、作书、绘画、吟诗、品酒、养花、饮茶。对于老年人来说,退休以后是既有钱又有闲来做这些雅事的,**着实让人心旷神怡**,正如宋朝无门慧开禅师的诗句所说的那样:"春有百花秋有月,夏有凉风冬有雪。若无闲事挂心头,便是人间好时节。"——人间的好时节,重在眼里有风月,心头无闲事,那就必须多做高雅之事,多修养心之学。

由此可见,经世致用之学将有益于社会,修身养性之学将有益于身心。"活到老,学到老"从本质上讲是极其可贵的生命追求,绝对不能忽视。

"活到老,学到老",刘谦功摄

五、老有所为

老有所为是指发挥老年人的作用,使其参与社会事业,**尽其所能做出自己的贡献**,这是解决人口老龄化问题的重要途径。

1. 造福社会之为

我们的社会是需要老年人有所作为的,尤其是低龄老年人。"改革开放之后,社会经济的发展,以及科学技术的进步,为开发低龄老年人力资源提出了**可行性**要求。市场经济最主要的作用就是合理配置资源,这里的资源不仅包括物质资源,也包括人力资源。在市场经济的**框架**下,劳动力可以得到优化配置,用人单位或组织能够根据其需要找到自己所需要的人才。由于许多行业都已经不再是**单纯**的成品加工产业,因此对劳动力的要求逐渐提高,较高的科学文化背景以及丰富的工作经验都成为了现在企业十分重视的选人因素。因此在市场经济面前，不管是青年人还是老年人，谁有才干谁就能胜任工作。在一些特殊行业，比如高职院校、高端技术行业等领域，老年人有着类似于**性价比高**这样的优势，在经验方面较之年轻人比较丰富，对于工资待遇也不是十分看重，因此企业更加乐意选择低龄的老年人，这也促成了低龄老年人力资源开发与利用的可行性。"[④] 目前的做法是：对部分身体好、有技能的老年人实行**弹性退休**制度，推迟退休年龄；允许70岁以下的退休人员再就业，重点从事为人民生活服务的第三产业；充分发挥老年人经验丰富的优势，为企事业单位提供咨询服务。

2. 完善自我之为

对于老年人来说，老有所为是**锦上添花**之事，既是为了他们自己，也是为了社会。我们不能狭隘地把老有所为理解为走出家门到社会上去工作，即使是做一些**力所能及**的家务劳动，也是具有一定社会意义和社会作用的。至于**投身**于有兴趣的闲暇活动之中，如吟诗作画、种花养鸟等等，无疑是完善自我之举，同样也是一种有意义的作为。

发挥余热

由此可见，造福社会的作为与完善自我都可以让老年人发挥余热，既为社会做贡献又使自己感到愉悦，何乐而不为呢？

综上所述，随着社会经济的发展、科学技术的进步、医疗条件的改善，人类的寿命越来越长，人口呈现出老龄化趋势是必然的。从这个意义上讲，人口老龄化是一件好事，是社会**繁荣**与**昌盛**的结果。但是，人口老龄化程度的不断加深也会导致一些问题，如劳动适龄人口减少、人均收入水平降低、使社会与家庭的养老压力十分**繁重**等。对于这些问题，《中华人民共和国老年人权益保障法》所倡导的"老有所养、老有所医、老有所为、老有所学、老有所乐"是行之有效的，一定能很好地应对"**银色浪潮**"的冲击。

（原创，作者刘谦功）

[④] 李松（2016）"银色浪潮"下企业对低龄老年人力资源的开发研究，《人力资源管理》第2期。

阅读理解

一、生词

1. **战略**：zhànlüè
   对战争全局的筹划和指导，泛指对全局性、高层次的重大问题的筹划和指导。近义词：战术。
   例：希望工程是一个长久的大项目，战略问题和战术问题都要重视。

2. **慰藉**：wèijiè
   安慰。

3. **空巢**：kōngcháo
   指子女长大成人后从父母家庭中分离出去，只剩下老年一代人独自生活的家庭。
   例：空巢家庭、空巢老人

4. **有的放矢**：yǒudì-fàngshǐ
   对准靶子射箭，比喻说话或做事有针对性。
   例：不做前期调查，你的意见怎么能有的放矢？

5. **亟需**：jíxū
   急切需要。
   例：在目前所有亟需解决的问题中，环境保护是最重要的。

6. **薄弱**：bóruò
   脆弱无力。
   例：既然你已经知道了你的薄弱环节在哪里，就应该努力去弥补与加强。

7. **行之有效**：xíng zhī yǒuxiào
   实行起来有成效。
   例：这是一个新方案，要试试才知道是不是行之有效。

8. **延年益寿**：yánnián-yìshòu
   增加岁数，延长寿命。

9. **涉及**：shèjí
   指关联到，牵涉到。
   例：这个计划涉及到好几个部门，我们需要时间协调一下。

10. **热衷**：rèzhōng
    十分爱好。
    例：她喜欢舞蹈，尤其热衷于芭蕾舞。

11. **裨益**：bìyì

    好处，益处。

    例：对于一个大学生的专业学习来说，实习是大有裨益的。

12. **兼顾**：jiāngù

    同时照顾、考虑到两个或更多的事情。

    例：职业妇女要兼顾家庭与工作，非常辛苦。

13. **侵害**：qīnhài

    侵入而损害。

    例：为了防止害虫侵害农作物，还是应该适当地使用一些农药。

14. **天伦之乐**：tiānlúnzhīlè

    天伦指父子、兄弟等亲属关系，天伦之乐泛指家庭的乐趣。

    例：对于老年人来说，天伦之乐显得尤为重要。

15. **切实**：qièshí

    切合实际，实实在在。

    例：你们制定的计划切实可行，但是在资金保障方面还需要落实一下。

16. **血缘**：xuèyuán

    血统，亲缘。

    例：亲子鉴定是确定血缘关系的一种方式。

17. **温情脉脉**：wēnqíng-mòmò

    形容对人或事物怀有感情并很想表露出来的样子。

    例：他温情脉脉地看着她，但什么话也没说。

18. **其乐融融**：qí lè róngróng

    形容快乐和谐的景象。

    例：除夕之夜，中国千千万万个家庭都聚集在一起吃年夜饭，其乐融融。

19. **唠叨**：láodao

    指围绕一个话题反复地说。

    例：一到冬天我妈妈就唠叨我，说我穿衣服太少，怕我冻着。

20. **张罗**：zhāngluo

    筹划，准备，用在口语中。

    例：今年的新年晚会参加的人很多，要早点儿张罗。

21. **图**：tú

    贪图。

    例：你这样做，到底图什么呀？

22. **捶**：chuí

    用拳头或棒槌敲打。

    例：捶背、捶腿

23. **揉**：róu

    用手按着较软的东西反复搓动。

    例：头疼的时候用手揉一揉很管用。

24. **朴实**：pǔshí

    朴素实在。

    例：这篇小说风格很朴实，正因为如此，才更感人。

25. **真切**：zhēnqiè

    真诚恳切。

    例：情感真切、话语真切

26. **阖家**：héjiā

    全家，多用于书面语。

    例：阖家欢乐、阖家幸福

27. **共鸣**：gòngmíng

    物体因共振而发声的现象，借指由别人的某种思想感情引起相同的思想感情。

    例：这部电视剧取材于当代都市生活，很容易引起年轻人的共鸣。

28. **萦绕**：yíngrào

    盘旋往复。

    例：我离开家乡已经很多年了，但父母的教诲依然萦绕在我的耳边。

29. **真谛**：zhēndì

    真实的意义或道理。

    例：我觉得高高兴兴地把每一天的日子过好就是人生的真谛。

30. **周游**：zhōuyóu

    广泛地游览。

    例：我的梦想是周游世界。

31. **障碍**：zhàng'ài

    阻挡前进的东西。

    例：在工作中遇到障碍是很正常的事情，想办法克服就是了。

32. **成行**：chéngxíng

    旅行或访问等计划得到实现。

例：你说你最近要去上海工作一段时间，什么时候成行？

33. **收藏**：shōucáng

    收集保藏。

    例：收藏文物、收藏邮票。

34. **逐个**：zhúgè

    一个一个地。

    例：今天接收的邮件比较多，你们逐个清点一下对不对。

35. **无穷无尽**：wúqióng wújìn

    指没有尽头，没有限度。

    例：孩子的创造力是无穷无尽的，要多鼓励他们。

36. **发掘**：fājué

    把埋藏在地下的东西挖出来，引申为把人们不容易发现的事物揭示出来。

    例：快乐是一种宝贵的资源，不能只是享用而不去发掘。

37. **经世致用**：jīng shì zhì yòng

    指学问必须有益于国事。

    例：今天讲的都是经世致用的道理。

38. **修身养性**：xiūshēn yǎngxìng

    通过自我反省体察，身心达到完美的境界。

    例：琴棋书画非常有利于修身养性，我都想好好学习一下。

39. **弈棋**：yìqí

    下棋，多用于书面语。

40. **作书**：zuòshū

    练字，写字，多用于书面语。

41. **着实**：zhuóshí

    实在，确实。

    例：我着实喜欢看中国电影，既能提高汉语水平又能了解中国文化。

42. **心旷神怡**：xīnkuàng-shényí

    心情愉快，精神舒畅。

    例：看着蓝天白云下一望无际的草原，他感到从未有过的心旷神怡。

43. **禅师**：chánshī

    对和尚的尊称。

44. **尽其所能**：jìn qí suǒ néng

    把所有的本事都用上。

例：他们尽其所能帮助农村地区建立学校，希望越来越多的农民孩子也能够受到良好的教育。

45. **可行性**：kěxíngxìng

    指方案、计划等所具备的可以实施的特性。

    例：公司规定，所有的设计方案都要进行可行性论证。

46. **框架**：kuàngjià

    建筑工程中由梁、柱等主要部件联结而成的结构，比喻事物的组织和结构。

    例：你这篇论文的整体框架不够完整，需要再补充一下。

47. **单纯**：dānchún

    简单，单一。

    例：这件事情很单纯，没有你想象得那么复杂。

48. **胜任**：shèngrèn

    指足以承受或担任。

    例：胜任工作

49. **性价比**：xìngjiàbǐ

    性能与价格之间的比例关系，是反映物品可买程度的一种量化的计量方式，具体公式为：性价比＝性能/价格。

    例：我的大衣是圣诞节打折的时候买的，性价比很高。

50. **弹性**：tánxìng

    具有伸缩性。

    例：目前我们公司的跨国项目较多，考虑到时差问题，暂时采取弹性工作时间。

51. **锦上添花**：jǐnshàng-tiānhuā

    在锦上面再绣上花，比喻使美好的事物更加美好。

    例：真正的朋友，不仅能锦上添花，而且能雪中送炭。

52. **力所能及**：lìsuǒnéngjí

    在自己力量的限度内所能做到的。

    例：这么短的时间内要读这么多书，真不是我力所能及的。

53. **投身**：tóushēn

    全心全意地投入进去。

    例：他投身环保事业已经很多年了，在很多重要工程中担任过重要角色。

54. **昌盛**：chāngshèng

    兴旺，兴盛。

例：把祖国建设成为一个繁荣昌盛的国家是我们共同的理想，大家一起努力吧！

55. **繁重**：fánzhòng

工作、任务等又多又重。

例：繁重的任务需要大家一起来承担，所以团队精神很重要。

二、注释

1. 孙思邈

孙思邈（541—682），出生于南北朝西魏时期，至唐成为著名医药学家，被尊称为"药王"。孙思邈十分重视民间医疗经验，在长期走访的基础上完成了著作《千金要方》。唐朝建立后，孙思邈接受朝廷邀请与政府合作开展医学活动，在唐高宗时完成了世界上第一部国家药典《唐新本草》。孙思邈非常重视疾病预防，坚持辨证施治的方法，认为"体形有可愈之疾，天地有可消之灾"，提出了食疗、药疗、养生、养性、保健相结合的防病治病主张。

2. 道家

道家是中国古代最重要的学派之一，主要分为老庄之学与黄老之学两大流派。老庄之学是以老庄学说为中心的学术派别，形成于春秋战国时期，以"道"为最高哲学范畴，认为"道"是宇宙万物的本原与赖以生存的依据。老子与庄子的思想崇尚自然，有辩证法的因素和无神论的倾向，主张清静无为，反对争斗，同时提倡道法自然，与自然和谐相处。黄老之学尊黄帝与老子为创始人，在道家思想的基础上兼收阴阳、儒、法、墨等学派的观点，包含了技术发明与政治思想两大主题，以形而上（指无形或未成形的、本原的）的"道"作为依据，同时又结合了形而下（指有形或已成形的、物质的）的养生、方技、数术、兵法、谋略等内容，既有理论意义又有现实价值。

3.《瓦尔登湖》

《瓦尔登湖》是美国作家亨利·戴维·梭罗（Henry David Thoreau，1817—1862）独居于美国马萨诸塞州瓦尔登湖畔的记录，描绘了他两年多时间里的所见、所闻和所思。该书崇尚简朴生活，表现出对大自然诚挚的热爱，内容丰富，语言生动，意义深远。梭罗在作品中指出，我们大多数人都被家庭、工作和各种物质需求所困，失去了精神追求，"瓦尔登湖"隐喻着一种更好的生活方式，还有人类永恒不变的、希望接近自然并与自然融合的愿望。

三、阅读检查：简要回答问题

1. "银色浪潮"是指什么？

2. 老有所养的含义是什么?

3. 最常见的养老模式是什么?

4. 什么是居家养老?

5. 什么是社区养老?

6. 什么是机构养老?

7. 现有的居家养老模式怎么样?

8. 为什么老人个性化精神慰藉需求很难得到满足?

9. "有的放矢"是什么意思?

10. 老有所医的含义是什么?

11. 目前保障老年人身体健康的具体做法是什么?

12. 唐代医学家孙思邈是怎样看待运动保健的?

13. 道家的养生之道是什么?

14. 老有所乐的含义是什么?

15. 什么是天伦之乐?

16. 应当怎样丰富老年人的文化生活?

17. 沈适齐老人是怎样安排自己的退休生活的?

18. 老有所学的含义是什么？

19. "经世致用"是什么意思？

20. 老年人再学习的重要性是什么？

21. 为什么说"老有所学是养老问题中很重要的一环"？

22. "修身养性"是什么意思？

23. "人生八雅"指的是什么？

24. 老有所为的含义是什么？

25. 低龄老年人力资源的开发与利用的可行性是什么？

26. 目前开发与利用低龄老年人力资源的具体做法是什么？

27. "锦上添花"是什么意思？

28. 应当怎样理解老有所为？

29. 应当怎样看待与应对"银色浪潮"的冲击？

四、阅读拓展：谈谈你对下列名言的理解

1. 养生先养心。
2. 只有我们睁开眼睛醒过来的时候黎明才会到来。
3. 人生有八雅，琴棋书画诗酒花茶。
4. 春有百花秋有月，夏有凉风冬有雪。若无闲事挂心头，便是人间好时节。
5. 活到老，学到老。

第二部分 口语表达：讨论/演讲

一、观点提示

1. 中国老龄化问题愈演愈烈。
2. 将现代信息技术引入养老服务领域十分必要。
3. 家庭养老与社会养老应该有机地结合起来。
4. 要因地制宜地探索居家养老服务模式。
5. 对老年人的精神关爱与身体护理一样重要。
6. 老有所学是一种很重要的养老观念。
7. 解决养老问题需要群策群力。
8. 老有所为有利于身心健康。
9. 养老观念与方式都应该与时俱进。
10. 中国解决养老问题任重而道远。

二、示范提纲

观点：老有所为有利于身心健康。

说明：

1. 在身体健康方面，力所能及地做一些自己喜欢的事情，使自己的肢体乃至大脑都运动运动，对老年人来说是非常有益的。俗话说："生命在于运动。"运动可以增强心脏功能，促进新陈代谢，并使关节更灵活、体型更优美，因而对身体健康极有好处。

2. 在心理健康方面，当一个人做自己喜欢的事情的时候，心情一定是愉悦的，这种事情不一定是什么突出的成就，哪怕是助人为乐的小事情也可以。俗话说："笑一笑，十年少。"心情愉悦，心理自然就健康。

结论：

在养老方面要提倡老有所为的积极观念，充分调动老年人的主观能动性，使其有意识地保持身体健康与心理健康。

三、话题词群

1. 老有所养：家庭养老、互联网+居家养老；社会养老、养老院
2. 老有所医：挂号、就诊、治疗、护理、康复
3. 老有所乐：琴棋书画、自娱自乐、助人为乐
4. 老有所学：老年大学、老年协会；活到老，学到老

5. 老有所为：力所能及、互助养老、发挥余热、壮心不已

四、参考用语

1. 随着生活质量和医疗水平的提高，人们的寿命越来越长。
2. 互联网技术给公共服务，尤其是养老服务业的发展带来了新的机遇。
3. 中国有句俗话："百善孝为先。"子女必须孝顺自己的父母。
4. 中国有句俗话："养生先养心。"心理健康是身体健康的基础。
5. 老年人既有闲又有钱，可以很好地享受生活的快乐。
6. 老年人要想生活得幸福，发挥自己的主观能动性很重要。
7. 老有所学很重要，"活到老，学到老"是更高层次的生命追求。
8. 老年人应该有意识地互助养老，减轻家庭和社会的负担。
9. 老有所为是一种积极的生活态度，应该提倡。
10. 居家养老要确保老年人的基本生活需求、健康护理需求和精神愉悦需求得到满足，缺一不可。

五、口语表达拓展：演讲

演讲题目备选：

1. 老有所养之我见
2. 老有所医之我见
3. 老有所乐之我见
4. 老有所学之我见
5. 老有所为之我见

话题十二　你喜欢参观博物馆吗？

话题背景

　　博物馆是征集、收藏、展览和研究大自然实物和人类文明成果的重要场所，可以从不同的角度分成不同的类别：按藏品分类，可分为自然博物馆、历史博物馆、科学博物馆、艺术博物馆等；按地域所属，可分为北京博物馆、上海博物馆、陕西博物馆、云南博物馆等，更有集大成者，如中国国家博物馆、英国大英博物馆、法国卢浮宫博物馆、美国大都会博物馆等。在对公众进行教育、提高国民素质方面，博物馆起着至关重要的作用，应该得到应有的重视。

教学目标

1. 进一步了解中国的博物馆；
2. 有意识地参观各种博物馆。

热身活动

1. 介绍一下你最喜欢的博物馆；
2. 谈谈你是如何用博物馆里面的知识补充课本上的知识的。

第一部分　阅读文章

提示　中国有很多博物馆，本文以故宫博物院、浙江美术馆、敦煌研究院、罗湖美术馆四所各具特色的博物馆为例，讲述随着时代的发展，中国的博物馆是如何更新理念与方法，努力讲好故事的。阅读时请结合你自己参观博物馆的经历，总结一下你从博物馆中学到的东西。

这些年，博物馆学会讲故事

　　博物洽闻，通达古今。博物馆是大众触摸历史、探寻古今社会文化和自然科学的重要窗口。

　　自全国博物馆逐步实行免费开放以来，大众观展热情前所未有地高涨。若是遇上知名展品展出，往往引起一次全民观展热潮。

　　"博物馆热"的背后，是大众对优秀公共文化的期盼。对此，各大博物馆也在实践中积极探索，以更开放的姿态、更多的服务意识，把越来越多优质的内容呈现给大众。

值此，我们一起走进几家博物馆，看看他们这些年都做了些什么。

故宫博物院：既优雅又开放

再过 3 年，紫禁城就 600 岁了。这座明清两代的皇家宫殿，这些年给公众的印象，不似一位**迟暮**老者，而是焕发出了**逆生长**的活力。这种活力，来自越来越多、越来越精的展览，也来自越来越开放、越来越有人情味的姿态。

今年"十一"放假期间，除了珍宝馆、钟表馆等常设展览之外，故宫博物院还有多个展览同时向公众开放，包括在午门正殿及东西雁翅楼展出的"千里江山——历代青绿山水画特展"、在武英殿展出的"赵孟頫书画特展"、在神武门城楼展出的"茜茜公主与匈牙利展：17—19世纪匈牙利贵族生活展"、在永寿宫及慈宁宫花园展出的"天禄永昌——故宫博物院藏瑞鹿文物特展"、在斋宫展出的"明代御窑瓷器——**景德镇御窑**遗址出土与故宫博物院藏传世弘治、正德瓷器对比展"等。这些展览引发了大量社会讨论，无数观众慕名前往。

国宝频繁与观众见面，是近些年大众对故宫的印象之一。前往故宫，已不单是为了感受昔日皇家宫殿的恢宏，更是去欣赏和**观摩**这里的珍宝。2015 年 9 月，作为故宫博物院 90 周年院庆的重要活动，"石渠宝笈特展"一经开幕，观展队伍很快就排到了大殿以外的台阶上，而重点展品如《清明上河图》的展示台前更是人头**攒动**。当时，国宝书画**汇聚一堂**——《伯远帖》《游春图》《出师颂》《五牛图》——仅仅这些展品的大名已经吊足了大家的胃口。国宝不再"**沉睡**"深宫、**遥不可及**，文物"活"了起来。

敞开大门与大众分享"宫中宝贝"的故宫，还紧跟时代脚步，通过新媒体运营，近几年一跃成为"网红"。

"**萌萌哒**"是如今很多年轻人对故宫的一种认知。这种认知，很大程度是由"故宫淘宝"建立起来的。故宫文创产品的成功营销几乎都出自"故宫淘宝"之手：帝后画像被"玩"成**表情包**，每个创意产品都配上脑洞大开的文案。威严的皇族历史人物集体卖萌，呈现极大的**反差**趣味，也成了故宫贴近年轻人的最佳传播方式。

其实，**卖萌**的背后隐含着历史的严肃性。"故宫淘宝"背靠故宫专业的学者团队，他们的成文步骤是：研究者写出符合史实的文章，再由一支年轻团队"转译"成符合年轻人阅读习惯的轻松**诙谐**的语言。

在文创产品上以卖萌为特色发力的同时，故宫官方微博、微信以及 APP 展现出来的则更多的是优雅。故宫博物院官方微博以简洁且文艺的文字风格和故宫精美的摄影图片，深得网友欢心。正如一个微博网友的概括：淘宝文创卖萌，负责赚钱养家；官方微博矜持，负责貌美如花。

这几年，故宫以前所未有的姿态拥抱大众，这和时任故宫博物院院长单霁翔有着直接联系。自2012年1月走马上任，5年多的时间里，单霁翔传达的理念是：故宫始终保持着学习心态，并有意识地和互联网传播有效结合。他曾这样说："故宫要吸引更多的公众，推广我们的传统文化，就不能保持**一成不变**的严肃面孔。吸引年轻观众，必须用年轻人的方式。"

岁月流淌，近600岁的紫禁城积养深厚，青春勃发。

威严的故宫，刘谦功摄

浙江美术馆：彰显中国传统

西子湖畔，玉皇山下，**粉墙黛瓦**的浙江美术馆与西湖的自然景致和谐地融为一体，宛如一幅淡雅灵秀的中国水墨画。

浙江美术馆是一座年轻的美术馆，自2009年正式开馆至今，短短几年时间，从无到有，快速发展。目前每年举办各类展览50余个，平均每年观众超过60万人次，已成为全国具有较强影响力的专业大馆之一。

浙江人免费看展的"特权"，在浙江美术馆诞生之日即享有。去浙江美术馆看展览，已成为很多浙江人的一种生活方式。自开馆以来，浙江美术馆陆续举办了黄宾虹、吴昌硕、陆俨少、弘一法师、吴冠中等与浙江艺术文脉有关的艺术家的展览。在"国家重大历史题材美术创作工程作品巡回展"上,浙江美术馆历时近4年,集结了全国127位优秀艺术家的百余幅作品,让观众通过艺术了解了历史。

2015年10月,浙江美术馆策展创新团队正式组建。创立至今,逐渐形成了一系列关于东方**智慧**的策展思考,先后举办了包括"水印千年——中国水印版画大展""湖山胜概——水印千年启动展"在内的具有鲜明中国传统文化特色的重要展览。

"东方智慧系列展",通过展览策划,深层次**诠释**了中国优秀传统文化的当代价值,以美术馆的文化身份发掘艺术、文化的内在规律,反映了传统文化在新的时空条件下的传承与发展现状。同时,将策展视角**聚焦**于观众的切身体验,融合交叉学科的艺术敏感性,建构美术馆展览的文化叙事功能,提升了大众的文化认知水平,全面强化了中国艺术的文化自信。

浙江美术馆主持工作的副馆长应金飞谈到:"浙江美术馆不仅建筑要体现中国气派,展览内容更要彰显中国**气韵**,**铸造**有特色的浙美品牌,大力拓展国际影响力,实现浙江人文精神的与时俱进。以传统之**规矩**,开当代之生面,这是公共美术馆弘扬先进文化的历史使命和社会责任。"

浙江美术馆的**底气**还来自它丰厚多样的藏品。建馆以来,浙江美术馆以乡情为**纽带**,吸引艺术精品纷纷"回流"故里。开馆不到半年,浙江美术馆便接收了画家吴冠中捐赠的72件作品。远在美国的画家傅狷夫家属获悉家乡的浙江美术馆开馆后,**毅然**无偿捐赠331件作品。通过捐赠、征集、组织创作、寄存代管等方式,浙江美术馆从零藏品起步,发展到如今,已拥有2.3万余件不同种类的美术藏品。

浙江美术馆

这里是艺术的殿堂,也是美育的课堂,身负教育推广的责任,浙江美术馆还不断把触**角**向外延伸。例如,2014年发起"艺游乡里——乡村儿童美育计划"活动,以乡村中小学、文化礼堂、文化馆为阵地,把艺术公开课开到村里乡下,填补乡村美育的薄弱环节。

敦煌研究院：开启数字时代

说到**莫高窟**，很多人会想到优美传神的飞天壁画、**栩栩如生**的佛像。坐落于**河西走廊**西端的敦煌莫高窟，因**丝绸之路**的繁荣享誉世界，被誉为20世纪最有价值的文化发现。然而，历经岁月长河、饱受风沙水害**侵蚀**、承受旅游旺季日均6000多人次的客流压力，也让莫高窟**不堪重负**。一面是**络绎不绝**的游客，一面是千年文化遗产的保护难题，对此，敦煌石窟的管理者——敦煌研究院，很早就迈上了寻找保护和利用最佳平衡点的探索之路。

20世纪90年代初，时任敦煌研究院院长的樊锦诗提出数字敦煌的构想，运用高科技手段为敦煌壁画、泥塑还有洞窟分别建立数字档案，将来用作敦煌文化展览，为文化遗产保护提出一种新的可能性。

今天，在莫高窟以北15公里的**戈壁**边缘，2014年8月1日投入运营的敦煌莫高窟数字展示中心建筑面积达到1万多平方米，外形神似飞天**缎带**。这里以全新的预约模式和"数字体验+实体洞窟"的参观模式，开启了敦煌石窟的数字时代。

新的游览方式安排游客在进入莫高窟参观之前，先在数字展示中心观看两部20分钟的主题电影《千年莫高》和球幕电影《梦幻佛宫》，游客在短时间内对莫高窟文化的背景知识有一定了解后，再前往洞窟实体参观。

或许一些人会对观看电影提不起兴趣，但走进数字展示中心的游客都表示非常惊喜，直呼过瘾。"特别震撼，有种**身临其境**的感觉，从来没有这么近距离看过敦煌壁画，佛像360度无死角观摩，古人精湛的技艺令人惊叹。"游览过敦煌莫高窟数字展示中心的游客冯月描述说，身着彩衣的飞天从头顶优雅地舞过，佛像表情**细腻**传神，衣裳华丽鲜艳，看得如此真切。

莫高窟数字展示中心缩短了游客在洞窟内的**滞留**时间，减轻了洞窟长时间开放造成的文物保护的压力，使得洞窟能够"**休养生息、延年益寿**"。据悉，数字展示中心的使用，让莫高窟的游客合理接待量由每天的3000人次提升至6000人次。

然而，"数字敦煌"还远不止此。

2016年5月1日，养在西北"**深闺**"的敦煌石窟正式开启全球模式——"数字敦煌"资源库上线。资源库第一期的30个经典石窟，跨越北魏、西魏、北周、隋、唐等多个时期，其中绝大多数石窟都是未对游客开放的。全球网友只需要轻点鼠标，就可以免费360度漫游洞窟，足不出户便能近距离感受千年文化。借助互联网，敦煌与世界仅有网速的距离。

2017年9月20日，敦煌研究院举行"数字敦煌"资源库英文版上线启动仪式，首次向全球正式发布"数字敦煌"资源库英文版。敦煌研究院对"数字敦煌"资源库中文版进行了英文翻译，并升级了数据检索功能，使检索栏可以快速自动匹配检索的关键词。与此同时，敦煌研究院披露，目前已经完成150个洞窟壁画的数字化拍摄，积累的数据量超过300TB。之后，随着拍摄和制作工作的进一步展开，数据量还将会成倍增长。

敦煌石窟是中国古代文明的宝库，也是古代丝绸之路上不同文明之间对话、交流的重要见证。千年敦煌石窟，正借助科技手段，突破时间和空间的限制，成为真正永存的文化遗产。

敦煌研究院院长王旭东表示，敦煌是开放的结晶，封闭不可能产生莫高窟，今天，我们依然延续这种开放精神，敦煌文化需要多民族、多国家共同研究。

壮观的敦煌莫高窟，刘谦功摄

罗湖美术馆：对话当代城市

深圳罗湖区，与中国经济的发展联系在一起。罗湖美术馆正是这里文化与城市共荣的一种尝试。

罗湖美术馆是由原罗湖创意文化广场升级改造而成的，展厅面积达3300平方米，从建筑外形到内部空间，视觉层次丰富，呈现出现代气息。与罗湖一样，罗湖美术馆有着鲜明的改革与创新基因。

规划者在密集的街区中开辟出这样一个公共文化活动空间，把艺术家的工作场所和作品置放到城市丰富的环境之中，去和当代城市对话。艺术需要城市的喧嚣，反之艺术活动又会潜移默化地影响城市生活。因此，罗湖美术馆既是一个生动的城市生活舞台，又是公众接触艺术的一个界面。

作为区域公共文化空间，罗湖美术馆一方面依托自身展馆的地理位置和资源优势，在策展方面突出彰显罗湖的历史、文化、艺术价值和浓郁的地方文化特色,另一方面又把国内外优秀的文化艺术引进罗湖,为罗湖注入一个多元的文化景象。

例如,罗湖美术馆今年6月举办的"闻香识罗湖——原弓个展",围绕"闻香识罗湖"的主题,通过现场互动装置,释放出各种自然香气,加上多媒体视频的播放,为罗湖观众带来了一场可听、可视、可触、可嗅的艺术盛宴。艺术家原弓曾参与2011年"第54届威尼斯国际艺术双年展"中国国家馆"弥漫"主题的创作,当时引起了国际艺术界的强烈反响。此次,原弓带来5种代表罗湖味道的香味,让它们在现场蔓延。观众不仅可以更直观、全面地了解和欣赏当代艺术,还能追忆香料的起源,闻香识罗湖并思罗湖。本次展览不仅能唤起民众对于罗湖作为中国改革开放桥头堡的记忆,还能增进民众对罗湖文化的认同感。

艺术源于生活。除了专业水准高、学术性强的展览,罗湖美术馆还深入挖掘公共文化空间,持续开展大众喜闻乐见、"接地气"的艺术展览项目,曾举办"罗湖区临帖展""深港澳女子书法展""幸福老年人书画展"等贴近生活的群众性展览。罗湖美术馆相关人员表示,美术馆今后还将继续举办公众导览活动,并以观众现场艺术创作的形式,增加展览的延伸性,为市民带来更加多元、丰富的展览,把艺术惠民落到实处。

(选自《人民日报》(海外版)2017年10月17日,作者赖睿,有删改)

阅读理解

一、生词

1. **博物洽闻**:bó wù qià wén
   广知事物,学识丰富。
   例:要想博物洽闻,不仅要读万卷书,而且要行万里路。

2. **触摸**:chùmō
   接触,了解。
   例:在博物馆,我们可以触摸历史,超越时空地了解各种各样曾经发生过的事情。

3. **迟暮**:chímù
   黄昏,比喻晚年。

4. **逆生长**:nìshēngzhǎng
   指孩子在成长过程中出现的倒退现象,也可用来比喻返老还童。

5. **观摩**：guānmó

   指观看相关示范并进行学习和研究。

   例：观摩演出、教学观摩

6. **人头攒动**：réntóu cuándòng

   形容很多人聚集在一起。

   例：露天音乐会就要开始了，广场上人头攒动，热闹非凡。

7. **汇聚一堂**：huìjù yì táng

   指人或物聚集在一起。

   例：这些老同学分别三十年后又汇聚一堂，都高兴得不得了。

8. **遥不可及**：yáo bù kě jí

   指非常遥远，难以到达。

   例：只要脚踏实地地努力，你的理想就不会遥不可及。

9. **网红**：wǎnghóng

   "网络红人"的简称，是指在现实或者网络生活中因为某个事件或者某个行为被网民关注从而走红的人。

10. **萌萌哒**：méngméngdā

    网络用语，指非常可爱。

11. **表情包**：biǎoqíngbāo

    是一种利用图片来表示感情的方式，由社交软件提供，一般用于微信等网上交流。

12. **脑洞大开**：nǎodòng dà kāi

    由"脑补"衍生而来，源自日本动漫，本指观剧者通过自己的想象来补充或添加原剧中没有的情节或内容，后来泛指对小说及其他艺术作品甚至现实生活中的情节与情景进行想象。

13. **反差**：fǎnchā

    指不同事物或同一事物的不同方面对比的差异程度。

    例：他现在的表现与过去反差太大，我一时难以理解。

14. **卖萌**：màiméng

    指刻意显示自身的萌，有褒贬两种用法。褒义指故意做可爱状以打动别人，贬义指故意作秀以引起别人注意。

15. **诙谐**：huīxié

    谈话十分风趣，引人发笑。

16. **一成不变**：yìchéng-búbiàn

    指一经形成，不再改变。

例：咱们公司的规矩不能一成不变，要随着市场经济的发展而不断完善。

17. **粉墙黛瓦**：fěn qiáng dài wǎ

    指雪白的墙，青黑的瓦，用来描写房屋。

18. **智慧**：zhìhuì

    指观察、思考、决策等综合性能力。

19. **胜概**：shènggài

    非常好的风景或环境。

20. **诠释**：quánshì

    解释与证明。

    例：你们的言行是对诚信这种优良品格的最好的诠释。

21. **聚焦**：jùjiāo

    指集中。

22. **气韵**：qìyùn

    指文学或艺术上独特的风格、意境或韵味，也可指人的神采和风度。

    例：中国的人物画、花鸟画、山水画都十分讲究气韵生动。

23. **铸造**：zhùzào

    原指熔化金属铸模成型的技术，常用于借指创造。

    例：他们创业十年，终于铸造出了自己的服装品牌。

24. **规矩**：guīju

    指校正圆形、方形的两种工具，多用来比喻标准、法度。

    例：我刚来，不懂这里的规矩，请多指教。

25. **底气**：dǐqì

    说或唱时由胸腔、腹腔共鸣产生的力气，比喻基本的信心和勇气。

    例：这种工作我以前没做过，底气不足。

26. **纽带**：niǔdài

    长长的带子，比喻起联系作用的人或事物。

    例：这个项目成为联系我们两个地区的重要纽带。

27. **毅然**：yìrán

    刚强而果断的样子。

    例：他十八岁的时候，毅然离开家乡到大城市来打工。

28. **触角**：chùjiǎo

    昆虫头部伸出来的感觉器官，借指某些事物延伸出来的部分。

    例：这个跨国公司的触角广及二十八个国家。

29. **栩栩如生**：xǔxǔ rú shēng

    形容绘画、雕塑中的艺术形象生动逼真，就像活的一样。

    例：齐白石画的虾栩栩如生，就像在水里游动一样。

30. **侵蚀**：qīnshí

    逐渐侵害、破坏。

    例：由于海水的侵蚀，岸边的岩石产生了一些空洞。

31. **不堪**：bùkān

    忍受不了。

    例：连续两个星期的紧张工作使大家都不堪重负，这个周末休息一下吧。

32. **络绎不绝**：luòyì bù jué

    形容人、马、车、船等连续不断。

    例：电影快要开始了，人们络绎不绝地走进电影院。

33. **戈壁**：gēbì

    沙漠的一种，地面主要是沙子和石块，植物稀少。

34. **缎带**：duàndài

    由绸缎制成的长长的带子。

35. **过瘾**：guòyǐn

    指爱好得到满足，泛指舒服、好玩、有意思。

    例：今天我在海里游了两个小时泳，太过瘾了！

36. **身临其境**：shēn lín qí jìng

    指身体不在那个地方，却仿佛亲自到了那个地方一样。

    例：3D电影非常好看，总是让你有身临其境的感觉。

37. **细腻**：xìnì

    细致光滑，常用来形容描写、表演等细致入微。

    例：一部好的小说，对人物内心活动的描写一定是细腻的。

38. **滞留**：zhìliú

    停留不动。

    例：由于暴风雨，他们已经在这个小城滞留三天了。

39. **休养生息**：xiūyǎng-shēngxī

    休养即休息保养，生息即繁殖人口，指在战争或社会大动荡后减轻人民负担，逐渐恢复元气。此文中指通过各种方法很好地保护名胜古迹。

40. **深闺**：shēnguī

    指古时富贵人家的女子所住的闺房，常用来比喻比较隐秘的地方。

41. **披露**：pīlù
    发表，公布。
    例：是谁披露的这个消息？

42. **结晶**：jiéjīng
    物质从液态或气态形成晶体，比喻珍贵的成果。
    例：孩子是他们爱情的结晶，自然是爱得不得了。

43. **基因**：jīyīn
    英文"gene"的音译，即存在于细胞的染色体上的生物体遗传的基本单位。

44. **喧嚣**：xuānxiāo
    声音杂乱，十分热闹。
    例：从喧嚣的城市来到宁静的乡村，他的心一下子静了下来。

45. **蔓延**：mànyán
    如蔓草滋生，连绵不断。引申为延伸，扩展。

46. **桥头堡**：qiáotóubǎo
    为控制重要桥梁、渡口而设立的碉堡，泛指进攻的据点。

47. **挖掘**：wājué
    指深入探讨。

48. **惠民**：huìmín
    指对老百姓有好处。
    例：惠民政策、惠民措施

二、注释

1. 景德镇御窑

景德镇御窑位于今江西省景德镇，是专门为明清宫廷烧造使用和陈设瓷器的皇家窑厂。御窑由宫廷直接管理，建立起一套完善的制度，从全国各地征聘能工巧匠，在继承前人传统工艺的基础上不断研制新品种。景德镇御窑生产的瓷器仅供宫廷使用，严禁流向民间，终极目标是烧造符合皇帝审美标准的瓷器，因此其产品精美绝伦，既是明清两代瓷器艺术的发展高峰，也是汇聚了中国陶瓷史上历代成就的集大成者。

2.《清明上河图》

《清明上河图》是中国古代最著名的传世名画之一，属于北宋风俗画，为宫廷画家张择端所画，现藏于北京故宫博物院。《清明上河图》宽24.8厘米，长528厘米，绢本设色。作品以长卷形式，采用散点透视构图法，生动描绘了北宋都城东京（今河南省开封市）的城市面貌与社会各阶层人民的生活状况，是当时经济繁荣、城市发达景象的真实写照，具有很高的历史价值和艺术价值。

3. 莫高窟

莫高窟俗称千佛洞，位于今甘肃省敦煌市，相传建于十六国的前秦时期，历经十六国、北朝、隋、唐、五代、西夏、元等朝代的兴建，形成巨大规模，保存至今的有490余窟、壁画45000多平方米、彩塑2400余尊，是世界上现存规模最大、内容最丰富的佛教艺术胜地。莫高窟1961年被中华人民共和国国务院公布为第一批全国重点文物保护单位，1987年被联合国教科文组织列为世界文化遗产。

4. 飞天

飞天是佛教中天帝的司乐之神，又称香神、乐神、香音神。"飞天"一词出自《洛阳伽蓝记》："石桥南道，有景兴尼寺，亦阉官等所共立也。有金像辇，去地三尺，施宝盖，四面垂金铃七宝珠，飞天伎乐，望之云表。"飞天最早诞生于古印度，后传入中国，莫高窟的492个洞窟中几乎皆画有飞天，有佛陀出现的场合便一定有飞天存在。每当天上举行佛会，飞天便凌空飞舞，抛洒鲜花，用歌声、舞姿、音乐、鲜花、食物供养诸佛。

5. 河西走廊

河西走廊古称雍州、凉州，简称河西，是中国内地通往西域的要道，也是佛教东传的第一站。这里汉时即设四郡，戍兵屯田，是汉朝经略西北的军事重镇，后来又因诸多山脉的天然阻隔，成为中原名士躲避北方战火的栖息场所。

6. 丝绸之路

丝绸之路是西汉（公元前202年—公元8年）时汉武帝派张骞出使西域开辟的以首都长安（今西安）为起点，经甘肃、新疆到中亚、西亚，并连接地中海各国的陆上通道。1877年，德国地理学家李希霍芬在其著作《中国》一书中，把"从公元前114年至公元127年间，中国与中亚、中国与印度间以丝绸贸易为媒介的这条西域交通道路"命名为"丝绸之路"，这一名称很快被学术界和大众所接受，并正式使用。

三、阅读检查：选择正确答案

1. "博物洽闻"的意思是

   A 地大物博

   B 见多识广

   C 内容丰富

   D 形式多样

2. 故宫"焕发出逆生长的活力"指的是

   A 历史越来越悠久

   B 建筑越来越宏伟

   C 风格越来越奇特

   D 展览越来越精湛

3. 景德镇御窑生产的是皇家御用的

   A 服装

   B 家具

   C 陶瓷

   D 玉器

4. 在"这些展览引发了大量社会讨论，无数观众慕名前往"这句话中，"慕名前往"的意思是

   A 很多有名的人在博物馆工作

   B 很多有名的人去参观博物馆

   C 博物馆想出名，招聘很多人去宣传

   D 博物馆很有名，吸引很多人去参观

5. 现在人们前往故宫参观的目的是

   A 感受昔日皇家宫殿的恢宏

   B 欣赏和观摩故宫里的珍宝

   C 包括以上两者

   D 以上两者都不是

6. 在"重点展品如《清明上河图》的展示台前更是人头攒动"这句话中，"人头攒动"是形容人的

   A 数量很多

   B 身材很棒

   C 面貌很好

   D 情绪很高

7. "国宝书画汇聚一堂"的意思是

   A 国宝书画在同一个展厅展出

   B 文物精品聚集在一起

   C 观赏国宝书画的人很多

   D 大家都对故宫的文物感兴趣

8. "国宝不再'沉睡'深宫、遥不可及，文物'活'了起来"这句话的意思是

   A 以前故宫的国宝很少展出

   B 以前人们很难见到故宫的国宝

   C 现在故宫的国宝成了人们了解历史的"活"化石

   D 现在人们想什么时候去看故宫的国宝都可以

9. 故宫"近几年一跃成为'网红'"的意思是

   A 故宫的建筑是红色的

   B 故宫有自己的网站

C 故宫的照片在网上随处可见

D 故宫成为人们关注的热点

10. 在"每个创意产品都配上'脑洞大开'的文案"这句话中,"脑洞大开"的意思是

A 很聪明

B 很兴奋

C 很有想象力

D 很有创造力

11. "简洁且文艺的文字风格"用下列哪个词语来形容最合适？

A 卖萌

B 诙谐

C 文雅

D 高深

12. 在"故宫要吸引更多的公众,推广我们的传统文化,就不能保持一成不变的严肃面孔"这句话中,"一成不变"的反义词是

A 墨守成规

B 推陈出新

C 固步自封

D 停滞不前

13. "去浙江美术馆看展览,已成为很多浙江人的一种生活方式"这句话形容的是

A 浙江人非常喜欢参观浙江美术馆

B 浙江人比较喜欢参观浙江美术馆

C 浙江人不太喜欢参观浙江美术馆

D 浙江人很不喜欢参观浙江美术馆

14. "将策展视角聚焦于观众的切身体验"指的是

A 注重人们参观博物馆的兴趣

B 注重人们参观博物馆的内容

C 注重人们参观博物馆的形式

D 注重人们参观博物馆的结果

15. 在"实现浙江人文精神的与时俱进"这句话中,"与时俱进"的意义着重于

A 注重历史

B 保持现状

C 开创未来

D 包括以上三者

16. 在"浙江美术馆以乡情为纽带,吸引艺术精品纷纷'回流'故里"这句话中,"纽带"起到的是

    A 连接作用

    B 稳定作用

    C 促进作用

    D 提升作用

17. 在"浙江美术馆还不断把触角向外延伸"这句话中,触角延伸的结果是指 _____ 了浙江美术馆的美育影响。

    A 扩大

    B 深化

    C 加强

    D 稳定

18. "填补乡村美育的薄弱环节"这句话的意思是

    A 给农村学校盖漂亮的房子

    B 为农村学校提供充足的资金

    C 培训农村学校的教师

    D 帮助农村学校发展美育

19. "栩栩如生的佛像"是指佛像

    A 美观大方

    B 活灵活现

    C 美轮美奂

    D 庄严肃穆

20. "络绎不绝的游客"是指游客的

    A 数量

    B 言语

    C 行为

    D 品德

21. "数字敦煌"的意思是

    A 统计敦煌石窟中文物的数量

    B 招聘更多的人为敦煌石窟工作

    C 对保护敦煌石窟的工作进行量化

    D 用高科技手段为敦煌石窟建立数字档案

22. "身临其境"形容情境

    A 美观

B 逼真

C 舒适

D 开阔

23. 本文中"休养生息、延年益寿"所指的对象是

　　A 游客

　　B 古迹

　　C 包括以上两者

　　D 以上两者都不是

24. "借助互联网，敦煌与世界仅有网速的距离"这句话的含义是

　　A 敦煌与世界的距离十分遥远

　　B 敦煌与世界的距离影响交流

　　C 敦煌与世界的距离有待缩短

　　D 敦煌与世界的距离不是障碍

25. "敦煌是开放的'结晶'"强调的是

　　A 开放的重要性

　　B 开放的必要性

　　C 开放的可行性

　　D 包括以上三者

26. 在"与罗湖一样，罗湖美术馆有着鲜明的改革与创新基因"这句话中，"改革与创新基因"指的是罗湖美术馆与罗湖具有相同的

　　A 历史

　　B 现状

　　C 特点

　　D 面貌

27. "潜移默化"这个成语是用来形容什么的？

　　A 原因

　　B 影响

　　C 动机

　　D 结果

28. 在"为罗湖观众带来一场可听、可视、可触、可嗅的艺术盛宴"这句话中，"可听、可视、可触、可嗅"可以使用下列哪一个成语来概括？

　　A 居安思危

　　B 身临其境

　　C 临危不惧

D 如履薄冰

29. "喜闻乐见"这个成语用来形容

　　A 很受欢迎

　　B 很受尊敬

　　C 很受鼓舞

　　D 很受激励

30. 在"把'艺术惠民'落到实处"这句话中,"惠民"的含义是

　　A 为老百姓考虑

　　B 给老百姓机会

　　C 让老百姓放心

　　D 对老百姓有益

四、阅读拓展：谈谈你最喜欢的博物馆

1. 历史博物馆
2. 文化博物馆
3. 艺术博物馆
4. 自然博物馆
5. 科学博物馆

第二部分　口语表达：讨论

一、观点提示

1. 博物馆是一个面向所有人开放的学习场所。
2. 博物馆藏品是人类文明发展的有力物证。
3. 博物馆应该成为学生课外活动的重要场所。
4. 参观博物馆是课堂学习的延伸与深化。
5. 我已在中国行万里路,参观博物馆使我的旅行更像读万卷书。
6. 我最喜欢参观自然博物馆。
7. 我最喜欢参观历史博物馆。
8. 我最喜欢参观艺术博物馆。
9. 在博物馆学到的知识让我终生难忘。
10. 各个国家的博物馆多种多样,是民族文化的结晶。

二、示范提纲

观点：参观博物馆是课堂学习的延伸与深化。

说明：

1. 上小学的时候我最喜欢参观自然博物馆，因为我对大自然充满了好奇心。我从小热爱大自然，很喜欢上自然课，也喜欢参观自然博物馆，老师在课堂上讲的很多有关大自然的知识我都可以在自然博物馆里找到，而且还能学到老师没有讲到的知识，尤其是那些栩栩如生的动植物标本，更是让我流连忘返。例如，我喜欢蝴蝶，而我生活在北京，一年中有半年比较冷，很少见到蝴蝶，这种缺憾可以在自然博物馆里得到弥补。

2. 上中学的时候我最喜欢参观历史博物馆，因为中学比较系统地开设了中国历史和世界历史课程。在历史博物馆里，我不仅可以看到关于各个历史阶段的图文并茂的说明，而且还能看到多得令人目不暇接的珍贵文物：琳琅满目的陶瓷、雕琢精美的玉器、庄严肃穆的青铜器等等。位于北京天安门广场东侧的中国历史博物馆，陈列着从不同地方出土的青铜器，展示了中国青铜时代的辉煌，让我深入了解了物质文明与精神文明之间的关系。

3. 上大学的时候我最喜欢参观艺术博物馆，因为我选修了很多艺术史方面的课程。艺术是人类文明的结晶，艺术的世界是那么引人入胜、震撼人心，那些美不胜收的艺术品往往能引起我思想与感情的共鸣。例如，在中国美术馆，我看到了许许多多让人难以忘怀的绘画作品，它们展示了各个历史阶段丰富多彩的生活场景与人文风貌，让我通过绘画了解了中国的历史和文化。

结论：

我非常喜欢参观博物馆，因为参观博物馆是课堂学习的延伸与深化，我从中学到了很多在课堂上学不到的知识。

三、话题词群

1. 博物馆分类：历史博物馆、文化博物馆、艺术博物馆、自然博物馆、科学博物馆
2. 博物馆作用：普及知识、进行教育、提高技能
3. 博物馆藏品：丰富多彩、琳琅满目、目不暇接
4. 选择博物馆：个人兴趣、专业需要、展品价值
5. 参观博物馆：引人入胜、震撼人心、流连忘返

四、参考用语

1. 博物馆是大众触摸历史、探寻古今社会文化和自然科学的重要窗口。
2. 博物馆应在实践中积极探索，以更开放的姿态把越来越多的优质内容呈现给大众。
3. 国宝不应该"沉睡"在深宫，让人们觉得遥不可及，应该让文物"活"起来。

4. 博物馆要吸引年轻观众，必须用年轻人的方式。
5. 博物馆以什么样的面貌向公众开放是一个永远值得探索的问题。
6. 文物不仅仅是博物馆的展品，更是我们了解历史的"活"化石。
7. 如果参观博物馆已经成了你的一种生活方式，你一定会获益匪浅。
8. 对于大中小学的学生来说，博物馆可以成为学校课堂的延伸。
9. 无论我去哪里旅游，我都会去参观那里最著名的博物馆。
10. 参观博物馆不能走马观花，应了解各种展品背后深刻的内涵。

话题十三　手机文化漫谈

话题背景

目前，手机已成为人们时刻不离的伴侣，它除了作为现代人不可或缺的通信工具外，还具有重要的文化功能，人们可以通过手机传情达意、消遣娱乐，因而便有了手机文化之说。手机文化是大众文化，关乎我们每一个人的交流方式与内容，成为近几年百谈不厌的热门话题。

教学目标

1. 能够从社会文化的角度看待今天人们使用手机的情况；
2. 掌握汉语中谈论手机文化乃至大众文化的常用词语。

热身活动

1. 列一个清单，归纳一下自己都用手机做什么；
2. 收集一些谈论手机文化的资料。

第一部分　阅读文章

提示　大学生是手机文化的主要受众和重要创造者与传播者，手机文化对大学生的行为方式、思维方式和价值观念产生了重要影响。大学生是民族和国家的希望，在信息时代引导大学生正确对待手机文化，是我们必须探讨的课题。本文试图从手机文化的工具特性和文化特质角度进行分析，探讨手机文化对大学生的影响，从而能够因势利导、趋利避害。

从手机文化的特征谈对青年大学生的影响

伴随着手机新媒体和大众文化的兴起，手机文化正潜移默化地塑造着人们的行为方式与思想观念。大学生是手机新媒体的**主力军**，是手机文化的主要**受众**，其世界观、价值观和人生观尚未完全**定型**，因而手机文化对大学生的影响尤为明显。大学生是国家与民族乃至世界的希望，因此在信息时代引导大学生正确对待手机文化是我们必须探讨的课题。

一、手机文化的特征

（一）手机文化的工具特征

手机本身是一种信息处理的移动终端，是一种工具、一种媒介，是继报纸、广播、电视、网络之后出现的"第五媒体"，凭借综合传播优势成为信息传播影响力最大的媒介。

1. 多功能性和高陪伴性

在信息时代，信息的获取与处理成为人们学习、工作和生活的基本需要。手机除即时通信功能外，还有社交、摄像、娱乐游戏、搜索信息、阅读新闻、交易支付、公共服务等多种功能，几乎覆盖了人们日常生活的方方面面，加上手机易携带，人们可以随时随地接收、处理并传播信息，因此被亲切地称为"带体温的媒介"。

2. 大众化和个体化

目前我国手机用户已超过11亿，这是其他媒介无法比拟的用户数量。手机用户不仅是文化信息的消费者与接受者，也是文化信息的生产者与传播者，任何人都可以参与到手机文化的创作与传播中。手机文化作为人们参与度最高的大众文化，冲破了权威与等级的限制，使每个人都可以在网络中表达自己、展现自己。与传统媒介相比，手机文化的大众性和个体性都有着更本质的体现。

3. 碎片化和图像化

手机理论上可以查阅与储存海量信息，但其屏幕的局限性使它无法与传统书籍相提并论，不适合长时间深度阅读，手机阅读呈现出简短化、碎片化、图像化等浅阅读特征。人们在处理学习与工作信息时可以切入娱乐、个人事务界面，同样也可以在娱乐休息时处理学习与工作信息，这使人们的零散时间被利用起来了，但它

机不离手，田琨摄

就像一把双刃剑，人们阅读与思考的连续性也因此被打断，成为一种碎片化的东西。

（二）手机文化的大众文化特征

手机文化是一种大众文化、商业文化。大众文化是与主导文化和精英文化相对而言的一种文化，是通过文化工业生产、以大众媒介为载体、依照市场规律运作、满足大众日常娱乐消费的一种文化形态，充分体现了娱乐性、世俗性和商业性的特征。

1. 娱乐性和消遣性

娱乐性和消遣性是手机文化的主要特点。现代都市生活给人们带来了工作与生活的双重压力，人们需要通过娱乐消遣放松一下或者打发闲暇时间。追求轻松享受、趣味**搞笑**是手机文化的重要特征，正迎合了人们的这种需求。人们接受手机文化不是为了探寻真理和理想，而是为了娱乐消遣，因此手机文化必然伴随着肤浅与娱乐的特征。

2. 世俗性和流行性

世俗性和流行性是手机文化的基本特点。手机文化主要关注与反映的是人们的日常生活，采取的是大众喜闻乐见、**通俗易懂**的形式，表达的是对大众情感的关怀。它打破了以往文化中单一性的"英雄叙事"或"**辉煌叙事**"，建构了"平凡叙事"的模式，突出了寻常事、平常心的文化意义。这既是对大众日常生活的回归，也在一定程度上消解了主导文化与精英文化的追求与反思。手机文化通过数字技术可以大批量复制生产，以巨大的数量占据市场，在大众中迅速传播，对大众产生强大的影响力。

3. 商业性和消费性

商业性和消费性是手机文化的本质属性。这一属性一方面通过资本运作和市场运作推动了手机文化的繁荣，另一方面必然会导致消费主义，而且商业性和文化性的结合更加**隐蔽**，让大众更加乐于接受，其结果是使**炫耀**性消费、**奢侈**性消费盛行。商业性和消费性的另一个**负面**效应是为了引人注目、提高点击率，不惜制造出**媚俗**、庸俗的文化垃圾，**污染**文化环境，产生消极影响。

（三）手机文化的青年**亚文化**特质

手机文化具有明显的青年亚文化的特质。青年亚文化是在青年群体中存在的不同于主流文化的文化形式，表现为行为方式、思维方式和价值观念的标新立异，是一种**次要**的、**边缘**的、从属的文化形式。

伴随着新媒体和手机文化的迅速兴起，青年亚文化的影响范围从小众团体走向整个社会青年，甚至影响到大众文化和主流文化。手机文化中的网络流行语、微博文化、**恶搞**文化等都属于青年亚文化的创造，其自由新颖的形式、轻松愉快的内容、另类**叛逆**的元素深受青年的热爱和追捧，具有青春性、对抗性、颠覆性。

1. 青春性和对抗性

青年亚文化是年轻人从少年向成年**过渡**时的一种精神诉求和生活探索。年轻人不满足于"父母文化"和主流文化的规则与要求，试图按照自己的情感与价值观创造出属于自己的文化符号与认同空间。他们希望通过各种方式来抒发青春的迷惘与孤独，**倾诉**学业、工作和生活中的**苦闷**，手机则为他们提供了极大的方便。

2. 创造性和颠覆性

以青年大学生为主力军和创造者的青年亚文化具有强大的创造力，与手机文化相结合，创造出形式多样的流行文化，如网络论坛文化、自拍文化、手游文化、粉丝文化、直播文化等等。他们对流行话语和热点事件进行模仿、改编与夸大，对传统经典进行**篡改**和恶搞，追新求异、张扬个性、**妙趣横生**、不乏创意，以狂欢化的文化消费求得压力的缓解与精神的解放。

二、手机文化对青年大学生的影响

当代大学生不仅是手机文化的主体受众，也是主要的传播者、参与者和创造者。麦可思公司调查显示，80%的中国大学生**日均**使用手机 5 小时以上，大大超过中国手机用户日均 3 小时的使用时间。手机文化正影响并改变着当代大学生的行为方式和价值观念。

（一）积极影响

1. 对行为方式的积极影响

青年大学生思维活跃，精力充沛，他们渴望认同，喜欢张扬个性，愿意了解外面的世界，并热衷于追求时尚，手机文化的特质对他们有着天然的吸引力。他们喜欢在手机社交平台上发布自己的最新动态，展现自己的**风采**和品位以获得他人关注；通过游戏在**虚拟世界**获得个人成就感；利用手机处理生活与学习中的各种事情。手机文化拓展了大学生学习、生活、社交、娱乐的方式，促进了他们自主学习和创新能力的发展，并有利于他们**宣泄**情绪、排解压力，获得归属感与认同感。

2. 对价值观念的积极影响

手机文化对大学生思想价值观的形成有一定的积极作用，为大学生提供了青年人特有的精神世界和文化空间，有利于大学生超越狭隘和陈旧的等级意识，形成自由平等、民主共享、开放包容的价值理念，进而使他们解放思想，充分张扬自己的个性。

（二）消极影响

1. 对行为方式的消极影响

手机深受大学生喜爱，甚至在课堂上学生们**也爱不释手**，有时会干扰学习，影响生活。手机文化的工具特性很容易使大学生的知识眼界局限在狭隘的个人文化**偏好**之中，总是进行碎片化阅读，只看不想，满足于无深度的文化消费，从而导致思考能力与书写能力**退化**。手机虽然增进了人与人之间的沟通频率，但现实中面对面的人际交往能力却被弱化了，有时孤独感反而更加强烈。

2. 对价值观念的消极影响

手机文化作为一种大众文化、青年亚文化，具有去主流意识形态、去中心化的倾向。手机文化的娱乐性、世俗性使青年大学生**过度**关注世俗生活和享乐，忽视了对社会责任感和崇高理想的追求，放弃了对历史、现实与未来"**宏大叙事**"的思考，导致理想信念淡化。"活在当下、乐在当下"成为现在一些大学生的人生**信条**，以至于使他们忽视了奋斗与创造的意义。此外，在社会转型的背景下，手机文化对主流文化和精英文化的消解作用也会对大学生产生负面影响。

手机文化是人类步入信息时代的成果，其趋势不可阻挡。我们要充分重视手机文化对大学生的影响，在理解并尊重大学生的选择与创造的同时加强对大学生的引导，关注学生的思想动态，用积极的主流文化与价值观引领大学生正确认识手机文化。大学生也应正确认识手机文化的本质和特征，**警惕**其商业性与娱乐性的负面影响，有意识地培养自己良好的道德品质、行为习惯和兴趣爱好，树立正确的人生观、世界观与价值观。

（选自《济南职业学院学报》2019年第1期，作者王睿、李艳红，有删改）

阅读理解

一、生词

1. **伴随**：bànsuí
   随同，跟随。
   例：伴随着生活水平的提高和医疗技术的进步，人类的寿命越来越长。

2. **主力军**：zhǔlìjūn
   担负作战主力的部队，比喻起主要作用的力量。
   例：建造这座大厦的主力军无疑是建筑工人，但我们的设计也是至关重要的。

3. **受众**：shòuzhòng
   指信息传播的接受者，主要包括报刊和书籍的读者、广播的听众、电影和电视的观众、网民等。

4. **定型**：dìngxíng
   事物的形状或人的性格等逐渐形成并固定下来。
   例：十几岁的孩子在各方面都没有定型，这时候的品德教育尤其重要。

5. **携带**：xiédài
   随身带着。
   例：这种大瓶的化妆品坐飞机时不能随身携带，必须托运。

6. **随时随地**：suíshí suídì
   指任何时间和地点。
   例：手机可以使我们随时随地和朋友分享各种信息。

7. **碎片化**：suìpiànhuà
   指完整的东西逐渐分散开来。反义词：聚合化。

8. **切入**：qiērù
   指从某个地方深入进去。
   例：写文章最好开门见山，直接切入正题。

9. **零散**：língsǎn
   零落离散。
   例：桌子上零散地放着几本书。

10. **双刃剑**：shuāngrènjiàn
    古代兵器单刃为刀，双刃为剑，现多指一种事物的两面性。
    例：网络游戏就像一把双刃剑，在给社会带来巨大经济利益的同时也带来了一系列负面效应，其发展面临着巨大的争议。

11. **运作**：yùnzuò
    指组织、机构等进行工作。
    例：如果公司资金不足，技术革新小组将难以运作。

12. **搞笑**：gǎoxiào
    制造笑料，逗人发笑。
    例：不要采取庸俗的手法搞笑，那样绝对不会受到人们的欢迎。

13. **通俗易懂**：tōngsú yì dǒng
    不深奥，很容易懂。
    例：这部文学作品情节引人入胜，语言通俗易懂，得到了各界人士的赞赏。

14. **辉煌**：huīhuáng
    光辉灿烂，比喻成就显著。
    例：今年我们公司能够取得辉煌的业绩，全靠大家齐心协力的努力。

15. **平凡**：píngfán
    平常，普通。
    例：我对功名利禄都没有兴趣，就喜欢过平凡而快乐的日子。

16. **隐蔽**：yǐnbì
    被别的事物遮住不易被发现。
    例：拍摄野生动物要找一个隐蔽的地方，否则它们会被吓跑的。

17. **炫耀**：xuànyào
    指从金钱、权力、地位等方面特意强调自己、看轻别人的行为。
    例：你现在向我们炫耀的一切都来自你的父母，什么时候你能展示一下完全属于你的东西？

18. **奢侈**：shēchǐ

   挥霍浪费钱财，过分追求享受。

   例：你既想过奢侈的生活又不想努力工作，这怎么可能呢？

19. **负面效应**：fùmiàn xiàoyìng

   此指不好的效果。

   例：玩电脑游戏既有正面意义也有负面效应，必须正确对待。

20. **媚俗**：mèisú

   指为了迎合世俗而缺乏思想与理智，只知道随波逐流。

   例：这种阐释中国文化的电视节目不仅不能媚俗，而且还应该揭示出中国文化的精髓来。

21. **污染**：wūrǎn

   有害物质对环境产生危害。

   例：企业在发展生产的同时必须注意治理环境污染，否则将会受到法律法规的惩处。

22. **次要**：cìyào

   不重要。

   例：我觉得文艺作品的内容是主要的，形式是次要的，形式要服从内容的需要。

23. **边缘**：biānyuán

   指周边的部分，有时有临界或不重要之意。

   例：在山水相接的边缘地带，动植物资源尤其丰富。

24. **从属**：cóngshǔ

   依从，附属。

   例：我们两家企业不是从属关系，而是并列关系，所以你们不能领导我们。

25. **叛逆**：pànnì

   即反叛，特指青少年成长过程中的反叛性格与反叛行为。

   例：中学生有一些叛逆行为很正常，要想解决他们的问题，首先要和他们进行沟通。

26. **过渡**：guòdù

   横越江河，现多指事情或事物由一个阶段转入另一个阶段。

   例：这房子太小了，对于我们来说只能是一个过渡，将来生了孩子肯定要换大一些的房子。

27. **迷惘：** míwǎng

   由于分辨不清而困惑，不知道应该怎么办。

   例：当你感到迷惘的时候就看看书，和朋友说说心里话，这样对你一定有帮助。

28. **倾诉：** qīngsù

   把心里话全部说出来。

   例：我一直将他视为知己，无论是快乐的事还是苦恼的事都会向他倾诉。

29. **苦闷：** kǔmèn

   苦恼烦闷。

   例：如果你觉得现在的工作让你感到苦闷，可以考虑换一个工作。

30. **篡改：** cuàngǎi

   用作伪的手段改动或曲解经典、理论、政策等。

   例：引用别人的文章绝对不能篡改，也不能断章取义。

31. **妙趣横生：** miàoqù-héngshēng

   形容语言、文章、美术作品等洋溢着美妙的意趣。

   例：我特别喜欢丰子恺的漫画，简直是妙趣横生。

32. **日均：** rìjūn

   平均每日。

   例：这家运输公司日均运输量很大，需要很多专职司机。

33. **风采：** fēngcǎi

   风度、神采，多指美好的仪表举止。

   例：这次高校运动会我们学校穿什么样的运动服要好好考虑，一定要展示出我们蓬勃向上的风采。

34. **宣泄：** xuānxiè

   吐露心中积累的不愉快的情绪。

   例：你可以宣泄自己的不满，但必须注意场合和方式。

35. **爱不释手：** àibúshìshǒu

   喜欢得舍不得放手。

   例：妹妹过生日时我给她买了一个洋娃娃，她非常喜欢，爱不释手。

36. **偏好：** piānhào

   对某种事物特别爱好。

   例：作为公司的高层领导，你绝不能凭借个人的偏好处理问题。

37. **退化**：tuìhuà

   指生物体在进化过程中某一部分器官变小，构造简化，机能减退甚至完全消失。泛指事物由优变劣，由好变坏。反义词：进化。

   例：中年以后，人的记忆力会随着年龄的增长而退化，但如果多动脑子的话，退化的速度会减慢。

38. **倾向**：qīngxiàng

   趋势，发展方向。

   例：最近我们足球队赢得多，输得少，队员们明显地有一种骄傲自满的倾向，这可不行，因为骄兵必败。

39. **过度**：guòdù

   指超过限度。

   例：过度劳累对身体的伤害很大，一定要注意。

40. **信条**：xìntiáo

   宗教信仰的条文或体系，泛指忠实遵守的准则。

   例：我的生活信条就是知足常乐，所以我总是很快乐。

41. **阻挡**：zǔdǎng

   阻止，拦住。

   例：他一定要去，就不要阻挡了。

42. **警惕**：jǐngtì

   指对可能发生的危险情况或错误倾向保持敏锐的感觉。

   例：我们要警惕那些虚假广告，不然就会花很多冤枉钱，甚至会有更严重的后果。

二、注释

1. 亚文化

亚文化又称集体文化或副文化，指与主文化相对应的非主流的、局部的文化现象，即在主文化或综合文化背景下属于某一区域或某个集体所特有的观念和生活方式。一种亚文化不仅包含着与主文化相通的价值与观念，也有属于自己的独特的价值与观念。亚文化有各种分类方法，如人种亚文化、年龄亚文化、生态学亚文化等。由于亚文化直接作用于人们生存的社会心理环境，其影响力往往比主文化更大，它能赋予人们可以辨别的身份和属于某一群体的特殊精神风貌。

2. 恶搞

"恶搞"由日本游戏界传入，首先进入中国台湾地区，成为中国台湾地区 BBS 网络上的一种特殊现象，再经由网络传到中国香港，继而传到中国内地（大陆）。"恶搞"的原意是指出于恶意的搞笑，在已有资源（如新闻图片等）的基础上加入各种新元素，使已有资源的格调和气氛大变，在很大程度上增强了搞笑的效果。

3. 虚拟世界

目前在互联网上所表现出的虚拟世界以计算机模拟环境为基础，以虚拟人物的化身为载体，是用户可以在其中生活、交流的网络世界。虚拟世界的用户常常被称为"居民"，可以选择虚拟的3D模型作为自己的化身，以走、飞、乘坐交通工具等各种手段移动，通过文字、图像、声音、视频等各种媒介进行交流。尽管虚拟世界来源于计算机的创造，但它又是客观存在的，在"居民"离开后依然存在。真实的人类虚幻地存在、时间与空间真实地交融，这是虚拟世界的最大特点。

4. 宏大叙事

"宏大叙事"的本意是"完整的叙事"，即无所不包的叙述，具有主题性、目的性、连贯性和统一性。宏大叙事是针对整个人类社会历史发展进程所进行的大胆设想和历史求证，其产生动机源于对人类历史发展前景所抱有的某种希望或恐惧，总要涉及人类历史发展的最终结局，总要与社会发展的当前形势相联系。宏大叙事与其说是一种历史叙事，不如说是一种历史构想，它因逝去的历史事实而证实，因未来的历史事实而证伪，既是史学家的希望和寄托，也是史学家的激励和追求。

三、阅读检查：简要回答问题

1. 为什么说"引导大学生正确对待手机文化是我们必须探讨的课题"？

2. 手机被称为"第五媒体"，另外四种媒体是什么？

3. 手机为什么被称为"带体温的媒介"？

4. 为什么说"与传统媒介相比，手机文化的大众性和个体性都有着更本质的体现"？

5. 为什么说手机是一把双刃剑？

6. 什么是手机文化的娱乐性和消遣性？

7. 什么是手机文化的世俗性和流行性？

8. 什么是手机文化的商业性和消费性？

9. 手机文化是如何表现年轻人的青春性和对抗性的？

10. 手机文化是如何表现年轻人的创造性和颠覆性的？

11. 手机文化对大学生的行为方式有什么积极影响？

12. 手机文化对大学生的价值观念有什么积极影响？

13. 手机文化对大学生的行为方式有什么消极影响？

14. 手机文化对大学生的价值观念有什么消极影响？

15. 应当怎样正确对待手机文化对大学生的影响？

四、阅读拓展：用下列词语造句

1. 潜移默化
2. 随时随地
3. 无法比拟
4. 相提并论
5. 喜闻乐见
6. 通俗易懂
7. 引人注目
8. 妙趣横生
9. 爱不释手
10. 不可阻挡

第二部分　口语表达：讨论/辩论

一、观点提示

1. 手机文化是现在最流行的大众文化。
2. 手机文化具有可以使用符号、交流方便、写作随意等大众文化特征。

3. 幽默短信给我们带来了能够随时随地享受的快乐。
4. 手机文化的开放性体现在它提供了公共言论的表达空间。
5. 手机文化随心所欲地传播到底好不好？
6. 手机是怎样带我们在真实世界中漫步的？
7. 从手机文化看现代交往方式的特征。
8. 手机文化的传播方式反映了当今读图时代的特点。
9. 如何利用手机做更有益的事情？
10. 手机是我最亲密的伴侣，我一刻也离不开它。

二、示范提纲

观点：手机文化的开放性体现在它提供了公共言论的表达空间。

说明：

1. 通过手机，信息共享能涵盖工作与生活的各个方面。例如，现在令人们爱不释手的微信，只要一有空，人们随时随地都在看，都在发。大到国家的大政方针，小到个人的衣食住行，都在微信圈里转来转去。一人发出，众人点赞的点赞，评论的评论，忙得不亦乐乎，各种信息就这样传遍了大江南北和海内外。

2. 所有的人都可以成为信息的发布者和接受者。凭借过去的传播媒介，人们无论是读报纸、听广播还是看电视，都只是信息的接受者，自己的声音没有渠道发出去。自从有了手机，尤其是有了微信，人们摇身一变，皆可成为信息的发布者。大众在信息传播方面终于有机会能够站在舞台中央，这是大众传媒发展史上的革命性变化。

结论：

手机文化的大众化特征决定了它表达空间的开放性，形成了谁都能参与、谁都能发言的公共表达空间，信息的共享涵盖了人们工作与生活的各个方面，所有个体都可以成为信息的发布者和接受者，单个的人也可以成为重要的社会力量并发出自己的声音。

三、话题词群

1. 文化类型：精英文化、大众文化、高雅文化、通俗文化
2. 文化特征：大众性、开放性、普适性、贴身性、视觉性、幽默性
3. 手机的功能：打电话、发短信、付款、上网、照相、记事
4. 手机的好处：交流方便、一机多用、应急需要
5. 手机的弊病：损伤眼睛、浪费时间

四、参考用语

1. 大众文化是由快感所驱动的文化，手机文化是其中的一种。
2. 发送幽默短信可以给人双重的快乐：自己编写短信的快乐与想象接收者看短信情形的快乐。
3. 目前的手机文化既能满足当代人的生活需求，又能满足当代人的精神享受。
4. 互联网使每个人都拥有一种能够在任何时间、任何地点传播某种信息的可能，单个的人也可以成为重要的社会力量。
5. 手机使人们的文化交流和社会活动变得更方便、灵活，甚至可以随心所欲。
6. 手机文化传播呈现出普适性、流动性、放射性的特点，手机用户不需要与他人面对面就能够与世界范围内的人进行随意沟通和交往。
7. 互联网可以带我们到网络空间里去漫游，可是它把我们固定在座位上；手机则把人从机器前面和紧闭的室内解放出来，送到大自然中去。
8. 手机传播正在把传统媒介的"广场文化"变为"私密文化"，把传统文化的聚合化变为碎片化。
9. 新媒体传播不仅改变了传媒工作人员的工作方式，更重要的是改变了人们的文化审美方式。
10. 视觉化形成了新的人与手机的文化关系，这是手机文化非常明显的传播特征，也是非常明显的文化问题。

五、口语表达拓展：辩论

辩论题目：手机文化利大于弊还是弊大于利？

正方观点：手机文化利大于弊。

1. 手机文化使我们随时随地享受快乐。
2. 手机文化使我们轻松愉快地增长知识。
3. 手机文化可以缓解我们生活和工作的压力。
4. 手机文化让大众成为信息的制造者与传播者。

……

反方观点：手机文化弊大于利。

1. 手机文化给我们带来的快乐包含着消极因素。
2. 手机文化带给我们的知识不一定是真正的知识。
3. 手机文化缓解人们压力的方式和内容不一定健康有益。
4. 手机文化的大众化产生了许多不实的信息与庸俗的内容。

……

话题十四　如何迈出人生关键的一步？

话题背景

　　每个人在自己的人生道路上都会面临一些关键性的选择，如求学、工作、交友、择偶等等，如何迈出关键性的一步往往是关系到未来发展方向及幸福生活的大事。因此，面对未来，我们在迈出关键性的一步时常常犹豫不决。这种情形在高考时表现得尤为明显，所以高考成为人们永不过时的话题。

教学目标

1. 通过中国的高考深入了解中国人的人生规划与人生轨迹；
2. 思考一下自己人生道路上的转折点。

热身活动

1. 回忆一下自己或朋友跟高考有关的故事；
2. 谈谈自己人生道路上关键的一步。

第一部分　阅读文章

提示　在中国，高考一向被认为是人生中十分关键的一步。时至今日，在高中生中依然流行着这样一句话：没有经历过高考的人生是不完整的。这足以说明高考对一个人的深远影响。本文选择了四则不同年龄、不同时期参加高考的人的回忆，他们都将高考放到自己人生的大背景下进行反思，使其作用与意义更加凸显出来。

我的高考故事

　　1977年12月，全国570余万名不同年龄、不同出身的求学者走进高考考场。这一年，高考制度的恢复奏响了改革开放的**序曲**。此后40多年，高考影响并改变了几代人的命运。40年来，高考在与时代的**共振**中不断变革，**折射**出中国社会发展变化的万千气象，亿万青年和无数个家庭的生活**轨迹**因为高考而改变了**走向**。

60后——感谢妈妈 指我前程

我叫阿超，出生于北京，是金融界从业者。

我1983年参加高考，至今已经过去35年了。由于当年高考录取率很低，所以能考上大学，在老师、同学、**街坊四邻**眼中，那可是一件非常值得骄傲的事，就像是在头上戴了一个**光环**。

我从小就喜欢动手**鼓捣**东西，还参加了学校和**少年宫**的**航模**兴趣小组，所以高考时**一门心思**想要报考**无线电**专业。可是，妈妈的想法却和我不同。她觉得大学如果学理科，毕业后就有可能被分配到外地，而她最大的愿望就是让儿子守在身边。在妈妈的坚持下，我从理科班转到文科班；也是在妈妈的坚持下，我高考志愿填报了当年在北京地区招生、在北京地区分配的北京财贸学院（后与北京经济学院合并为首都经贸大学），**攻读**金融专业。

当年的家长似乎不像今天的家长这般重视孩子的高考，又是请假陪考、又是订高考钟点房什么的。考试期间，我们同学都是自己来回。高考过后，妈妈才告诉我，其实她那几天一直请假**暗中**跟着我，直到看着我走进考场才放心。原来，妈妈知道我实在是不喜欢文科，怕我中途**弃考**。录取通知书下来了，我把它交到妈妈手里，说："给您考上啦！"语气中透着不喜欢和无奈。

谁知就是这个自己当初很不喜欢的金融专业，让我毕业后进入了中国改革开放的前沿领域，真切地感受到了改革开放的步伐，见证了中国金融行业从小到大不断成熟的过程，参与了国有企业走出国门、向国际化发展的工作。1987年大学毕业后，我先后在深圳、厦门等地的国有企业从事旅游、外贸等工作，因工作需要也曾被派驻新加坡、澳大利亚等国。后来我在一家大型国企金融公司任职20余年，其间因工作需要又考取了清华大学高级工商管理硕士学位（EMPA）。

40年前开始的中国改革开放，最先搞"活"的是沿海地区，最活跃的是经济领域。可以说，我作为一名上世纪80年代金融专业的大学毕业生是幸运的，因为我所学的专业使我有了广阔的**用武之地**。

现在想来，关于高考选专业这件事，我还得感谢妈妈。

80后——走出大山 回到大山

我叫陈泽恩，出生于宁夏，是村里的致富带头人。

我们家**祖祖辈辈**在大山里务农，如果没什么特殊原因，很少有人能够走出去。

我母亲去世比较早，全靠父亲一个人供我读书。父亲文化程度虽不高，但希望我能够考出大山，因为我的学习成绩一直都不错。

我上高中时，父亲在矿上打工的时候右臂骨折，两三年干不了**重活儿**，家里经济来源受到限制，我因此萌生了休学出去打工的想法。高二那年，我瞒着父亲，带着班上两个同学到工地打工，一天下来能挣30元。因为年纪小，在工地处处受人欺负，我和同学怏怏地回到学校，也想明白了：必须考出去！因为落下了不少课，我求老师、求校长，终于让我留了一级。重新上学后，我在笔记本上重重地写下了一句话：考不上大学誓不为人。

考上大学后，我看到了不一样的天地。当时我既要保证学业，又要寻找力所能及补贴学费的方法。2012年，我创立了光色墙绘工作室，给幼儿园、KTV等处的墙体包工绘画，赚了4万多元；2013年，我又与人合作在重庆成立了一家景观工程公司。那些年，清早穿着整洁干净的衣服出门，晚上灰头土脸地回到学校宿舍。大四的时候，我还干起了和雕塑有关的工作，挣了40万元，去掉学费、生活费等花销，净挣20万元，一毕业就买了车，对此父亲很是诧异。

大学期间一个偶然的机会，我发现了养蜂的巨大商业潜力。经过思想斗争，我决定回乡创业。你可以想象，全村第一个好不容易走出大山的大学生，现在却要回到大山里，乡亲们会怎么看？但是我坚信自己的眼光，坚信自己在农村照样能做出一番事业。

经过几年的发展，我的养蜂规模已经扩大到近300箱，年产蜜超过两吨，通过网络销售到全国各地，年收入50多万元。前年，我将家里的老窑洞装饰一新，成为村里的亮点。乡亲们眼见为实，终于相信了我的选择。现在我已成为村里的致富带头人，并影响到整个乡。现在乡里共有500多户养殖户、5000多箱蜂箱，平均每户能有上万元的增收。

如今回想起来，大学给了我什么？给了我眼界，给了我做事情的气魄，给了我开阔的心胸，还给了我接受新生事物的灵活性，让一个山里的孩子，不管在哪里都能看到未来的希望，并能为所看到的希望去努力。

50后——创作小说 自成一派

我叫秦俊，出生于河南，是一名作家。

前几日早上散步回来，街道上因有学校作为高考考场，交警一早就设障限制车辆通行和鸣喇叭。想起高考往事，我就激动甚至悸动，如果不是高考，我哪有如今的收获？可以说高考提升了我和家庭的地位，让我进入了一个崭新的天地。

我出生于1954年，家在中原贫困乡村。因为兄弟姐妹比较多，家里生活很艰辛。尽管爸爸妈妈终日辛勤劳作，但也未能改变家里的状况。我都20多岁了，在那时候的农村就是个大龄青年，亲戚热心介绍了几个姑娘，但都因为嫌我家兄弟多、没房子而告吹。

我上过高中，村里学校缺人，让我担任代课老师。1977年恢复高考，但因没人教课，领导坚决阻止我参加。翘首盼望到了来年，我终于得以报名。一个月不分日夜的奋战后，我走进久违难得的考场，以**轰动**全乡的高分考进了河南大学历史系。这里有范文澜、冯友兰等著名学者，也有邓拓、姚雪垠等知名校友，让我感到十分激动和新奇。那**汗牛充栋**、**琳琅满目**的藏书，给我打开了一个全新的世界。

毕业后，我到南阳**地方志**办公室工作，下决心努力编好志书，为领导决策提供参谋，为地方经济发展服务。我沉浸在家乡丰厚的历史和人文资源中**不能自拔**，从此走上创作道路，先后完成了《**大汉天子**》系列、《**春秋五霸**》系列、《**大宋天子**》系列共 18 部 700 多万字的作品。评论界认为这些作品"为忽略的**基层**社会的历史、普通民众的历史、日常生活的历史和民间文化的历史掸去灰尘，让它们重新发出熠熠光芒"。还有人评价："河南南阳的作家，从姚雪垠起，到今天的二月河、秦俊，都致力于历史小说创作，影响是不可低估的""秦俊的系列小说，带有鲜明的民间烙印，其民间视角的创作方法令他的小说**俨然**自成一派"。

读书能改变人的命运，田琨摄

90 后——手中有术　脚下有路

我叫郭芑然，出生于美国，是北京某影视制作有限公司的开发总监。

我始终认为，高考填报志愿时，每个青年都会多次向自己发问：我想成为什么样的人？数年后当你回忆高考时，就会开始思考：我为什么想成为这样的人？

父亲上世纪 80 年代考入北大生物系，研究生毕业后又去美国读书，我就是在这几年中出生的。小时候，父亲的睡前故事讲得慷慨激昂，从东周列国到莎士比亚，有史诗有传记。得益于此，在我脑海中扎根的并不是科学原理，而是对这个世界的感受。后来选择文理科时，**纵然**文科成绩好到**偏科**，但我依然选了理科，并不是追随"学好数理化，走遍天下都不怕"的名言，而是因为父亲的一句话："所有推动世界发展的事物都是由理科创造的。你去学理，才能更好地认识世界和改变世界。"

这话听起来十分**空泛**，但我信了，并且至今都相信，我能感受到理想主义在我身上延续，**笃信**个人努力可以改变命运。

高考结束后，我却又**弃理从文**，也是因为父亲的一句话："能够独立判断是非后，你应该自由选择人生道路。无论你是站上最高领奖台，还是回到小学门口开一家早点铺，只要你快乐，我们就快乐，也只有做自己真正热爱的事情，才能得到这份快乐。"

如今我也从父亲的母校研究生毕业了，但我没有从事科学研究，而是投身人文艺术。我想要证明，感受力同样是人类的宝贵财富，同样能改变世界，我知道自己为什么想成为这样的人。

如果说为高考所学的知识是"受教"，那么家庭所给予的便是"受育"。"教"使人手中有术，"育"使人脚下有路。手中有术，脚下有路，心里自然有光明。

（选自《人民日报》（海外版）2018年6月14日，作者阿超、陈泽恩、秦俊、郭芑然，节选并有删改）

阅读理解

一、生词

1. **序曲**：xùqǔ
   指歌剧、舞剧等开幕前演奏的短曲，也称开场音乐，比喻事情、行动的开端。

2. **共振**：gòngzhèn
   此指共鸣。

3. **折射**：zhéshè
   此指反映、表现。

4. **气象**：qìxiàng
   原指发生在天空中的风、云、雨、雪、雷、电等大气现象，也用来借指其他方面的景象。

5. **轨迹**：guǐjì
   指一个物体按照某种规律运动时所经过的路线，常用来比喻人生的经历或事物发展的过程。
   例：同学们离开大学后，各自有各自的生活轨迹，但回首读书时的往事，依然会觉得那么美好而值得留恋。

6. **走向**：zǒuxiàng
   指山脉绵延的方向，泛指事物发展的趋势。

例：近期股市动荡得厉害，走向很难预测。

7. **街坊四邻**：jiēfang sìlín
   即邻居。
   例：我考上大学时，街坊四邻都到我们家来表示祝贺。

8. **光环**：guānghuán
   光学上指光射线的环，天文学上指行星边缘的环，常用来比喻引人注目并值得夸耀的东西。

9. **鼓捣**：gǔdao
   反复摆弄，多指动手制作或修理。
   例：家里的洗衣机出了点儿问题，他鼓捣了半天也没修好，只好找工人来修了。

10. **航模**：hángmó
    航空模型的简称，包括飞机模型和其他飞行器的模型。

11. **一门心思**：yì mén xīnsi
    一心一意，集中精神。
    例：他一门心思搞技术革新，已经三个周末没有休息了。

12. **无线电**：wúxiàndiàn
    用电波的振荡在空中传送信号的技术。因为不用导线传送，所以叫无线电。

13. **攻读**：gōngdú
    指主修一门学科以获得该学科的学位和文凭，也指非常努力地学习或研究。
    例：我现在一边工作一边攻读博士学位，忙得不可开交。

14. **暗中**：ànzhōng
    黑暗之中，比喻暗地里或私下里。
    例：他遇到困难时不愿意接受朋友的帮助，所以我们只能在暗中帮助他。

15. **弃考**：qìkǎo
    放弃考试。

16. **用武之地**：yòngwǔ zhī dì
    指地形险要、非常有利于作战的地方。比喻可以施展自己才能的地方。
    例：要想让公司里的每个人都有用武之地，现在的人事制度必须改革。

17. **祖祖辈辈**：zǔzǔbèibèi
    世世代代。
    例：他们祖祖辈辈生活在大山里面，直到改革开放以后，才陆陆续续走出来一些大学生。

18. **重活儿**：zhònghuór
    非常消耗体力的劳动。
    例：装卸货物是个重活儿，尽管现在已经机械化了，但还是需要一定的人手。

19. **萌生**：méngshēng
    开始发生，产生，多用于抽象事物。
    例：萌生一个念头、萌生一线希望

20. **瞒**：mán
    隐藏实情，不让别人知道。
    例：这件事瞒不了多久，还不如早一点儿告诉他。

21. **欺负**：qīfu
    指用态度、动作、言语等对对方的身体、精神造成伤害的行为。
    例：他在学校里总是欺负小同学，这个问题要和他父母一起来解决。

22. **忿忿**：fènfèn
    愤怒不平的样子。
    例：你不要遇到什么事情都忿忿不平的，心态最好平和一点儿。

23. **誓**：shì
    发誓，表示决心。
    例：他下定决心要考大学，考不上大学誓不为人。

24. **包工**：bāogōng
    按照双方约定的条件，一方把一定的生产任务交由另一方负责完成。

25. **灰头土脸**：huītóu-tǔliǎn
    满头满脸沾上尘土的样子，形容非常劳累或办事不顺利。
    例：你怎么灰头土脸地回来了，事情办成了吗？

26. **净**：jìng
    纯，纯粹。
    例：他开的小超市这个月净挣了五万。

27. **诧异**：chàyì
    感到惊奇或奇怪。
    例：他在中国历史方面懂得特别多，可他说他是计算机专业毕业的，这让我感到很诧异。

28. **潜力**：qiánlì
    潜在的、尚未发挥出来的力量。

例：挖掘潜力、发挥潜力

29. 坚信：jiānxìn

    坚决相信，丝毫不怀疑。

    例：我们坚信，公司开拓国际市场的决定是正确的，尽管现在遇到一点儿困难，但我们能够克服。

30. 窑洞：yáodòng

    中国西北黄土高原上的穴居式民居。

31. 眼见为实：yǎn jiàn wéi shí

    眼睛看到的才是事实，含义是不要轻信传闻。

    例：中国有一句俗话：耳听是虚，眼见为实。

32. 养殖户：yǎngzhíhù

    以养殖家畜、家禽、水产等为生活来源的农户。

33. 眼界：yǎnjiè

    指目力所及的范围，引申为见识的广度。

    例：我们经常带孩子去国内外旅游，想要开阔他的眼界，增长他的见识。

34. 气魄：qìpò

    气势，魄力。

    例：作为公司的老板，不仅要有头脑，而且要有气魄。

35. 设障：shè zhàng

    设置障碍的简称，特指因某种需要在马路上设置禁行标牌。

    例：这里有一个剧场，每逢有演出时路口都会设障，汽车开不进去。

36. 悸动：jìdòng

    因情绪激动或紧张而导致心跳加速。

    例：她的心因兴奋而悸动，久久不能平静下来。

37. 辛勤：xīnqín

    勤劳而肯吃苦。

    例：辛勤劳动、辛勤工作

38. 告吹：gàochuī

    指事情、交情等宣告失败或破裂。

    例：他们双方的谈判没有达成一致意见，合作项目告吹了。

39. 翘首：qiáoshǒu

    抬起头来。

    例：在晴朗的晚上翘首仰望星空会让人产生无限的遐想。

40. **来年**：láinián
    明年。
    例：下雪了，瑞雪兆丰年，来年的收成一定会很好。

41. **久违**：jiǔwéi
    很长时间没有见面，多用于久别重逢的客套。
    例：久违了，这些年过得怎么样？

42. **轰动**：hōngdòng
    指事物出现后产生了巨大影响。
    例：中国京剧表演艺术家在欧洲的演出引起了巨大的轰动。

43. **汗牛充栋**：hànniú-chōngdòng
    用牛运书牛要累得出汗，用屋子放书装满了整个屋子，形容藏书很丰富。
    例：要想从汗牛充栋的古籍中找出我们所需要的内容相当不容易。

44. **琳琅满目**：línláng-mǎnmù
    满眼都是珍贵的东西，形容美好的事物很多。
    例：圣诞节快到了，商场里的东西琳琅满目，我想给妹妹买件礼物，真不知道买什么好。

45. **不能自拔**：bù néng zìbá
    指陷入某种境地，很难使自己从中解脱出来。
    例：作为一个高中生，你不好好学习，总是沉迷于电子游戏不能自拔，还怎么考大学？

46. **基层**：jīcéng
    各种组织中最低的一层。
    例：基层单位、深入基层

47. **掸**：dǎn
    拂去某种物体上的灰尘。

48. **熠熠**：yìyì
    闪烁的样子，形容闪光发亮。
    例：光彩熠熠、熠熠生辉

49. **烙印**：làoyìn
    烫在人、动物或器物上的火印，比喻不易磨灭的痕迹或留下的深刻印象。

50. **俨然**：yǎnrán
    很像。
    例：这孩子年纪虽小，说起话来俨然是大人的口气。

51. **慷慨激昂**：kāngkǎi-jī'áng

    指精神振奋、情绪高昂的状态，常用来形容充满正气的言语或行为。

    例：他慷慨激昂的演讲感染了在场的每一个人，大家报以经久不息的掌声。

52. **扎根**：zhāgēn

    植物的根向土壤里生长，比喻深入到人群或事物中去打下基础。

    例：作为一家大工厂的领导者，除了要有丰富的管理经验外，还应扎根基层，随时了解工人们的生产情况。

53. **纵然**：zòngrán

    用于偏正复句，表示让步关系，相当于"即使""纵使"。

    例：只读书不思考，纵然你把图书馆的书都读完了也不会有根本性的收获。

54. **偏科**：piānkē

    在所学课程中，某一门或几门课的成绩特别好或特别差。

55. **空泛**：kōngfàn

    内容空洞浮泛，不实际、不具体。

    例：文章的这一段内容比较空泛，再修改一下，最好用实例进行说明。

56. **笃信**：dǔxìn

    忠实地信仰，深信不疑。

    例：美国思想家爱默生有一句名言："人类的全部历史都告诫有智慧的人，不要笃信时运，而应坚信思想。"

57. **弃理从文**：qì lǐ cóng wén

    放弃理科改学文科。

二、注释

1. 少年宫

少年宫是中国政府为青少年提供公共服务的重要场所，在全国各地都有，孩子们可以在这里学习科学、人文和艺术等方面的知识，通过各种喜闻乐见的方式了解大自然和社会，培养多种多样的兴趣和爱好，还可以表演、锻炼身体、参与许多有益身心的游艺活动。

2. 中原

中原又称中土、中州、华夏，广义上指以洛阳至开封一带为中心的黄河中下游地区，狭义上指河南省，当与外族相对时也可泛指中国。"中原"本意为"天下至中的原野"，为华夏文明和中华文明的发祥地，是中国建都朝代最多、建都历史最长的地区。历史上有20多个朝代、300多位帝王建都或迁都于此，自古有"得中原者得天下"之说。古都洛阳、开封、安阳、郑州等，都在河南省。

3. 地方志

地方志又称方志，是详细记载某一地区地理、沿革、风俗、教育、物产、人物、名胜、古迹，以及诗文、著作等的史志，取材丰富，分类而述，是研究历史，特别是地方史的重要参考资料。《全国地方志联合目录》收录了中国历代方志 8200 余种，每种均注明卷数、版本、纂修者及藏书单位，方便人们参阅。

4. 春秋五霸

春秋五霸指春秋时期先后称霸的五个诸侯，说法不一：根据《史记索隐》，为齐桓公、宋襄公、晋文公、秦穆公、楚庄王；根据《荀子·王霸》，为齐桓公、晋文公、楚庄王、吴王阖闾、越王勾践。春秋时期周王室越来越衰落，诸侯国为了争夺天下开始争霸之战，相互合纵连横（合纵是战国时期纵横家苏秦提出的外交和军事政策，即秦在西方，六国土地南北相连，实行纵向联合对抗秦国；与合纵相对的是连横，指张仪主张六国与秦国横向联合对抗其他国家），前后共有数位诸侯成为霸主，这种状况为后来的兼并统一战争做了准备。

5. 东周列国

东周（公元前 770 年—公元前 256 年）是中国历史上的朝代，西周灭亡后，诸侯拥立原先被废的太子宜臼为王，即周平王，定都洛邑（今河南洛阳），史称东周。东周的前半期，诸侯争相称霸，称为"春秋时代"；公元前 453 年，韩、赵、魏三家分晋，各诸侯相互征伐，开启"战国时代"。公元前 256 年，秦灭东周。春秋战国与东周时间基本重合，故也常常混用。

6. 莎士比亚

莎士比亚（William Shakespeare，1564—1616）是英国文学史上最杰出的戏剧家，也是欧洲文艺复兴时期最重要、最伟大的作家之一，被公认为当时人文主义文学的集大成者和全世界最卓越的文学家之一。莎士比亚流传下来的作品包括 37 部戏剧、154 首十四行诗、2 首长叙事诗。他的戏剧有多种语言译本，且表演次数远远超过世界上其他戏剧家的作品，代表作有《奥赛罗》《哈姆雷特》《李尔王》《麦克白》。

三、阅读检查：判断正误

1．"高考制度的恢复奏响了改革开放的序曲"这句话的意思是高考制度的恢复预示着改革开放的开始。（   ）

2．"当年高考录取率很低"是因为当时想要考大学的人很少。（   ）

3．60 后阿超"一门心思想要报考无线电专业"是因为他非常喜欢这个专业。（   ）

4．阿超听从妈妈的建议考上北京财贸学院金融专业时非常高兴。（   ）

5．阿超大学毕业后一直在深圳、厦门的国有企业从事旅游、外贸工作。（   ）

6．"我所学的专业使我有了广阔的用武之地"这句话的意思是"我"的专业知识可以广泛地应用于"我"的工作中。（   ）

7. 80后陈泽恩现在正在带领他的乡亲们共同致富。( )
8. 陈泽恩的家人世世代代都是大山里的农民,但现在很多人都走出了大山。( )
9. 陈泽恩上高中时成绩不好,所以和几个同学一起出去打工。( )
10. "考不上大学誓不为人"表示的是一定要考上大学的决心。( )
11. 陈泽恩上大学时不好好学习,只想打工赚钱,所以他的父亲很生气。( )
12. 陈泽恩决定回乡创业是因为他在上大学时就发现了养蜂的巨大商业潜力。( )
13. 陈泽恩认为,他上大学最重要的收获就是获得了毕业文凭。( )
14. 50后秦俊小时候家庭生活十分困难。( )
15. 秦俊的高考成绩很好,所以考上了著名的河南大学历史系。( )
16. "汗牛充栋、琳琅满目的藏书"是指图书的装帧十分漂亮。( )
17. 秦俊后来成了一个著名的历史小说作家。( )
18. 90后郭芑然受父亲给她讲的历史与名人的故事影响很大。( )
19. 郭芑然的文科成绩很好,所以上大学时报考了文科。( )
20. 郭芑然现在正在从事科学研究工作。( )

四、阅读拓展:举例说明下列问题

1. 幼儿园阶段最重要的是什么?
2. 小学阶段最重要的是什么?
3. 初中阶段最重要的是什么?
4. 高中阶段最重要的是什么?
5. 大学本科阶段最重要的是什么?

第二部分 口语表达:讨论

一、观点提示

1. 人生总会面临一些关键性的选择。
2. 人生不能输在起跑线上。
3. 童年的教育是未来发展的基础。
4. 高中教育是一个人教育经历中最重要的一环。
5. 没有经历高考的人生是不完整的。
6. 大学专业的选择直接关系到未来事业的发展。
7. 出国留学是我人生道路上关键的一步。

8. 职业规划是否合理在很大程度上决定了职业生涯是否能取得成功。
9. 婚姻是人生大事。
10. 对于家庭来说教育孩子很关键。

二、示范提纲

观点：出国留学是我人生道路上关键的一步。

说明：

1. 出国留学使我具有跨文化交际意识，学会了从不同文化的角度看待和思考问题。例如，在周末要不要加班这件事情上，不同国家的人态度是不同的。有的国家的人认为周末加班是工作努力的表现，可以得到领导的赏识与同事的好评；而有的国家的人则认为周末休息时间是神圣不可侵犯的，绝对不能加班。对于这种事情，我们最好的态度与做法就是入乡随俗。

2. 出国留学能全方位提高我的外语水平，而外语可以帮助我增长知识、开阔眼界。例如，每一个国家都有自己独特而灿烂的历史与文化，如果懂得与之相关的语言，就能广泛而深入地了解它们，如果还可以与使用这种语言的人进行面对面的交流，进一步了解书本上没有的东西，那就更加难能可贵了。与此同时，在现代这个全球化的时代，多懂一种外语就增加了许多工作与发展的机会。

3. 出国留学能增强我独立生活的能力，使我能够较好地应付生活中发生的各种事情。例如，留学一定是在异国他乡，遇到问题虽然也可以找同学和朋友帮忙，但不像在国内那样有父母可以依靠，而且处理问题时还会有更多的障碍，像不一定很精通所在国的生活用语、不够了解所在国的国情等情况非常常见。如果能把问题处理好，那独立生活的能力就得到了更好的锻炼。

结论：

综上所述，出国留学可以使我具有跨文化交际意识，能全方位提高我的外语水平，还能增强我独立生活的能力，所以我觉得出国留学是我人生道路上关键的一步。

三、话题词群

1. 人生历程：童年、少年、青年、中年、老年
2. 高中：路在脚下、稍纵即逝、天道酬勤、笨鸟先飞
3. 高考：随机应变、灵机一动、功亏一篑、金榜题名、名落孙山
4. 大学：学海无涯、如饥似渴、自强不息、一专多能、品学兼优
5. 工作：职业规划、职业培训、职业发展、职业生涯

四、参考用语

1. 人生的道路很漫长，但关键处只有几步。
2. 我不相信"人的命，天注定"的说法，我相信人的命运通过自己的努力是可以改变的。
3. 高考是影响和改变一个人命运的大事。
4. 大学教育给了我眼界，给了我气魄，给了我专业知识与技能。
5. 大学里的课程与书籍给我打开了一个全新的世界，让我感到激动和新奇。
6. 一年之计在于春，一日之计在于晨。
7. 过错是暂时的遗憾，而错过则是永远的遗憾。
8. 成功与失败都很重要，成功了是经验，失败了是教训，成功与失败都对未来有帮助。
9. 只有回不了的过去，没有到不了的明天，在任何时候我们都要为明天努力。
10. 机会总是留给那些有准备的人，我们要做的就是时刻准备着。

话题十五 你的择偶标准是什么？

话题背景

门当户对是中国人传统的择偶标准。随着中国社会经济与文化的快速发展，当代年轻人的择偶标准发生了很大的变化。一项以中国改革开放后的高校女生为对象的调查发现，门当户对的择偶观念至今仍然存在，但是已经发生了内涵上的变化，主要体现为从重家庭到重个人、从重外在到重内在、从重物质到重精神等方面。

教学目标

1. 初步了解改革开放以来中国年轻人的择偶标准；
2. 了解年轻人的择偶标准发生变化的社会背景。

热身活动

1. 认真思考一下自己的择偶标准；
2. 准备一两个家人或朋友的婚恋小故事。

第一部分　阅读文章

提示　婚姻是人生中的一件大事，而结婚之前的择偶是婚姻幸福的基本保证。不同时代的人们有着不同的择偶观念，在这些观念的背后，是深层次的社会经济与文化背景。在了解中国当代年轻人择偶标准的同时，应该有意识地进一步了解中国国情，尤其是1978年中国实行改革开放政策以来发生的巨大变化。

"门当户对"的现代内涵
——以新时期高校女生的择偶标准为例

择偶即选择自己的结婚对象，是缔结婚姻、成立家庭的必要**前提**，影响着婚姻的幸福、家庭的稳定**乃至**社会的**和谐**。择偶标准即一个人选择结婚对象的条件和要求，是家庭社会学的重要课题。

不同的历史时期，人们有不同的择偶标准，这反映了社会经济与文化的**变迁**。门当户对是我国传统社会的婚姻匹配原则，这一观念曾被看作是封建糟粕，因为它剥夺了很多相爱之人的幸福。改革开放以来，我国的社会生活发生了重大变化，各种新观念、新思想层出不穷，婚姻观念也不例外。那么人们的择偶标准发生了什么变化？门当户对的观念是否依然是现代人选择伴侣的标准？为了更好地分析当今年轻人对于门当户对观念的认识，本文选取高校女生为研究对象进行了相关调查，因为高校女生"作为社会上的一个特殊群体，在心理和生理上都呈现出青年女性的敏感多变性，社会上的各种复杂因素，如金钱、权力、地位等，也会潜移默化地改变她们对恋爱和婚姻的态度"①。

本文所采用的数据是我国第三期妇女社会地位调查中高校女生群体的访谈数据。高校女生指国家统一招收、全日制在读的高校女性本科生、硕士生和博士生。本调查共访谈个案40人，包括男女大学生、男女硕士生和男女博士生，并组织焦点小组访谈2次。本文将以这些数据为基础，分析当代高校女生的择偶标准，探讨门当户对观念在当今社会的新内涵。

一、门当户对观念的历史内涵

在《礼记》中，"婚姻"被界定为"合二姓之好，上以事宗庙，下以继后世"的行为，因而在我国传统社会中，婚姻从来都不是两个人的事情，婚姻谋求的是家庭乃至家族的利益。门当户对一直是上至皇亲国戚、下至市井平民普遍遵循的择偶标准。

所谓门当户对，即指男女双方的社会地位和经济状况相当，很适合结亲。这一方面是封建道德占国家主导地位的社会大环境所致，另一方面也是为了维护家族权威、阶级名望和经济利益。中国著名社会学家费孝通在《生育制度》中写道："高度契洽不易凭空得来，只有在相近的教育和人生经验中获得。门当户对的标准也就是保证相配的人文化程度相近，使他们容易调适。"②这种婚姻匹配方式虽然在一定程度上维护了婚姻的稳定性，但其弊端也是明显的，它不考虑当事人的个人利益和情感需求，而是以双方的家庭经济地位和社会地位为标准，个人情感要服从家庭利益。

封建社会等级森严，如南北朝时期的士族和庶族互不通婚。每个阶级，尤其是所谓的上层阶级，为

门当户对是传统的择偶观念，田琨摄

---

① 赵树勤、陈洁（2014）当代女大学生婚恋观的调查分析，《山东女子学院学报》第6期。
② 费孝通（1998）《乡土中国生育制度》第137页，北京大学出版社。

了保持自身血统的纯洁性和社会地位的长久性，往往通过**联姻**的形式来巩固家族的地位，清代曹雪芹的长篇小说《红楼梦》里贾、史、王、薛四大家族联姻就是一个典型的例证。除统治阶级以外，农民是人数最多的群体，受封建等级制度的影响，他们也只能在本阶级内部寻找配偶。因而在封建社会中，较高阶层的家庭往往会强调门当户对的择偶观念，鼓励子女在本阶层内部通婚，甚至以"父母之命、**媒妁**之言"为由实行包办婚姻，使婚姻成为维持现有社会结构的工具。

二、门当户对观念在现代社会中的体现

在现代社会，人们的择偶标准已经发生了变化。那么，作为具有较高文化素质的高校女生，其择偶标准如何？门当户对的观念对当今高校女生而言，是否还是一种择偶标准？如果是，其内涵有何变化？关于这些问题，我们对不同城市的高校女生进行了访谈，很多女生表示比较看重门当户对。

一位自认为家庭条件较差的女生说："对方家庭背景不要太好，那可能不太适合我。因为我们家里条件不是很好，门当户对，差不多就可以了。"

许多男生也有这样的观点："因为我自己就是农村出来的，所以说我不会注重家庭背景。但是有一点，家庭背景特别好的我基本上不会考虑，因为在那种情况下，我觉得即使走到一起了，也不会特别如意。"

学生的这些话都反映出，在择偶过程中，门当户对的观念依然存在，人们更重视双方之间的对等，因为不平等的条件会让条件低的一方感觉到巨大的压力。

不过，也有要求对方的家庭条件高于自己的。一位女生说她母亲对她择偶的要求是："对你好，比咱们家条件好就行。"该女生自己也表示："家庭条件必须比我家好，如果双方家庭条件都很差的话，将来的负担会更重。我现在就觉得自己压力挺大，家里现在就指望着我有出息，将来我还要**养家糊口**。"这是某高校的一个贫困生，她的家庭条件不好，父母均务农，下面还有一个弟弟，为了

择偶观念与时俱进，田琨摄

减轻家里的负担，她经常在假期打工。在择偶问题上，母亲希望她找个**家境**较好的对象。因为改善全家人生活状况的**重担**落在了她身上，所以她不在乎对方是否有学历、家在城市还是农村，只要家境比她好就行。

三、门当户对观念的现代内涵

既然现在人们择偶时依然有门当户对的观念,那么我们就有必要深入探究一下门当户对的现代内涵是什么。

(一)从重视家庭到重视个人

从相关学者对我国择偶标准变迁的研究中可以知道,家庭是择偶时的一个重要**考量**因素。在传统的门当户对的观念中,首先注重的是家庭的社会地位。在新中国成立后相当长的一段时间内,"家庭出身"成了择偶的首要标准。后来,随着社会的转型和市场经济的发展,人们对经济的要求成为更为重要的考量因素,那么现在高校女生在这方面的要求是什么呢?

在访谈中,大部分女生表示不会太看重对方的家庭出身,但还是会在意对方的经济条件。

"如果我确信他是一个很有能力的人,现在没有钱不是问题,但**一贫如洗**肯定不行。"

"其实我爸妈要求很低,只要这个男孩子挺上进的,两个人感情好就可以了。可能到最后**谈婚论嫁**的时候,家人也会考虑房子之类的事情。我爸妈说:'一毛钱不给也没关系,只要你们俩感情好。'但他们还是希望对方能有一点儿物质基础,因为生活也不是**空中楼阁**。"

"希望我的男朋友能够在事业上有成就,对我好。我对长相没什么要求,但经济上不要太差,只要让我不愁吃、不愁穿就行了。如果我整天**饥寒交迫**,只是为了所谓的爱情和他在一起,可能有一天会精神崩溃。"

"要是结婚的话我觉得要有一定的经济基础,比如说,最好是有房。如果没有房的话,也不要太穷。"

由此可见,高校女生在择偶时虽然不会过于在乎对方的家庭条件,但很显然对经济因素的考虑是有的,比较注重婚姻的现实性。这种现象曾被看作是女大学生择偶标准**功利化**的一个体现。从现实情况看,随着城市生活压力的增大,高校女生在婚姻选择上表现出了**务实**和**理性**的态度,考虑问题更加功利化和物质化,希望通过婚姻改变自己的经济状况,提升自己的生活水平和幸福指数。

在访谈中,"个人能力""**潜力股**"是经常被提到的词。女生们表示,她们首先看中的是对方的能力。某女生在谈到自己的择偶标准时说:"女生找男朋友要找一个'潜力股',就算年轻的时候没什么钱,但以后的发展潜力会很大。"

一位女硕士说:"有的女生可能会很现实,会看重对方有没有房子和车子,但我不在乎这些,关键是他自己怎么样。"

在这里,女生对于能力和"潜力股"的要求,反映了她们对择偶对象个人素质的看重,同时也暗含着对物质条件的追求。对"潜力股"的追求表现出她们对对方未来发展的期待,意味着她们可以忍受今天的贫困,但相信他未来会有较好的经济条件。同样是对经济条件的追求，但显然门当户对的现代内涵已经从对家庭经济条件的看重，转变为对个人能力的看重。

（二）从重视外在到重视内在

这方面主要表现为：

1. 外貌不大重要

在中国的传统文化中，男才女貌被认为是男女两性择偶时的理想**取向**。女性看重男性的才能，而男性重视女性的外貌。**社会交换理论**也认为，男才女貌实质上是一种异质交换关系。在访谈中发现，时至今日，女性对男性的外貌仍不太看重。不少女生表示，自己选择配偶时对长相没有很高的要求，只要看着**顺眼**就行了。但也有人强调，会看重对方的身高："长相不是很重要，但是要高大，一定要比我高。"

2. 学历的重要程度下降

学历代表了一个人受教育的程度，是个人文化资本的象征，也是择偶标准中的一个重要因素，门当户对也意味着学历的匹配。在访谈中，某女生认为："学历我不太在乎，只要这个人有能力就行，我一直觉得学历不代表什么。"

学历，曾经是择偶的一个重要标准，因为学历高意味着受教育程度高。然而随着社会的发展，能力的作用越来越突出，高学历低能力的人在社会上并不**吃香**。

当然，在一般情况下，相近的学历水平意味着相似的价值观，双方更容易交流和沟通。在访谈中笔者发现，高校女生的年龄和对对方的学历要求之间存在一定的关系，随着女生年龄的增大，对对方学历的要求有可能降低。我们在对女硕士生和女博士生的访谈中发现，很多女生不愿意读博士。

"好多女生愿意读硕士，却不愿意读博士，因为读博士时间太长，毕业以后岁数就太大了。而且学历太高，男朋友也不好找。我身边的一个女博士说：'我找男朋友没有什么要求，只要对方不**嫌弃**我学历太高就好。'"

对于女生而言，读博士，一方面年龄增大，不利于择偶，另一方面学历太高，怕对方嫌弃，因而女博士的心理压力较大。她们的压力一方面来自自己，因为想法很传统，认为女人的幸福在家庭，另一方面来自当前的社会规定，学历越高，能与其匹配的男性就越少，因为男性既可以接受比自己小很多的女性，也可以接受条件不如自己的女性，而女性则不然。

3. 人品越来越重要。

人品即人的品德，人品好的人才能对婚姻和家庭负责任。在访谈中，女生们普遍认为，女性选择结婚对象，很重要的一点是对方人品要好。

"我觉得最重要的是对方要有责任心，然后就是脾气好一点儿，而且要**孝敬**父母。"

"我觉得他一定是一个很有**担当**的人。我们彝族有很多习俗，要求对方会处事，但是这种处事不是**圆滑**,而是他知道遇事应该怎么做,因为我们那里有很多规矩,他要懂得。"

"人品我是非常**看中**的。"

对人品的看重,反映了高校女生择偶时普遍追求内在美,是一种现实和理性的态度。

(三)从重视物质到重视精神

门当户对的传统内涵中首要的就是对物质条件的追求。在高校女生中,她们所认同的门当户对,已经从重物质转变为重精神。

在访谈中,当被问及如何理解门当户对时,部分女生用"性格好""**合得来**"这样的词语进行表述,认为双方的**情投意合**是幸福婚姻的重要保障。

"性格方面要合得来,起码两个人在一起感觉挺舒服的。"

"其实在生活中真正遇见的时候,很多外在的东西是没有必要的,最主要的还是性格,两个人能合得来。我身边的朋友谈恋爱时,有很多人因为性格不合而分手。"

不仅女生择偶时会在乎对方的性格,一些男生也持这种观点,如武汉的一位男生认为,在谈恋爱时,首先要找一个合得来的。

"合得来"这种说法反映了一种精神上的愉悦和**默契**。相对于物质而言,这是更高层次的追求,说明高校女生在择偶时对精神方面的看重。

愿有情人终成眷属,田琨摄

一个女硕士这样说:"我不是很看重外在的东西,我觉得那种所谓的嫁得好不是真正的嫁得好。如果两个人的家庭背景差太多的话不是很好,因为物质环境在一定程度上决定了一个人的观念。我觉得嫁得好应该是夫妻之间有共同语言，可以互相促进，对方可以让你变成一个更好的人，而不是说让你住上大房子、开上高级车。当然，最基本的物质生活还是要有保障的。"

"我不是很看重房子、车子，这些对我来说根本就不是问题，有更好，没有的话也可以一起打拼。有钱一顿吃500很高兴，没钱一顿吃50也过得下去。"

由此可见，高校女生在择偶时非常看重精神层面的契合，在物质条件越来越丰富的当今社会，对精神的追求更让人向往。

综上所述，当今高校女生的择偶标准呈现出多元化的趋势，在社会经济发展的过程中，传统文化与现代文化的**交融**、外来文化与本土文化的碰撞都影响着她们的择偶观念。她们一方面崇尚自由，张扬个性，追求自己的幸福，另一方面也希望凭借婚姻实现个人的向上流动。在某种程度上追求具有新内涵的门当户对，即从注重家庭到重视个人、从注重外在到注重内在、从注重物质到注重精神，这反映出当代高校女生的择偶标准处于传统观念与现代观念的交融之中。

（选自《山东女子学院学报》2017年第3期，作者李芳英，有删改）

阅读理解

一、生词

1. **缔结**：dìjié
   建立某种关系或订立某种条约。
   例：缔结良缘、缔结条约

2. **前提**：qiántí
   指事物的先决条件或先决因素。
   例：我们可以考虑给你们投资，但前提是你们必须有合法的公司资质。

3. **乃至**：nǎizhì
   甚至，以至于。
   例：一本好书可以对一个孩子的成长乃至未来的发展产生深远的影响。

4. **和谐**：héxié
   配合得当。
   例：这幅风景画色彩很和谐，看起来很养眼。

5. 变迁：biànqiān
   事物变化转移。
   例：随着时代的变迁，我们的观念也要不断更新。

6. 封建：fēngjiàn
   指封建社会形态。
   例：封建思想、封建糟粕

7. 剥夺：bōduó
   用强制的方法夺去或按照法律取消。
   例：剥夺他人的劳动成果是一种可耻的行为。

8. 伴侣：bànlǚ
   指同在一起生活、工作或旅行的人，也特指夫妻。
   例：他们夫妇不仅是生活上的伴侣，同时也是志同道合的朋友。

9. 敏感：mǐngǎn
   感觉敏锐，对外界事物反应很快。
   例：有些动物对天气变化非常敏感。

10. 焦点：jiāodiǎn
    事情的关键所在或争论的中心问题。
    例：你刚才谈到的事情并未涉及问题的焦点，不足以支持你们的观点。

11. 界定：jièdìng
    划定界限，确定所属范围。
    例：一个年轻人是否成熟很难界定，我也不敢说我自己现在是不是成熟了。

12. 宗庙：zōngmiào
    帝王或诸侯祭祀祖宗的处所。

13. 皇亲国戚：huángqīn guóqī
    皇帝的亲戚。

14. 市井平民：shìjǐng píngmín
    街市上的普通百姓。

15. 结亲：jiéqīn
    两家因子女婚姻而成为亲戚。

16. 名望：míngwàng
    名声与威望。
    例：他虽然是一位非常有名望的科学家，但总是以谦逊的态度待人。

17. 契洽：qìqià
    即融洽，指双方感情很好，没有隔阂与矛盾。

18. **调适**：tiáoshì

    通过协调使合适。

    例：焦虑情绪会影响身心健康，因此要学会自我调适。

19. **森严**：sēnyán

    整齐严肃，多形容防守严密。

    例：壁垒森严、戒备森严

20. **联姻**：liányīn

    两家由婚姻关系结成亲戚，比喻双方或多方联合或合作。

    例：企业和科研机构联姻有利于开发新产品。

21. **媒妁**：méishuò

    即媒人，指婚姻介绍人。

22. **出息**：chūxi

    指发展前途或志气。

    例：不管做什么工作，只要认真做好了，就是有出息。

23. **养家糊口**：yǎngjiā húkǒu

    指勉强养活家人。

    例：他出生在一个小山村，父母靠种植果树来养家糊口，十分辛苦。

24. **均**：jūn

    都。

    例：这两家公司为了双方合作的具体条款商谈了三次，均未达成一致意见。

25. **家境**：jiājìng

    家庭的经济状况。

    例：家境贫寒、家境优裕

26. **重担**：zhòngdàn

    沉重的担子，比喻繁重的责任。

    例：在工作中要勇于挑重担，那种拈轻怕重的思想和行为都是不对的。

27. **考量**：kǎoliáng

    思考衡量，指对事物进行深入的思考和判断。

    例：我反复考量之后，决定先不找工作了，先考研。

28. **一贫如洗**：yìpín-rúxǐ

    穷得像用水洗过似的，一无所有，形容非常贫穷。

    例：他刚参加工作时一贫如洗，经过多年的奋斗，现在已经成了一个成功的商人，并且有了一个幸福的家庭。

29. **谈婚论嫁:** tán hūn lùn jià
   指讨论婚嫁问题。
   例: 你已经到了谈婚论嫁的年龄,必须要考虑婚姻问题了。

30. **空中楼阁:** kōngzhōng-lóugé
   指悬于半空中的城市楼台,比喻虚构的事物或不现实的理论、方案等。
   例: 你们这个方案好是好,可怎么实现呢?实现不了那就是空中楼阁。

31. **饥寒交迫:** jīhán-jiāopò
   又饿又冷,指生活状况非常差。
   例: 他的爷爷奶奶小时候都经历过饥寒交迫的日子,尽管现在生活条件好了,他们依然很节俭。

32. **功利化:** gōnglìhuà
   非常注重眼前物质上的功效和利益。
   例: 我发觉你现在越来越功利化了,我想提醒你一句:人无远虑,必有近忧。

33. **务实:** wùshí
   讲究实际,做实事。反义词: 务虚。
   例: 研究项目马上就要启动了,咱们不能再务虚了,赶紧务实吧。

34. **潜力股:** qiánlìgǔ
   指在未来一段时期存在上涨潜力的股票,在此借指有发展前途的年轻男性。

35. **取向:** qǔxiàng
   选取的方向;趋向。
   例: 价值取向、审美取向

36. **顺眼:** shùnyǎn
   指符合心意,看着舒服。
   例: 选择男朋友时我对相貌的要求不是很高,看着顺眼就行。

37. **吃香:** chīxiāng
   受欢迎,受重视。
   例: 品德好、水平高的人在哪里都吃香。

38. **嫌弃:** xiánqì
   因厌恶而不愿意接近,有时也用于谦辞。
   例: 谁都有缺点,你不能随便嫌弃别人。

39. **孝敬:** xiàojìng
   孝顺尊敬,指尽心尽力奉养父母,并遵从父母的意志。
   例: 孝敬老人是中华民族的传统美德。

40. **担当**：dāndāng

   承担起责任或义务。

   例：一个男人，必须讲道义，有担当。

41. **圆滑**：yuánhuá

   指为人处世各方面善于讨好，不讲原则，含贬义。

   例：他这个人很圆滑，有的时候你不知道他是不是真心对你好。

42. **看中**：kànzhòng

   经过观察，感觉合意。

   例：这家服装店的裙子很时髦，总会有你看中的款式。

43. **合得来**：hédelái

   性情相合，能够很好地相处。反义词：合不来。

   例：我和我的女朋友很合得来，尤其是都喜欢音乐。

44. **情投意合**：qíngtóu-yìhé

   形容双方思想感情很融洽。

   例：我和大学时的同屋都是情投意合的朋友。

45. **默契**：mòqì

   双方的意思没有明说但彼此都了解。

   例：他们俩在篮球场上配合默契，但一遇到专业问题总是争论不休。

46. **保障**：bǎozhàng

   起保障作用的事物。

   例：安全是生产的保障。

47. **打拼**：dǎpīn

   努力去干，拼搏。

   例：说到为生活而打拼，大城市的年轻人自然要辛苦一些。

48. **交融**：jiāoróng

   交汇融合。

   例：这段描写情景交融，非常精彩。

二、注释

1. 士族和庶族

魏晋南北朝时期，社会等级十分森严，有士族、庶族之分。士族是地主阶级内部逐渐形成的世代读书做官的大族，在政治、经济各方面享有特权；而庶族又称"寒门""寒族"，大多为普通中小地主。由于士族长期拥有政治特权，生活奢侈腐化，逐渐失去了统治能力，这时庶族地主便以武职为升官阶梯，通过军功掌握军权进而取得政权。后来士族衰落，庶族兴起，魏晋及南朝的朝代更替也是士族与庶族势力消长的过程。

2.《红楼梦》

《红楼梦》又名《石头记》，是中国古代章回体长篇小说，作者为清代杰出小说家曹雪芹（1715—1763）。曹雪芹，名霑，字梦阮，号雪芹，江宁（今江苏南京）人，经历了从钟鸣鼎食到家族破败，对封建社会有更清醒而深刻的认识，由此创作了极具思想性的巨著《红楼梦》。《红楼梦》以贾、史、王、薛四大家族的兴衰为背景，从富贵公子贾宝玉的视角描绘了封建社会末期的人生百态，展现了真正的人性美和悲剧美。该书规模宏大，结构严谨，人物复杂，情节生动，是中国古代长篇小说的一座高峰，在世界文学史上也有很高的地位。关于曹雪芹及《红楼梦》的研究成果十分丰厚，以至形成了一种专门的学问——红学。

3. 社会交换理论

社会交换理论是20世纪60年代兴起于美国、进而在全球范围内广泛传播的一种社会学理论，由霍曼斯（George Casper Homans）创立，代表人物还有布劳（Peter Michael Blau）等人。该理论强调人类行为中的心理因素，因此也被看作是一种行为主义社会心理学理论。这一理论主张人类的一切行为都受到某种能够带来奖励和报酬的交换活动的支配，因此人类一切社会活动都可以归结为一种交换，人们在社会交换中所结成的社会关系也是一种交换关系。

三、阅读检查：选择正确答案

1. "择偶"的意思是
   A 选择结婚对象
   B 缔结婚姻
   C 成立家庭
   D 包括以上三者

2. 在"这一观念曾被看作是封建糟粕"这句话中，"糟粕"的反义词是
   A 优势
   B 精华
   C 特长
   D 胜算

3. "层出不穷"这个成语一般用于形容
   A 数量很多
   B 金钱很多
   C 历史很长
   D 范围很广

4. 在"社会上的各种复杂因素"这句话中,"复杂因素"是指

    A 金钱

    B 权力

    C 地位

    D 包括以上三者

5. "潜移默化"这个成语的意思是

    A 突然发生变化

    B 按照计划发生变化

    C 在不知不觉中发生变化

    D 始终没有变化

6. 在"合二姓之好,上以事宗庙,下以继后世"这句话中,"上"与"下"是指

    A 上一等级与下一等级

    B 上一代人与下一代人

    C 上一事件与下一事件

    D 上一时期与下一时期

7. 下列哪一项不是门当户对的目的?

    A 家族权威

    B 阶级名望

    C 经济利益

    D 教育水平

8. 在"这种婚姻匹配方式虽然在一定程度上维护了婚姻的稳定性,但其弊端也是明显的"这句话中,"弊端"的同义词是

    A 弊病

    B 弊政

    C 开端

    D 终端

9. "封建社会等级森严"这句话的意思是:在封建社会中,不同社会阶层之间的区别

    A 非常严格

    B 比较严格

    C 不太严格

    D 很不严格

10. 在"父母之命,媒妁之言"这种类型的婚姻中,起主导作用的是

    A 父母

    B 媒人

    C 自己

D 包括以上三者

11. 在"家里现在就指望着我有出息"这句话中,"有出息"的意思是

    A 有能力

    B 有水平

    C 有素质

    D 有前途

12. 门当户对观念的现代内涵是什么?

    A 从重视家庭到重视个人

    B 从重视外在到重视内在

    C 从重视物质到重视精神

    D 包括以上三者

13. "生活也不是空中楼阁"这句话的意思是

    A 生活很丰富

    B 生活很精彩

    C 生活很现实

    D 生活很无聊

14. 在"女生找男朋友要找一个'潜力股'"这句话中,"潜力股"的意思是

    A 有能力

    B 有财富

    C 有前途

    D 有权力

15. 门当户对观念"从重视外在到重视内在"的变化主要表现在

    A 一个方面

    B 两个方面

    C 三个方面

    D 四个方面

16. 在"高学历低能力的人在社会上并不吃香"这句话中,"吃香"的意思是

    A 受表扬

    B 受欢迎

    C 受批评

    D 受指责

17. "很有担当的人"的意思是

    A 很受欢迎的人

    B 很负责任的人

    C 很爱家庭的人

D 很会赚钱的人

18. "双方的情投意合是幸福婚姻的重要保障"这句话说明幸福婚姻中什么最重要？

　　A 名誉

　　B 地位

　　C 金钱

　　D 感情

19. "合得来"的意思是双方具有

　　A 差不多的经济实力

　　B 可以相提并论的家庭背景

　　C 精神上的愉悦和默契

　　D 差不多的学历水平

20. 下列哪个成语与"一起打拼"的意思最为接近？

　　A 同心协力

　　B 同甘共苦

　　C 同床异梦

　　D 同病相怜

四、阅读拓展：用生活中的实例说明下列词语

1. 门当户对

2. 层出不穷

3. 潜移默化

4. 空中楼阁

5. 情投意合

第二部分　口语表达：讨论/演讲

一、观点提示

1. 门当户对的择偶观念是有道理的。

2. 门当户对的择偶观念属于封建糟粕。

3. 择偶标准是一个人价值观的体现。

4. 没有爱情的婚姻一定不幸福。

5. 男性与女性的择偶标准是不同的。
6. 跨国婚姻的择偶标准有它的特殊性。
7. 择偶问题也是兼听则明，应该听听父母的意见。
8. 经济基础是幸福婚姻的基本保证，因此择偶时必须考虑。
9. 结婚不仅是两个人的事，也是两个家庭的事。
10. 我的择偶标准主要有三个：身心健康、知书达理、门当户对。

二、示范提纲

观点：我的择偶标准主要有三个：身心健康、知书达理、门当户对。

说明：

1. 身心健康：身体和心理健康不仅是一个人获得幸福生活的基本保证，也是一个家庭获得幸福生活的基本保证。如果家庭成员都有健康的身体和阳光灿烂的心境，那么这个家庭的生活一定是美满而快乐的。

2. 知书达理：知书达理指的是有文化，懂礼仪，有教养。家庭生活不同于工作，很多事情没有对错之分。下班之后两个人都很累，谁来做饭？因为工作需要两个人都得出差，谁留下来给孩子开家长会？遇到这种情况就需要夫妻双方互相理解、互相体谅，协商出相对较好的办法来。

3. 门当户对：我在这里说的门当户对不是指社会地位与经济条件，而是指家庭教育，这方面虽然和社会地位、经济条件有一定的关系，但并不是绝对的。我只是希望对方从小就受到了良好的家庭教育，而且家人比较好相处。

结论：

婚姻生活是很现实的，择偶直接关系到婚姻生活的幸福，所以必须慎重，遵从自己内心的感受，同时还要听取父母的建议，借鉴他人的经验。

三、话题词群

1. 婚姻网络：择偶、婚姻、家庭、家族
2. 双方关系：门当户对、情投意合、同床异梦、貌合神离
3. 结婚目的：成家立业、光宗耀祖、传宗接代、两情相悦
4. 结婚状况：闪婚、裸婚、逼婚、悔婚
5. 相对方面：家庭、个人；外在、内在；物质、精神

四、参考用语

1. 择偶即选择自己的结婚对象，是缔结婚姻、成立家庭的必要前提，影响着婚姻的幸

福、家庭的稳定乃至社会的和谐。

2. 不同的历史时期，人们有不同的择偶标准，这反映了社会经济与文化的变迁。

3. 所谓门当户对，指的是男女双方的社会地位和经济状况相当，很适合结婚。

4. 如果我确信他是一个很有能力的人，现在没有钱不是问题。

5. 只要这个男孩子挺上进的，两个人感情好就可以了。

6. 女生找男朋友要找一个"潜力股"，就算年轻的时候没什么钱，但以后的发展潜力会很大。

7. 男才女貌的意思是女性看重男性的才能，而男性重视女性的外貌。

8. 我选择配偶，最看重的是人品。只要人品好，其他条件都可以放宽。

9. 我觉得谈婚论嫁时，双方在生活观念、兴趣爱好上合得来很重要。

10. 在社会经济发展的过程中，传统文化与现代文化的交融、外来文化与本土文化的碰撞都会影响人们的择偶观念。

五、口语表达拓展：演讲

演讲题目备选：

1. 我的择偶标准
2. 爱情是婚姻的一切吗？
3. 门当户对重要吗？
4. "父母之命"要不要听？
5. 什么是真正的合得来？

话题十六　让我们的家园更美好

话题背景

随着经济发展速度与城市化进程的加快，我们的生活水平越来越高，然而与此同时，环境问题也越来越突出。如何在发展经济与建设城市的同时保护乃至建设好环境成了一个长盛不衰的话题。这是需要我们每一个人都关注的问题，也需要我们每一个人从我做起，从今天做起。

教学目标

1. 从城市发展实例了解中国环境保护的情况；
2. 将自己在中国旅行的见闻与中国城市建设的成就联系起来。

热身活动

1. 讲一个中国的或自己国家环境保护方面的小故事；
2. 谈谈自己为环境保护做过什么事情。

第一部分　阅读文章

提示　环境问题是一个世界性的问题，与人类的可持续发展紧密相关。如何既能发展好经济又能保护好环境是一个永恒的话题与课题。本文以中国的城市发展为例，展示了中国经济发展与环境保护相辅相成的思想理念与行为方式。在阅读的同时可以联想一下自己在中国或其他国家的旅行经历，看看能不能找出更多的事例来。

让我们的家园更美好

在当代社会，随着经济的日益发展与文化的日趋繁荣，人们追求高品质生活已**蔚然成风**。这一点尤其表现在生活环境方面，大家都希望有一个美好的家园。中国 1978 年实行改革开放政策以来，城市化成为一个发展趋势，表现出起点低、速度快、规模大的特点，而且地区差异十分明显。随之而来的环境保护与生态发展问题也越来越突出，因此如何在保护好生态环境的同时搞好城市建设既是当务之急，也是**长久之计**。综合考量城市的环境保护与生态发展，水系的形成与绿化的作用都是重中之重，是绝对不能忽视的大问题。

一、上海世博会宣示了"城市，让生活更美好"的主题

说到中国城市的建设与发展，不能不提及**上海世博会**，即2010年在上海举办的第41届世界博览会（EXPO 2010），因为其主题正是"城市，让生活更美好"（Better City, Better Life）。中国改革开放以来取得了举世瞩目的巨大成就，这一点充分表现在城市的建设与发展中。世博会在中国举办对中国经济的进一步发展和文化的进一步繁荣产生了巨大而深远的影响。

1. "和谐"是上海世博会的重要理念

20世纪80年代以来，随着城市建设速度的加快与环境问题的突出，可持续发展理论与战略思想**应运而生**。从上海世博会的展示可见，许多国家都在致力于和谐城市的发展，主要体现在多元文化的和谐共存、城市经济的有序发展、科学技术的不断进步以及城市和乡村的有效互动等方面。例如，中国馆以"城市发展中的中华智慧"为主题，表现出"东方之冠，**鼎盛**中华，天下粮仓，**富庶**百姓"的中国文化精神与气质。又如，德国馆以"和谐城市"为主题，传达了这样的理念：都市本来就是一种和谐之美，在城市与自然之间、创新与传统之间、全球化与国家特色之间需要争取平衡，求得和谐。和谐城市在城市规划、城市建设和城市管理方面是一个新的**挑战**，一定会使城市发展进入崭新的阶段。

2. 城市应是多元文化的融合

从**发端**之日起，城市就是由形形色色的人与建筑组成的。在城市的发展过程中，贸易往来、文化交流、人口**迁徙**不断推动多元文化的碰撞与融合，形成了每座城市独特的气质。这种气质一方面来源于城市的历史渊源、发展状况与文化**底蕴**，另一方面则集合了城市中各个社会群体的生活方式和价值取向。在现在这样一个全球化时代，**本土**文化与**异域**文化的交流与碰撞达到了前所未有的程度，因而世界各国比以往任何时代都更为关注自己的文化特色，因为多元文化意味着历史的丰厚、现在的繁荣与未来的和谐。只有兼顾历史、现在和未来，才能真正促进多元文化和谐共存，达到可持续发展的目的。例如，新加坡被称为"城市国家"，一向以多元文化和谐共存而著称，并因此吸引着世界各国的人们前去学习、工作与观光。

3. 城市与乡村的互动越来越重要

城市自诞生那天起，就与乡村在经济、社会、环境等诸多方面相互依存，农民通过向城市销售农产品**谋生**，而城市也要依靠农村的资源发展。时至今日，城市与乡村的建设更是息息相关，相辅相成。"生态宜居既是乡村振兴的**必经之路**，也是加快新型城市建设的基础……好的生态文化可以培养并提高广大居民的环境保护意识，并构建出一个良好和谐的绿色生活圈，对于实现绿色城市化、提高乡村生活质量具有极为重要的作用。此外，绿色

城市化工作的落实也给乡村生态宜居带来了重要的保障。在目前国内的生态文明发展情况下，我国绝大多数的农村地区都开始建设各种功能的绿色城市化发展目标，如绿色生活区、绿色道路等。绿色城市化发展理念的不断深入和渗透，使乡村振兴战略也开始向着生态宜居方向前进，这和新型城市化建设的目标是完全一致的。这种带有绿色环保理念的建设方式既能够为乡村生态宜居环境带来保障，也能够为乡村的民生经济注入新的活力。"① 乡村与城市的关系十分密切，必须考虑共建双赢的问题。例如，北京的怀柔北依群山，南偎平原，风景优美，物产丰富，由县变为区，在很大程度上实现了城市与乡村的完美融合。

总而言之，中国有史以来第一次举办世博会就宣示了"城市，让生活更美好"的主题，旨在建设好城市，并以城市带动乡村，使我们的家园无论在哪里都会更加美好。

上海世博会中国馆，田琨摄

二、水是城市的命脉

中国改革开放以后，大大小小的城市都在迅速发展，人地关系矛盾突出，城市系统和自然系统错综复杂。水无疑是影响城市发展的一个极其重要的方面，包括水源、水道、水景等等，可以统称为水系。水系既是自然的重要构成因素，也是城市建立与发展的命脉。

1. 水与城市的起源与发展息息相关

中国古代最著名的绘画作品当属北宋张择端的《清明上河图》了，该图以长卷形式生动记录了北宋都城东京（又称汴京，今河南开封）的城市面貌与当时社会各阶层人民的生活

---

① 李白（2020）乡村振兴战略与新型城市化的思考，《中国市场》第13期。

状况，是北宋时期都城汴京繁华景象的见证，也以直观的方式揭示了城市与水密不可分的关系。再看中国的其他城市，上海有黄浦江，广州有珠江，武汉有长江，天津有海河，郑州有黄河……放眼世界五大洲的诸多国家，泰国曼谷有湄南河，法国巴黎有塞纳河，美国波士顿有查尔斯河，埃及开罗有尼罗河，澳大利亚悉尼有帕拉玛塔河……水使这些城市更亮丽，更具灵动之气，因而也更加显现出生机勃勃的景象与意蕴。因此，水对城市的生存与发展起着不可替代的作用。反过来说，如果缺水，城市就会走向衰落与消亡。"历史上这样的例子**屡见不鲜**。我国在明末清初有四大名镇，即昌江河畔的江西景德镇、珠江三角洲上的广东佛山镇、长江与汉江交汇处的湖北汉口镇以及座落在华北平原运河畔的河南朱仙镇。四大名镇如今发展变化如何呢？汉口镇已发展成为武汉市，进入我国特大城市的行列；佛山镇发展为佛山市，已成为颇具规模的轻工业基地与对外贸易的联系纽带；景德镇市如今力保'瓷都'**桂冠**享誉海内外；唯独朱仙镇已**湮没无闻**，昔日热闹非凡的街市、空前繁荣的商业活动和**不绝于耳**的**丝竹**之声，都已成为历史的陈迹。为什么四大名镇的命运如此**悬殊**？一个重要原因是'得水而兴，弃水而废'。明清之时的朱仙镇地处运河转口地带，是当时的水陆**要冲**，**得天独厚**的地理位置使之很快发展成为**盛极一时**的水陆码头。后来运河年久**淤塞**，水运不畅，商贸渐衰，城市也随之逐渐失去活力，**沦落**成为**鲜为人知**的荒凉小镇。"② 由此可见，城市的产生与发展乃至兴旺与发达都离不开水。

2. 水是不可或缺的交通要道

在城市和乡村的发展过程中，交通运输的作用至关重要，无论是古代还是今天，一纵一横的京杭大运河与长江黄金水道都在交通运输中起着不可替代的作用。京杭大运河南起余杭（今杭州），北到涿郡（今北京），最初是春秋时期吴国为**讨伐**齐国而**开凿**的**邗沟**，隋朝大幅度扩修并贯通至都城洛阳，连接涿郡，元朝翻修时弃洛阳而取直至北京，贯通海河、黄河、淮河、长江、钱塘江五大水系，是世界上里程最长、工程最大的古代运河，2002年被纳入**南水北调东线工程**，不少城市因之而兴。长江黄金水道是横贯中国东西的水运大动脉，以上海、武汉、重庆为核心，在区域发展总体格局中具有重要的战略地位。由于长江流域人口多达数亿，而且经济发达，因此长江的货运量位居全球内河第一。长江充分发挥了运能大、成本低、能耗少的优势，真正成为了一条畅通、高效、平安、绿色的黄金水道。

3. 水使城市更具灵动之气

俗话说："居当临水，有水则灵。"无论是大城市还是小城市，**抑或**是乡村，水都是我们**安居乐业**必不可少的环境因素。例如，武汉位于中国最长的河流长江及其最大的支流汉水交汇处，江河纵横，湖港交织，众多湖泊散布在大江大河周边，武汉因此被称为"百湖之市"，

---

② 陈善华（1990）得水而兴 弃水而废——试论水与城市的兴衰，《治淮》第2期。

京杭大运河北京段,田琨摄

湖泊水面面积达803平方千米,居中国城市首位。其中,汤逊湖是中国最大的城中湖,东湖是中国最著名的风景名胜区之一,梁子湖是中国生态保护最好的两个内陆湖泊之一。如此发达的水系使武汉成为一个极其美丽的城市,宜居宜游,居者心旷神怡,游者流连忘返。

总而言之,我们的生存离不开水,水给我们带来优美的景致,水路更是古今交通的要道,对我们建设美好的家园至关重要。

三、垂直绿化方兴未艾

垂直绿化也被称为"立体绿化",指利用不同的城市空间,选择各种适宜的植物栽植、依附、**攀缘**在各种建筑物空间结构上的绿化方式,包括立交桥、河道堤岸,以及建筑墙面、屋顶、门庭等处的绿化。垂直绿化能够有效地利用城市空间,美化城市环境,提高空气质量,可以说是有百利而无一害。

1. 拓展寸土寸金的城市空间

一般说来,城市建筑密集,人口拥挤,放眼望去,**高楼鳞次栉比**,人群**摩肩接踵**,这使得人们更加渴望大自然的怀抱。这个问题首先需要通过增加绿化面积的方式来解决。然而,城市里寸土寸金,有时哪怕是不可或缺的建筑或设施也要**见缝插针**,留给绿化的地方非常少,在这种情况下垂直绿化就显得尤为重要。我们可以利用城市纵向空间的不断拓展来扩大绿化面积,这既节省了空间,也能满足那些"高高在上"的人们的需求,**一举两得**。例如,深圳作为一个国际化的大都市,空间的宝贵自不待言,而垂直绿化相当于节约甚至拓展了城市空间,让人们感受到了更多的自然气息,在身心两方面都更加贴近大自然。

2. 在美化城市环境方面起到不可替代的作用

每个城市都有自己的形象,不仅仅是物质形象,还包括精神形象和文化形象。这些形象经过时间的积淀后会成为人们心中**不可磨灭**印记,而垂直绿化在美化城市环境、提升城市形象方面起着重要作用。"垂直绿化在当今社会发展过程中,不仅具有更灵活和适应性更强的特点,同时还能改善城市的生态环境。随着城市的发展,垂直绿化即将成为未来城市绿化的新趋势,在土地资源日趋紧张的现代城市中显得越发重要。除此之外,用于垂直绿化的植物形态各异，又具有丰富的**季相**变化，应用形式比传统的平面绿化模式更为灵活，既可以独立成景，也可以与多种植物组合，形成丰富的景观层次。垂直绿化应用于竖向空间，增加空间视觉感，形成多层次的绿化效应，使生活在其中的人们感觉更舒适，可以有效缓解因长期处在**密闭**空间而产生的视觉疲劳和心理压力，是现代社会发展过程中城市绿化的最佳选择。"[3] 在此方面，重庆市可以说是一个典型的代表。重庆本来就是山城，市区有许多山水景观，垂直绿化更是锦上添花，与山水景观相融合，营造出"只缘身在此山中"的意境，将山城的形象彰显得淋漓尽致。

3. 有效改善空气质量

判断我们的家园是否美好，除了依赖那些看得见、**摸得着**的东西之外，空气质量也是一个非常重要的方面，而城市的人口密度、地形地貌和气象条件等都是影响空气质量的重要因素。现在是一个城市化愈演愈烈的时代，城市的人口密度自然是越来越高；地形地貌为自然环境，我们不能从根本上改变；气象条件也由天定，在很大程度上不可抗拒。然而，在改善空气质量方面我们并不是无能为力的，垂直绿化就是有效改善空气质量的重要手段。例如，广州从古至今都是中国最著名的城市之一，从秦朝开始一直是**郡治**、**州治**、**府治**的所在地，也是华南地区的政治、经济、文化、科学和教育中心，公元三世纪起成为海上丝绸之路的主港，唐宋时期成为中国第一大港，明清时期是中国唯一的对外贸易大港，今天也属于**一线城市**。在这样一座大都市，空气质量的重要性**不言而喻**。垂直绿化使广州的空气质量得到很大改善，惠及广州居民与众多游客，功在当代，利在千秋。

总而言之，绿色是生命的颜色，不仅养眼，而且养心。广泛发展垂直绿化意味着蓝天白云下将有更多的绿树红花，意味着我们的家园将更加赏心悦目，更加有益于人们的身心健康。

综上所述，我们大家都渴望有一个美好的家园，而这个家园需要我们

垂直绿化好处多，田琨摄

---

[3] 贺奕尧、王楠琪、姜卫兵（2018）垂直绿化在城市园林建设中的应用现状及对策研究，《湖南农业科学》第 7 期。

自己来建设。城市与乡村的建设与发展牵涉到方方面面的内容,其中水系与垂直绿化是非常重要的两个方面,水是城市以及乡村的命脉,垂直绿化则为我们提供了良好的生态环境。我们一定要励精图治,让我们的家园更美好!

(原创,作者刘谦功)

阅读理解

一、生词

1. **蔚然成风**:wèirán-chéngfēng
   形容一件事情逐渐发展、盛行,形成一种风气,多指好的方面。
   例:每年春季,在中国广阔的土地上,植树造林蔚然成风。

2. **长久之计**:chángjiǔ zhī jì
   意思是长远的打算。
   例:住在这里不是长久之计,还是得找个稳定的居所。

3. **宣示**:xuānshì
   宣布,公开表示。

4. **应运而生**:yìngyùn'érshēng
   旧指顺应天命而产生,现指顺应形势而产生。
   例:随着人们对生活品质的追求,生态宜居城市应运而生,而且越来越受欢迎。

5. **鼎盛**:dǐngshèng
   正当兴盛或强壮。
   例:清朝的鼎盛时期是康雍乾时代,因而有"康乾盛世"之说。

6. **富庶**:fùshù
   物产丰富,人口众多。
   例:这里从古至今都很富庶,未来的发展前景无疑也是美好的。

7. **挑战**:tiǎozhàn
   指较难完成的任务。
   例:这项工作对我来说是一个挑战,但我愿意接受。

8. **发端**:fāduān
   开端,创始。

9. **迁徙**：qiānxǐ

   迁移，改变居住的地方。

10. **底蕴**：dǐyùn

    指事物的内涵。

11. **本土**：běntǔ

    指本地或本国。

    例：本土公司、本土教师

12. **异域**：yìyù

    指外地或外国。

    例：异域风情、异域特产

13. **谋生**：móushēng

    指谋求生活的来源。

    例：现在的工作对于我来说不仅仅是谋生的手段，也是实现理想的途径。

14. **必经之路**：bì jīng zhī lù

    一定要经过的道路。

15. **命脉**：mìngmài

    生命和血脉，比喻关系重大的事物。

    例：水利是农业的命脉。

16. **错综复杂**：cuòzōng-fùzá

    形容头绪很多，不简单。

    例：原始森林里的情况错综复杂，不能随便走进去，否则会有危险。

17. **衰落**：shuāiluò

    由兴盛、强大转向没落、弱小。

    例：任何一种艺术形式都不能墨守成规，一定要与时俱进，否则就有可能衰落。

18. **屡见不鲜**：lǚjiàn-bùxiān

    常常见到，并不新奇。

    例：在我们学校，毕业生回家乡去找工作的情况屡见不鲜。

19. **桂冠**：guìguān

    古希腊人授予竞技优胜者的、用月桂叶编制的帽子，现多指光荣称号，也指竞赛中的冠军。

20. **湮没无闻**：yānmò wú wén

    湮，淹没。指名声被埋没，没人知道。

例：时效性太强的文章未必有生命力，常常会随着时间的推移而湮没无闻。

21. **不绝于耳**：bù jué yú ěr

    声音在耳边鸣响不断。

    例：他获得世界冠军之后，各种赞美声不绝于耳。

22. **丝竹**：sīzhú

    琴、瑟、箫、笛等乐器的总称，"丝"指弦乐器，"竹"指管乐器。

23. **悬殊**：xuánshū

    相差很远。

    例：这两支足球队的实力相差悬殊，没想到弱的一方倒赢了。

24. **要冲**：yàochōng

    多条重要道路会合的地方。

25. **得天独厚**：détiān-dúhòu

    独具特殊的优越条件，指所处的环境特别好，也指人的天赋非常好。

    例：这里的地理位置得天独厚，有很好的发展基础。

26. **盛极一时**：shèng jí yìshí

    形容在某一个时期特别兴盛或流行。

    例：这一画派在十九世纪盛极一时，到二十世纪初就衰落了。

27. **淤塞**：yūsè

    水道被沉积的泥沙堵塞。

28. **沦落**：lúnluò

    指陷入不好的境况。

    例：这家工厂原来效益很好，但由于技术与设备没有及时更新，才沦落到被并购的地步。

29. **鲜为人知**：xiǎnwéirénzhī

    很少有人知道。

    例：作为一家大公司的总经理，他的工作成就有目共睹，但他的音乐天赋却鲜为人知。

30. **讨伐**：tǎofá

    征伐，出兵攻打。

31. **开凿**：kāizáo

    挖掘河道、隧道。

    例：修筑这条铁路很艰难，一共开凿了几十条隧道。

32. **翻修**：fānxiū
    把旧的房屋、道路等拆除后按原有规模重建。

33. **抑或**：yìhuò
    或者，用于书面语。

34. **安居乐业**：ānjū-lèyè
    安定地生活，愉快地工作，形容人民生活幸福美满。
    例：我在这座城市上的大学，毕业后又在这里工作了十年，现在已经过上了安居乐业的生活。

35. **方兴未艾**：fāngxīng-wèi'ài
    事物正在发展，还没有达到止境。
    例：现在中国人出国游的态势方兴未艾，旅游业大有可为。

36. **攀缘**：pānyuán
    依附其他物体而延伸或上升。

37. **寸土寸金**：cùntǔ cùn jīn
    指土地价格十分昂贵。
    例：大城市的市中心寸土寸金，在那里买房子太贵了！

38. **鳞次栉比**：líncì-zhìbǐ
    像鱼鳞和梳子齿那样有次序地排列着，多形容房屋或船只等排列得很密集。
    例：站在上海外滩，看着鳞次栉比的建筑，能够切实感受到中国改革开放取得的巨大成就。

39. **摩肩接踵**：mójiān-jiēzhǒng
    肩碰肩，脚碰脚，形容人很多，非常拥挤。
    例：这条著名的商业街一到周末就热闹非凡，人们摩肩接踵，或购物，或闲逛，总能在这里找到自己的乐趣。

40. **见缝插针**：jiànfèng-chāzhēn
    比喻尽量利用一切可以利用的空间、时间或机会。
    例：时间都是挤出来的，如果你能见缝插针多读一些书，天长日久必然能积累许多知识。

41. **一举两得**：yìjǔ-liǎngdé
    做一件事能得到两方面的好处。
    例：咱们周末去爬山吧，既能锻炼身体，又能欣赏风景，一举两得。

42. **不可磨灭**：bùkě mómiè
    不会因时间的推移而消失，指事迹、言论等将始终保留在人们的记忆中。

43. **季相**：jì xiàng
    特定季节的自然景观。

44. **密闭**：mìbì
    事物或空间等完全封闭，不与外界接触。

45. **不言而喻**：bùyán'éryù
    用不着解释就可以明白。
    例：家庭教育的重要性不言而喻，所以作为父母一定要给孩子做好榜样。

46. **励精图治**：lìjīng-túzhì
    振奋精神，想办法治理好国家。
    例：落后并不可怕，只要奋发图强，励精图治，落后的状况是可以改变的。

二、注释

1. 上海世博会

上海世博会即 2010 年 5 月 1 日至 10 月 31 日在上海举办的世界博览会，这是中国首次举办世界博览会，主题为"城市，让生活更美好"。上海世博会的参展规模是空前的，共有 190 个国家、56 个国际组织参展，志愿者也最多，达到八万多名。作为首届以"城市"为主题的世界博览会，世界各国政府和人民围绕"城市，让生活更美好"这一主题，充分展示城市文明成果，交流城市发展经验，传播城市建设理念，为新世纪人类的生活和工作探索新的模式。

2. 邗沟

邗沟即淮扬运河，指的是从江苏省淮安市（中国大运河与古淮河交点）到扬州市（中国大运河与长江交点）的这段河道，全长 170 多公里，开凿于公元前 486 年，是世界文化遗产——中国大运河的重要组成部分，沿岸遍布遗产点 15 处。

3. 南水北调

南水北调即南水北调工程，是中国的战略性工程，主要解决北方地区，尤其是黄淮海流域的水资源短缺问题，规划区人口 4.38 亿。南水北调工程共有东线、中线和西线三条调水线路。通过三条调水线路与长江、黄河、淮河和海河四大江河的联系，构成了以"四横三纵"为主体的总体布局，形成了中国水资源南北调配、东西互济的合理配置格局。

4. 郡治、州治、府治

郡、州、府都是中国古代的行政区划，"治"指古代地方政府所在地。

三、阅读检查：简要回答问题

1. 中国城市化的特点是什么？

2. 为什么说"在保护好生态环境的同时搞好城市建设既是当务之急,也是长久之计"?

3. 上海世博会的主题是什么?

4. 在"可持续发展理论与战略思想应运而生"这句话中,"应运而生"是什么意思?

5. 和谐城市的发展主要体现在哪些方面?

6. 上海世博会中国馆表现出来的中国文化精神与气质是什么?

7. 上海世博会德国馆以"和谐城市"为主题传达了什么样的理念?

8. 在城市发展的过程中,多元文化的碰撞与融合主要是通过什么方式进行的?

9. 在全球化时代,世界各国为什么更加关注自己的文化特色?

10. 城市与乡村是什么样的关系?

11. 为什么说生态宜居很重要?

12. 好的生态文化具有什么作用?

13. 水系主要包括哪些方面?

14. 简要介绍一下《清明上河图》。

15. 中国明末清初的四大名镇是哪些?

16. 四大名镇今天的状况如何?

17. 四大名镇的兴衰说明了什么样的道理?

18. 简要介绍一下京杭大运河。

19. 什么是南水北调？

20. 简要介绍一下长江黄金水道。

21. "居当临水，有水则灵"是什么意思？

22. 在"水都是我们安居乐业必不可少的环境因素"这句话中，"安居乐业"是什么意思？

23. 简要介绍一下武汉的"水"。

24. 什么是垂直绿化？

25. 在"垂直绿化方兴未艾"这句话中，"方兴未艾"是什么意思？

26. 为什么说城市里面寸土寸金？

27. 为什么垂直绿化可以一举两得？

28. 垂直绿化在景观上有什么特点？

29. 为什么说垂直绿化在重庆是锦上添花？

30. 在"我们一定要励精图治，让我们的家园更美好"这句话中，"励精图治"是什么意思？

四、拓展练习：城市发展面面观

1. 介绍一个城市的自然环境。
2. 介绍一个城市的区位优势。
3. 介绍一个城市的名胜古迹。
4. 介绍一个城市的生活状况。
5. 介绍一个城市的发展前景。

第二部分　口语表达：讨论

一、观点提示

1. "和谐城市"的理念越来越深入人心。
2. 许多资源不可能再生，一失足将成千古恨。
3. 经济发展以破坏环境为代价得不偿失。
4. 合理的水系规划有益于城市的建设与发展。
5. 环境保护要从我做起，从今天做起。
6. 循环经济可以变废为宝，让资源再生。
7. 生态宜居城市的建设非常重要。
8. 旅游时的所作所为直接影响到环境保护。
9. 垂直绿化对于大城市来说尤其重要。
10. 垂直绿化让我们的家园更美好。

二、示范提纲

观点：合理的水系规划有益于城市的建设与发展。

说明：

1. 水是城市的命脉。对于一座城市的建设与发展来说，水是不可或缺的。水是我们的生命之源，从古至今，城市"得水而兴，弃水而废"的例子不胜枚举。因此，在科学技术高度发达的今天，我们更要重视合理的水系规划。例如，天津的海河就是一个很好的利用水的实例。单从旅游的角度说，乘船夜游海河，景色美不胜收，星月之光与万家灯火交相辉映，真让人流连忘返。

2. 水给城市带来了灵动之气。俗话说："居当临水，有水则灵。"临水，无论是临江水、河水，还是临湖水、海水，都会使我们的居所独有一种灵动之气。而水多了，整个城市都会灵动起来，如中国的武汉、意大利的威尼斯等等。居住在这样的城市里，总会有一种澄澈的感觉，而万千游客也会向水而来，想要充分享受观水、游水、玩水之乐趣。

结论：

水是城市的命脉，给城市带来灵动之气，合理的水系规划有益于城市的建设与发展。

三、话题词群

1. 生活理念：绿色生活、简单生活、低碳生活
2. 理想环境：天蓝、地绿、水清、气爽、花美

3. 绿化手段：植树造林、垂直绿化、天台花园
4. 资源再生：循环经济、变废为宝、节能减排
5. 发展前景：生态平衡、生态保护、生态宜居

四、参考用语

1. 如果我们想让子孙后代也能看见碧水蓝天，就必须保护好环境。
2. 经济的发展不能以破坏环境为代价。
3. 经济发展与环境保护之间既是对立的，又是统一的。
4. 经济发展与环境保护不应该是势不两立的，因为其目的都是为了让人类过上美好的生活。
5. 循环经济是关系到国家可持续发展的大问题，必须引起人们足够的重视。
6. 为了子孙后代，我们必须合理规划并完善水系，让城市环境更加美好。
7. 自然资源并不是取之不尽、用之不竭的。
8. 垂直绿化方兴未艾，有着十分广阔的发展前景。
9. 我们既要保持住经济发展速度，又要保护好生态环境。
10. 发展循环经济与每一个人息息相关，需要每一个人的参与。

话题十七　什么是真正的财富？

话题背景

在当今社会，我们的生活离不开财富，尤其是美满而自在的生活，似乎和财富有着更加密不可分的关系，因而有关财富的话题一直是人们津津乐道的热门话题。不同的人从不同的角度看财富，必然得出不同的结论，人们的财富观也因之千差万别。深入考察各种财富观，可以使我们更加了解这个世界，了解我们自己。

教学目标

1. 对中国人的财富观有一定的了解；
2. 了解中国人的世界观与价值观。

热身活动

1. 讲一个关于财富的故事；
2. 采访三个同学或朋友，说一说他们对财富的看法。

第一部分　阅读文章

> **提示**　财富是一个可大可小的话题，大到世界观与价值取向，小到金钱观与生活态度，都与财富有着密不可分的关系。因此，在社会学的研究中，关于财富观的研究一直是一个重要课题。这篇文章在不同的层次上从不同的角度探讨了财富观，阅读时可以结合自己国家的相关情况进行思考，并为后面的口语表达做好准备。

财富观漫议

在当代社会，财富一直是人们津津乐道的话题。的确，我们的生活离不开财富，财富也可以让我们拥有更加精彩的人生。然而，财富的内涵到底是什么？它又可以拓展出多少外延？由于每个人的社会环境、教育背景、家庭情况、个人因素皆不相同，因而形成了不同的财富观，有关财富的问题也产生了数不清的答案。那么我们就探讨一下，当下人们主要的财富观有哪些。

一、君子爱财，取之有道

说到财富，人们首先会想到金钱、房产等等。毫无疑问，物质财富是我们生活的基本保障，有时甚至是衡量一个人是否成功的标准，就像电视剧《**编辑部的故事**》里一句广为流传的台词所说的那样："钱不是万能的，而没有钱是万万不能的。"在当代社会，即使你不持"金钱至上"的观点，也不可否认钱的重要性。

然而，中国有句俗话："君子爱财，取之有道。"意思是君子虽然喜欢钱财，但要用正当的方法获得。《**荀子·荣辱**》曰："荣辱之大分，安危利害之常体。先义而后利者荣，先利而后义者辱；荣者常通，辱者常穷；通者常制人，穷者常制于人，是荣辱之大分也。"这段话的意思是：荣与辱的最大区别，要根据一个人对安危利害的态度来判别；把道义放在首位然后再考虑利益是光荣的，把利益放在首位然后再考虑道义是可耻的；荣者处处通达，辱者处处**困窘**；通达者可以**驾驭**别人，困窘者则受制于人，这就是荣与辱的根本区别。由此可见，要想获取财富，必须通过正当的手段。

曾经有记者调查过中国年轻人的财富观："中国年轻人对财富的看法反映了人们财富观的变迁。广西一位叫廖庆宁的大学生说：'我们尊重那些靠智慧和经验抓住机遇的人，尊重那些靠合法手段诚实致富的人，而对那些为达到积聚财富的目的采用不公平和不光彩手段的人，我们一向持**鄙夷**的态度。'随着市场化改革的推进，中国还将出现更多富人。一个明智的社会应该为致富提供更宽松的空间，让财富的源泉真正涌流。我们期待有更多富人能成为'阳光富豪'，毕竟人们并不仇视财富，鄙视的只是那些不光彩的财富。"① 由此可见，人们对财富本身并无偏见，但对获取财富的方式却相当重视，因为它可以表明一个人是否具有良好的品德、一个社会是否足够公正。

简言之，想要获取财富**无可厚非**，但获取财富的方法必须是正当的、合理合法的，更进一步说，还应当正确地使用财富。

二、我们只有一个地球

说到财富，就不得不提环境保护，因为在很多时候，我们的财富是以破坏自然环境为代价获得的。目前，世界上的许多国家都在致力于发展经济，以提高与**国计民生**相关的各个方面的水平，使国民能够获得更多的财富，生活得更幸福。然而在发展经济的过程中，必然会从大自然中**攫取**各种资源，环境问题也会越来越突出，尤其是近年来频繁发生各种自然灾害，如洪水、火山、地震、泥石流、森林大火等等。其实，造成这些灾害的原因除了自然因素以外，也不乏人为因素，如滥砍滥伐树木、过度开采地下矿藏等等。

---

① 王雯（2004）当今人们需要怎样的财富观，《经济日报》3月24日。

毫无疑问，人类在地球上生活，需要靠自然资源**生息**、**繁衍**，阳光、空气、水源、土地、森林、草原、动物、矿藏等都是我们生命的支撑。然而，随着社会经济的发展，这些自然资源或多或少地遭到了破坏。最令人痛心的是，有些资源是不可再生的，无节制地开采这些自然资源，实际上是我们人类在毁灭自己。

首先，自然界很多资源的形成需要漫长的时间，而消耗起来则是旦夕之间的事情。例如，天然气是一种相对洁净、有益于环保的优质能源，无毒少害易挥发，**比重**比空气轻，不易积聚成爆炸性气体，是比较安全的燃气，造成的**温室效应**也较低，能够有效地为经济发展提供能源。但天然气是各种有机质在各种地质作用下经过漫长的时间形成的，绝非像工厂制造产品那么速成，过度消耗会导致**供不应求**，而且还会对环境造成恶劣影响。

其次，大自然中的一切并不都是"**野火烧不尽，春风吹又生**"的，不可复制、不能再生的资源**比比皆是**。例如，一些动物的灭绝会导致某种遗传基因的丧失，这会破坏地球上原本比较合理的**生物链**，造成物种失衡，进而使地球的生态环境遭到根本性的破坏，其影响将是永远难以**消弭**的。

由此可见，在财富方面我们必须引入生态理念。"不同于仅将商品作为财富的狭隘观点，生态理念是将空气、水等非商品财富纳入其中，强调非商品财富对于经济可持续发展的重要意义。自然界是人类赖以生存和发展的物质基础，人类文明的延续得益于自然界的

额济纳胡杨林，田琨摄

持续给养。长期以来，我们对自然界的索取带有严重的破坏性，造成的很多生态问题需要几代乃至十几代人的时间才能修复，而有一些甚至不可逆转。"② 我们只有一个地球，地球是全人类共同的家园，地球上的自然资源是人类最宝贵的财富，自然资源枯竭了，这个家园也就被毁坏了，我们如何生存，我们的子孙后代何以为继？所以从根本上说，自然资源是真正的财富。

三、财富的更高层次

物质财富与自然环境是我们赖以生存的基本保证，这一点是**毋庸置疑**的。我们追求丰厚的物质财富和优美的自然环境，终极目的是让生活更幸福。然而，"幸福不幸福本来就是一种主观性的感受，再加上人的个体也有差异：有钱人不一定有一个好胃，**山珍海味**未必吃得够香；没钱的人不一定身子骨**羸弱**，**五谷杂粮**也能吃得津津有味。您能比较硬板床和席梦思的幸福指数吗？那得看谁睡在上边。即使住进帝王式的宫殿，享受超豪华装修，睡在高科技大床上，如果患有失眠症，睁着眼睛等天亮，那滋味也不好受……人文科学并不是提倡**安贫乐道**，这个成语有个相对应的说辞，就是'满意的矛盾状态'，那是人们无法掌握自身命运时的一种无奈。同时，科学和现状都证明幸福还有其他来源。人生在世，只要无衣食之忧，幸福的空间就广阔了，各有各的活法。有的人以工作为乐，有的人以天伦为乐，有的人以跳舞、**扭秧歌**、看足球、下象棋、养宠物为乐。如果您信奉知足者常乐，那金钱的**边际效应**拿您一点儿**没辙**。吃饱饭拍拍肚皮，神游神侃神**琢磨**，古今中外**寰宇**任**逍遥**，那乐子就更多了。"③ 从幸福的种种内涵与外延出发，如果我们进行更加深入的思考便会发现，财富也有种种内涵与外延，而且与每个人的人生观、价值观、世界观密切相关。

有的人认为健康是真正的财富，因为没有健康就没有一切。假设一个人拥有良好的生活条件，包括大量的金钱和豪华的房屋，但是如果他身体不好就无法享受如此优越的物质生活，更不用说相应的精神生活了。有一个十分形象的比喻：财产就像一连串的"0"，越多越好，但它前面如果没有那个代表健康的"1"，就真的等于"0"，什么都不是。

有的人认为快乐是真正的财富，因为快乐应该是人生的目的。有些人富起来以后反而觉得不如以前幸福了，因为赚钱不容易，往往压力大、烦恼多，而且欲望是无止境的，无论有多少钱都想赚更多的钱。这种情况说明，物质财富和幸福有一定关系，但不是绝对因素，有多少钱才能过得幸福并没有一定的标准。相反，有些人并不是十分有钱，但把生活安排得**井井有条**，该工作工作，该享乐享乐，每天都开开心心的，正如一句俗话所说：**知足常乐**。

---

② 陈琳（2017）中国公众的财富观调查报告（2017），《国家治理》第13期。
③ 理由（2005）俯仰话金钱，《中华散文》第7期。

有的人认为时间是真正的财富,因为时间稍纵即逝,一去不复返。中国有句俗话说得好:"一寸光阴一寸金,寸金难买寸光阴。"意思是时间和黄金一样昂贵,然而黄金却难以买到时间,比喻时间十分宝贵,决不能浪费。如果你回顾过去,觉得如果这样更好或者如果那样更好,就说明你没有把握住时间这个财富。从时间的意义上说,生活中没有"如果"。

有的人认为能力是真正的财富,因为能力可以让人获得想拥有的一切。很多人年轻时一无所有,但如果他们有能力并把它发挥出来,若干年后就可以成为一个有事业、有成就、有财富的人;而如果没有能力,他们的梦想就无法实现,若干年后依旧是一穷二白。当然,这里所说的能力包括知识、技能、经验等等,不是天生的,也不会一蹴而就,要靠自己的努力去获得。

有的人认为朋友是真正的财富,因为朋友可以在人们最艰难的时候伸出援手,帮助他们摆脱困境。比如,在生意场上良好的人际关系可以带来无限商机,就是现在人们常说的人脉。商场如战场,朋友越多,获得的帮助就越多,取胜的可能性就越大,所以说,朋友是真正的财富。

…………

朋友是真正的财富,田琨摄

综上所述,财富既是一个永恒的话题,也是一个可以无限拓展的话题。什么是真正的财富?对于这个问题,不同的人会有不同的答案。有些人认为金钱、房子、汽车、珠宝是真正的财富，但也有些人觉得这种认识太肤浅了，自然资源才是真正的财富。更进一步说，财富还可以有更加深刻的内涵和更加广阔的外延，如空气、水源、环境乃至健康、快乐、朋友等等。随着时代的变迁，人们的财富观也在不断发生着变化。

（原创，作者刘谦功）

阅读理解

一、生词

1. **津津乐道**：jīnjīn lè dào
   形容非常感兴趣地一直在谈论。
   例：她对服装设计非常感兴趣，一提到时装表演就津津乐道。

2. **外延**：wàiyán
   指一个概念所涉及的范围。

3. **当下**：dāngxià
   现在。
   例：对于我们公司来说，当下最要紧的是引进人才。

4. **困窘**：kùnjiǒng
   困难，窘迫，指不好的处境。

5. **驾驭**：jiàyù
   原义为驱马前行，引申义为掌握、控制。
   例：只要事先做好准备，防患于未然，就不会出现无法驾驭的局面。

6. **鄙夷**：bǐyí
   轻视，看不起。

7. **偏见**：piānjiàn
   持有一种不公平、不合理的消极否定态度。

8. **无可厚非**：wúkěhòufēi
   没有可过分责难的，指说话做事虽有缺点，但也有可取之处，应予以谅解。
   例：年轻人都喜欢网购，如果没有超出自己的经济实力，也无可厚非。

9. **国计民生**：guójì-mínshēng
   指国家经济与人民生活。
   例：老百姓菜篮子的问题不是小问题，而是关系到国计民生的大问题。

10. **攫取**：juéqǔ
    抓取，掠夺。
    例：我们发展经济必然会向大自然攫取资源，如果不能适可而止的话，那后果是极其严重的。

11. **生息**：shēngxī
    生活，生存。

12. **繁衍**：fányǎn
    繁殖衍生，即生物数量逐渐增加。

13. **比重**：bǐzhòng
    指一种事物在整体中所占的分量。
    例：随着科学技术的发展，我国的工业产值在整个国民经济中的比重逐年上升。

14. **有机质**：yǒujīzhì
    泛指植物体和动物的遗体、粪便等腐烂后变成的物质。

15. **地质**：dìzhì
    地球的性质和特征，主要指地球的物质组成、结构、构造、发育历史等。

16. **供不应求**：gōngbúyìngqiú
    指供应不能满足需求，形容某种事物的需求量很大。
    例：这家食品店的元宵非常好吃，每年元宵节都供不应求。

17. **比比皆是**：bǐbǐ jiē shì
    到处都是，形容极其常见。
    例：在我的家乡，每到春天，杜鹃花比比皆是，风景美极了！

18. **生物链**：shēngwùliàn
    指自然界中各种生物之间形成的物质变换和能量转化的链索关系，如绿色植物是草食动物的食物、草食动物是肉食动物的食物等等。

19. **消弭**：xiāomǐ
    清除，一般指清除不好的东西。
    例：环境一旦被破坏了，其恶劣影响是很难消弭的。

20. **给养**：jǐyǎng
    此指供给。
    例：到沙漠中去探险必须带足给养。

21. **修复**：xiūfù
    修整使恢复原样。

22. **逆转**：nìzhuǎn

    指形势或情况向相反的方向转化。

    例：不可逆转、很难逆转

23. **枯竭**：kūjié

    多指水源断绝，也借指体力、资源等用尽。

    例：他总是没日没夜地工作，好像他的精力永远也不会枯竭。

24. **毋庸置疑**：wúyōng zhìyí

    事实明显或理由充分，根本不需要怀疑。

    例：毋庸置疑，体育运动有益于身体健康。

25. **山珍海味**：shānzhēn-hǎiwèi

    指山间与海里出产的各种珍贵食品，泛指丰盛的菜肴。

    例：山珍海味无疑是好东西，但并不是吃得越多越好。

26. **羸弱**：léiruò

    形容瘦弱无力。

    例：没想到他如此羸弱瘦小的身躯居然能爆发出这样大的能量。

27. **五谷杂粮**：wǔgǔ záliáng

    五谷一般指稻、黍、稷、麦、豆，杂粮一般指大米、白面以外的粮食，因而五谷杂粮常用来泛指粮食。

28. **安贫乐道**：ānpín-lèdào

    在贫穷的环境中依然能够坚守信仰。

    例：中国古人推崇安贫乐道的精神，在任何情况下都要有所追求。

29. **没辙**：méizhé

    没有办法，在口语中使用。

    例：这汽车我修了半天也没修好，我是没辙了，你来试试吧。

30. **琢磨**：zuómo

    思索，考虑。

    例：大家都在认真琢磨老师提出的问题。

31. **寰宇**：huányǔ

    指整个宇宙。

32. **逍遥**：xiāoyáo

    此指自由自在地漫游。

    例：一个暑假没看见你了，你又上哪儿逍遥去了？

33. **井井有条**：jǐngjǐng-yǒutiáo
    形容条理分明，丝毫不乱。
    例：他的房间总是井井有条，尤其是书柜里的书，分门别类地摆放得十分整齐。

34. **知足常乐**：zhīzú-chánglè
    知道满足则心里总是快乐的。
    例：知足常乐不等于没有追求，这是一种生活态度。

35. **稍纵即逝**：shāozòng-jíshì
    稍微一放松就跑掉了，形容时间或机会很容易流逝。
    例：生意场上的机会往往是稍纵即逝的，一定要及时把握住。

36. **光阴**：guāngyīn
    时间。

37. **昂贵**：ánggùi
    指价格很高。

38. **一无所有**：yìwúsuǒyǒu
    什么都没有，多形容非常贫穷。
    例：你永远不会一无所有，因为我们这些好朋友会永远在你身边。

39. **援手**：yuánshǒu
    救助。
    例：朋友有困难你应该伸出援手，怎么能袖手旁观呢？

40. **摆脱**：bǎituō
    指冲破束缚和障碍而获得自由。

41. **商机**：shāngjī
    商业上的机会。
    例：商机稍纵即逝，一旦发现了就要牢牢抓住它。

42. **人脉**：rénmài
    人际关系方面的网络。
    例：他在这里人脉很广，你有事可以找他帮忙。

二、注释

1.《编辑部的故事》

《编辑部的故事》是1992年播出的电视连续剧，描写了《人间指南》杂志编辑部里六个性格各异却都乐于助人的编辑之间的交流与碰撞，讲述了社会上形形色色的故事。电视剧取材于社会生活中的热门话题,每一集独立成章,风格幽默诙谐,内容发人深省。有一段关于这部电视剧的评论幽默且贴切:大千世界无奇不有,东南西北万象难收;一间平平常常的屋,几位忙忙碌碌的人,一本热热闹闹的书,几颗实实在在的心;有意人间指南,无奈人各东西;有意替人分忧,无奈心事难移;说不出是苦是甜,分不清是我是你。《编辑部的故事》是中国第一部电视系列喜剧,拓展了中国电视剧的美学品格。

2.《荀子·荣辱》

《荀子·荣辱》为战国时期著名思想家、文学家、政治家荀子(约公元前313年—公元前238年)所作,是《荀子》中的一篇。《荀子》一书现存32篇,多为荀子撰写,少量是其弟子整理或记录他人言行的文字,但观点与荀子相同。荀子在吸收法家学说的同时发展了儒家思想,既尊王道又称霸力,既崇礼义又讲法治,在"法先王"的同时也主张"法后王"。孟子创"性善"论,强调养性;荀子主"性恶"论,强调后天的学习。这些都说明荀子与嫡传的儒学有所不同。他还反对宿命论,提出了人定胜天、万物都循着自然规律运行变化等朴素唯物主义观点。《荀子》注本主要有唐代杨倞的《荀子注》、清代王先谦的《荀子集解》、近代梁启雄的《荀子简释》等。

3. 温室效应

温室效应是指太阳短波辐射可以透过大气射入地面,而地面增暖后放出的长波辐射却被大气中的二氧化碳等物质所吸收,从而导致大气变暖的效应。温室效应主要是现代化工业社会过多燃烧煤炭、石油和天然气,大量排放汽车尾气导致大量二氧化碳气体进入大气造成的,会导致地球变暖、海平面上升、土地沙漠化、病虫害增加。

4. 野火烧不尽,春风吹又生

语出唐代诗人白居易的《赋得古原草送别》一诗,意思是:野火无法把野草全部烧死,春天一到它又会长出来。比喻富有生命力的事物任何力量也扼杀不了。

5. 秧歌

秧歌是中国北方民间喜闻乐见、具有代表性的一种舞蹈,是中国第一批进入国家级非物质文化遗产名录的项目之一。秧歌起源于农业生产劳动,其前身为农民插秧时的一种歌咏活动。每年春耕时节一家老少一起到田里插秧,一人敲起大鼓,而后"群歌竞作,弥日不绝",称之为秧歌。

6. 边际效应

边际效应指其他投入固定不变时,连续地增加某一种投入,所新增的产出或收益反而会逐渐减少。通俗一点儿说,我们向往某种事物时,情绪投入越多,第一次接触到此事物时情感体验就越为强烈,但是第二次接触时会淡一些,第三次会更淡,一步步趋向乏味。这种效应在经济学中叫边际效益递减。

三、阅读检查：解释下列句子中划线的部分

1. 在当代社会，财富一直是<u>人们津津乐道的话题</u>。

2. <u>钱不是万能的，而没有钱是万万不能的</u>。

3. 中国有句俗话："<u>君子爱财，取之有道</u>。"

4. 先义而后利者荣，先利而后义者辱；<u>荣者常通，辱者常穷</u>。

5. 我们期待有更多富人能成为"<u>阳光富豪</u>"，毕竟人们并不仇视财富，鄙视的只是那些不光彩的财富。

6. 想要获取财富<u>无可厚非</u>，但获取财富的方法必须是正当的。

7. 目前，世界上的许多国家都在致力于发展经济，以提高与<u>国计民生</u>相关的各个方面的水平，使国民能够获得更多的财富，生活得更幸福。

8. 造成这些灾害的原因除了自然因素以外，<u>也不乏人为因素</u>，如滥砍滥伐树木、过度开采地下矿藏等等。

9. 自然界很多资源的形成需要漫长的时间，而消耗起来则是<u>旦夕之间</u>的事情。

10. 但天然气是各种有机质在各种地质作用下经过漫长的时间形成的，绝非像工厂制造产品那么速成，过度消耗会导致<u>供不应求</u>，而且还会对环境造成恶劣影响。

11. 大自然中的一切并不都是"<u>野火烧不尽，春风吹又生</u>"的。

12. 不可复制、不能再生的资源<u>比比皆是</u>。

13. 自然界是人类赖以生存和发展的物质基础，人类文明的延续得益于<u>自然界的持续给养</u>。

14. 物质财富与自然环境是我们赖以生存的基本保证，这一点是<u>毋庸置疑</u>的。

15. 有钱人不一定有一个好胃，山珍海味未必吃得够香；没钱的人不一定身子骨羸弱，五谷杂粮也能吃得津津有味。

16. 人文科学并不是提倡安贫乐道，这个成语有个相对应的说辞，就是"满意的矛盾状态"，那是人们无法掌握自身命运时的一种无奈。

17. 有的人以工作为乐，有的人以天伦为乐，有的人以跳舞、扭秧歌、看足球、下象棋、养宠物为乐。

18. 如果您信奉知足者常乐，那金钱的边际效应拿您一点儿没辙。

19. 吃饱饭拍拍肚皮，神游神侃神琢磨，古今中外寰宇任逍遥，那乐子就更多了。

20. 赚钱不容易，往往是压力大、烦恼多，而且欲望是无止境的，无论有多少钱都想赚更多的钱。

21. 有些人并不是十分有钱，但把生活安排得井井有条，该工作工作，该享乐享乐。

22. 每天都开开心心的，正如一句俗话所说：知足常乐。

23. 有的人认为时间是真正的财富，因为时间稍纵即逝，一去不复返。

24. 中国有句俗话说得好："一寸光阴一寸金，寸金难买寸光阴。"

25. 从时间的意义上说，生活中没有"如果"。

26. 很多人年轻时一无所有。

27. 如果没有能力，他们的梦想就无法实现，若干年后依旧是一穷二白。

28. 当然，这里所说的能力包括知识、技能、经验等等，不是天生的，也不会一蹴而就，要靠自己的努力去获得。

29. 商场如战场，朋友越多，获得的帮助就越多，取胜的可能性就越大。

四、阅读拓展：用下列词语造句

1. 津津乐道
2. 无可厚非
3. 旦夕之间
4. 供不应求
5. 比比皆是
6. 山珍海味
7. 井井有条
8. 稍纵即逝
9. 一穷二白
10. 一蹴而就

第二部分　口语表达：讨论/辩论

一、观点提示

1. 财富具有深刻的内涵、广阔的外延。
2. 君子爱财，取之有道。
3. 自然资源弥足珍贵。
4. 健康是真正的财富。
5. 快乐是真正的财富。
6. 时间是真正的财富。
7. 能力是真正的财富。
8. 朋友是真正的财富。
9. 一个人的财富观可以反映出他的世界观和价值观。
10. 人们的财富观随着时代的发展而变化。

二、示范提纲

观点：一个人的财富观可以反映出他的世界观和价值观。

说明：

所谓世界观，即人们对整个世界以及人与世界的关系的根本认识。一个人对财富的看法必然会影响到他对这个世界的看法。如果一个人认为金钱是万能的，那他也会认为这个世界都在围着金钱转，一切事情的目的都是为了金钱，他会把金钱看得比亲情、爱情和友情更重要，这种金钱至上的观点会在各个方面不知不觉地支配着他；反过来，如果一个人认为金钱不是万能的，那他则会更看重生活中诸多与金钱没有直接关系的事情，如亲情的温暖、旅行的快乐等。

所谓价值观，即人认定事物、辨别是非的思维或取向，可以体现出人、事、物的价值或作用。一个人对财富的看法必然会影响到他为人处世的原则。如果一个人觉得尽可能多地获得财富是他实现人生价值的终极目标，那么他就会唯利是图，甚至不择手段，做出违背道德乃至法律的事情来；反过来，如果一个人视金钱为身外之物，那他就会首先追求那些让身心更快乐、可以造福人类的事情，如参加体育运动、参与公益活动等，使自己生活得更充实，也让别人生活得更美好。

结论：

综上所述，从一个人的财富观可以看出他的世界观和价值观，而不同的世界观和价值观产生的行为结果是截然不同的。

三、话题词群

1. 观点：视钱如土、金钱至上
2. 目的：义在利先、唯利是图
3. 态度：仗义疏财、见利忘义
4. 方式：取之有道、不择手段
5. 结果：知足常乐、爱财如命

四、参考用语

1. 我们的生活离不开财富，财富也可以让我们拥有更加精彩的人生。
2. 由于每个人的社会环境、教育背景、家庭情况、个人因素皆不相同，因而形成了不同的财富观。
3. 钱不是万能的，而没有钱是万万不能的。
4. 要想获取财富，必须采取正当的手段。
5. 自然界很多资源的形成需要漫长的时间，而消耗起来则是旦夕之间的事情。
6. 我们只有一个地球，这个地球是全人类共同的家园，地球上的自然资源是人类最宝贵的财富。
7. 人生在世，只要无衣食之忧，幸福的空间就广阔了，各有各的活法。
8. 欲望是无止境的，无论有多少钱都想赚更多的钱。
9. 由于历史文化与当代国情的差异，不同国家的人会有不同的财富观。
10. 随着时代的变迁，人们的财富观也在不断发生着变化。

五、口语表达拓展：辩论

辩论题目：金钱就是一切吗？

正方观点：金钱就是一切。

1. 金钱是一切事情的物质基础。

2. 金钱与幸福密切相关。

3. 很多快乐只有花钱才可以得到。

4. 中国有一句俗话："贫贱夫妻百事哀。"

5. 精神上的追求是以物质保证为前提的。

……

反方观点：金钱不是一切。

1. 一件事情成功与否并不仅仅取决于钱的多少。

2. 有钱并不一定幸福。

3. 很多快乐不花钱也可以得到。

4. 中国还有一句俗话："金窝银窝，不如自己的草窝。"

5. 精神上的追求不一定非要以物质保证为前提。

……

附录一　生词索引

A

爱不释手	话题十三
安居乐业	话题十六
安贫乐道	话题十七
暗中	话题十四
昂贵	话题十七
昂首	话题四
昂扬	话题四

B

摆脱	话题十七
伴侣	话题十五
伴随	话题十三
榜样	话题八
包工	话题十四
包裹	话题十
包间	话题九
包罗万象	话题四
包容	话题二
饱含	话题七
保障	话题十五
奔波	话题八
本分	话题十
本土	话题十六
崩溃	话题五
比比皆是	话题十七
比重	话题十七
彼时	话题十

鄙夷	话题十七
必经之路	话题十六
裨益	话题十一
边缘	话题十三
变迁	话题十五
便当	话题九
标配	话题十
标签	话题九
标语	话题十
表里如一	话题九
表情包	话题十二
表彰	话题四
憋	话题九
并行不悖	话题七
剥夺	话题十五
博大精深	话题一
博取	话题七
博物洽闻	话题十二
薄弱	话题十一
补贴	话题十
不乏	话题一
不经意	话题二
不拘一格	话题七
不绝于耳	话题十六
不堪	话题十二
不可或缺	话题四
不可磨灭	话题十六
不能自拔	话题十四

274

不胜枚举	话题四	出任	话题五
不温不火	话题一	出息	话题十五
不言而喻	话题十六	储备	话题三
不遗余力	话题一	触角	话题十二
步伐	话题一	触摸	话题十二
		矗立	话题四
C		穿梭不息	话题十
参天	话题五	传承	话题八
操劳	话题八	传授	话题五
层出不穷	话题七	捶	话题十一
诧异	话题十四	慈爱	话题六
禅师	话题十一	次要	话题十三
缠	话题五	从属	话题十三
蝉联	话题六	从众	话题三
铲除	话题四	篡改	话题十三
昌盛	话题十一	摧枯拉朽	话题四
长久之计	话题十六	寸土寸金	话题十六
长足	话题一	挫折	话题三
常规	话题二	错综复杂	话题十六
唱衰	话题十		
车马劳顿	话题二	**D**	
彻底	话题二	达人	话题二
沉浸	话题四	打卡	话题二
成行	话题十一	打拼	话题十五
吃香	话题十五	大庭广众	话题四
驰名	话题一	大行其道	话题七
迟暮	话题十二	大雅之堂	话题七
持续	话题九	大义	话题八
赤子	话题七	担当	话题十五
充沛	话题五	单摆浮搁	话题四
崇尚	话题五	单纯	话题十一
丑陋不堪	话题四	掸	话题十四
出海	话题九	当务之急	话题一

当下	话题十七	对抗	话题六
导向	话题九	多维	话题二
到位	话题三	掇琐	话题二
道具	话题六		
稻穗	话题四		
得天独厚	话题十六	耳濡目染	话题八
低落	话题五		
底气	话题十二	**F**	
底线	话题九	发端	话题十六
底蕴	话题十六	发掘	话题十一
地标	话题十	翻修	话题十六
地质	话题十七	烦恼	话题六
递增	话题三	繁忙	话题六
缔结	话题十五	繁荣	话题一
颠沛流离	话题二	繁衍	话题十七
典范	话题四	繁重	话题十一
典籍	话题八	反差	话题十二
点校	话题十	反弹	话题五
点燃	话题七	方兴未艾	话题十六
刁难	话题八	非凡	话题二
调性	话题十	非营利	话题一
鼎盛	话题十六	废弃物	话题六
定位	话题十	分割	话题三
定型	话题十三	粉墙黛瓦	话题十二
陡增	话题五	忿忿	话题十四
笃定	话题十	丰衣足食	话题四
笃信	话题十四	风采	话题十三
端正	话题八	风尚	话题八
短板	话题九	封建	话题十五
短视	话题九	蜂拥而起	话题七
段子	话题七	奉献	话题一
缎带	话题十二	肤浅	话题七
锻炼	话题五	孵化	话题一

福利待遇	话题三	贡献	话题八
抚慰	话题三	沟通	话题五
负面效应	话题十三	鼓捣	话题十四
富丽堂皇	话题七	故障	话题九
富庶	话题十六	顾盼	话题四
		观摩	话题十二
		冠冕	话题四

G

概率	话题三	光环	话题十四
干脆	话题五	光阴	话题十七
干涸	话题七	规矩	话题十二
感官	话题七	瑰丽	话题二
感染	话题五	轨迹	话题十四
刚需	话题二	桂冠	话题十六
港湾	话题三	国粹	话题六
高居榜首	话题九	国计民生	话题十七
高耸	话题四	过度	话题十三
高效	话题九	过渡	话题十三
搞笑	话题十三	过瘾	话题十二
告吹	话题十四		
戈壁	话题十二		

H

格物	话题八	海绵	话题二
给力	话题五	汗流浃背	话题六
根基	话题一	汗牛充栋	话题十四
跟团	话题二	焊件	话题九
亘古	话题八	航模	话题十四
更迭	话题四	毫不逊色	话题十
耕耘	话题四	合得来	话题十五
功利化	话题十五	合二为一	话题八
攻读	话题十四	和谐	话题十五
攻略	话题二	核心家庭	话题八
供不应求	话题十七	核验	话题九
共鸣	话题十一	阖家	话题十一
共振	话题十四	轰动	话题十四

277

烘托	话题四	激情	话题九
弘扬	话题一	极端	话题九
呼朋唤友	话题二	亟需	话题十一
呼应	话题四	急促	话题六
忽视	话题三	挤压	话题三
花脸	话题六	给养	话题十七
化身	话题一	记忆犹新	话题十
画龙点睛	话题四	季相	话题十六
欢声笑语	话题六	悸动	话题十四
寰宇	话题十七	寄托	话题三
缓解	话题三	家境	话题十五
焕发	话题二	驾驭	话题十七
皇亲国戚	话题十五	坚信	话题十四
灰头土脸	话题十四	艰险	话题九
诙谐	话题十二	兼顾	话题十一
挥汗如雨	话题五	见缝插针	话题十六
恢宏	话题四	交融	话题十五
辉煌	话题十三	焦点	话题十五
回荡	话题六	焦急	话题六
汇聚一堂	话题十二	焦虑	话题五
惠及	话题八	焦躁	话题三
惠民	话题十二	教化	话题七
浑身	话题五	接地气	话题十
豁达	话题五	接轨	话题一
		揭秘	话题九
		街坊四邻	话题十四
J			
饥寒交迫	话题十五	结晶	话题十二
机械	话题九	结亲	话题十五
积淀	话题七	结实	话题六
基层	话题十四	结缘	话题一
基石	话题一	截至	话题十
基因	话题十二	竭尽全力	话题六
畸形	话题三	解压	话题二

界定	话题十五	看中	话题十五
津津乐道	话题十七	慷慨激昂	话题十四
襟怀	话题二	考量	话题十五
锦上添花	话题十一	可行性	话题十一
尽其所能	话题十一	克服	话题五
进化	话题二	克勤克俭	话题八
京胡	话题六	空巢	话题十一
经世致用	话题十一	空泛	话题十四
晶莹璀璨	话题四	空中楼阁	话题十五
精气神	话题十	枯竭	话题十七
精益求精	话题六	苦闷	话题十三
精湛	话题一	脍炙人口	话题五
井井有条	话题十七	框架	话题十一
警世钟	话题四	困境	话题十
警惕	话题十三	困窘	话题十七
净	话题十四		
敬而远之	话题十	**L**	
纠结	话题五	来年	话题十四
九牛一毛	话题三	赖床	话题六
久违	话题十四	唠叨	话题十一
沮丧	话题六	老字号	话题十
举凡	话题十	烙印	话题十四
举世瞩目	话题四	雷同	话题七
举足轻重	话题一	羸弱	话题十七
聚焦	话题十二	力所能及	话题十一
决策	话题二	历久弥新	话题十
崛起	话题七	立体	话题二
攫取	话题十七	厉害	话题五
均	话题十五	励精图治	话题十六
		联姻	话题十五
K		良性循环	话题五
开朗	话题五	良莠不齐	话题七
开凿	话题十六	亮点	话题四

附录一 生词索引

料理	话题一	密不可分	话题三
淋漓尽致	话题四	妙趣横生	话题十三
琳琅满目	话题十四	敏感	话题十五
鳞次栉比	话题十六	名头	话题九
零散	话题十三	名望	话题十五
凌驾	话题七	明证	话题五
留守家庭	话题八	命脉	话题十六
流连忘返	话题五	摩肩接踵	话题十六
屡	话题九	墨守成规	话题三
屡见不鲜	话题十六	默契	话题十五
沦落	话题十六	谋生	话题十六
轮廓	话题四		
论断	话题八	**N**	
络绎不绝	话题十二	乃至	话题十五
		耐心	话题六
M		难上加难	话题三
卖萌	话题十二	脑洞大开	话题十二
脉搏	话题四	内涵	话题一
脉络	话题二	内因	话题三
瞒	话题十四	逆生长	话题十二
满满当当	话题十	逆转	话题十七
蔓延	话题十二	鸟语花香	话题二
忙碌	话题五	袅袅	话题七
没承想	话题十	凝聚力	话题二
没辙	话题十七	凝神	话题五
媒妁	话题十五	纽带	话题十二
每每	话题十	浓郁	话题四
媚俗	话题十三		
门槛	话题三	**P**	
萌萌哒	话题十二	排挤	话题七
萌生	话题十四	排解	话题五
迷惘	话题十三	攀升	话题一
密闭	话题十六	攀援	话题十六

盘根错节	话题四	弃考	话题十四
叛逆	话题十三	弃理从文	话题十四
庞大	话题三	契洽	话题十五
抨击	话题七	恰当	话题五
烹饪	话题一	恰到好处	话题四
蓬勃	话题五	恰逢	话题九
披露	话题十二	恰恰	话题三
疲惫	话题六	千古不朽	话题二
匹配	话题三	千篇一律	话题四
偏差	话题三	迁徙	话题十六
偏好	话题十三	迁移	话题八
偏见	话题十七	前提	话题十五
偏科	话题十四	潜力	话题十四
偏颇	话题三	潜力股	话题十五
漂泊	话题二	腔调	话题六
票友	话题六	悄悄话	话题六
拼搏	话题五	跷跷板	话题五
拼车	话题二	桥头堡	话题十二
品茗	话题十	翘首	话题十四
品位	话题七	切入	话题十三
平凡	话题十三	切实	话题十一
评头品足	话题七	侵害	话题十一
朴实	话题十一	侵蚀	话题十二
谱系化	话题九	勤劳	话题四
铺位	话题九	青睐	话题三
		倾诉	话题十三
		倾向	话题十三
Q		情操	话题八
欺负	话题十四	情投意合	话题十五
其乐融融	话题十一	趋之若鹜	话题三
企望	话题八	渠道	话题一
气魄	话题十四	取而代之	话题十
气象	话题十四	取向	话题十五
气韵	话题十二		

取悦	话题七	深入人心	话题三
取之不尽	话题八	升华	话题七
诠释	话题十二	生物链	话题十七
		生息	话题十七
		生涯	话题三

R

燃烧	话题九	圣坛	话题七
热身	话题六	胜概	话题十二
热衷	话题十一	胜任	话题十一
人脉	话题十七	盛极一时	话题十六
人头攒动	话题十二	盛装	话题六
忍	话题五	失落感	话题五
认知	话题一	使劲	话题六
日渐	话题二	市井平民	话题十五
日均	话题十三	势在必行	话题一
日新月异	话题七	饰演	话题六
融化	话题十	誓	话题十四
融会贯通	话题二	收藏	话题十一
揉	话题十一	收拾	话题八
		受众	话题十三
		梳理	话题五

S

散失	话题二	疏离	话题七
散心	话题二	束之高阁	话题七
森严	话题十五	刷新	话题九
山珍海味	话题十七	衰落	话题十六
赡养	话题八	双重	话题五
商机	话题十七	双刃剑	话题十三
上乘	话题十	顺眼	话题十五
稍纵即逝	话题十七	瞬息万变	话题七
奢侈	话题十三	丝竹	话题十六
设障	话题十四	素养	话题七
涉及	话题十一	塑造	话题八
身临其境	话题十二	随时随地	话题十三
深闺	话题十二	碎片化	话题十三

缩减	话题八	推算	话题八
缩影	话题八	推卸	话题五
琐事	话题二	退化	话题十三
		吞噬	话题六
T		拓荒牛	话题四
谈婚论嫁	话题十五	拓宽	话题一
弹性	话题十一	拓展	话题一
坦然	话题五		
坦言	话题九	**W**	
倘若	话题二	挖掘	话题十二
逃避	话题三	外延	话题十七
讨伐	话题十六	外因	话题三
套路	话题七	玩儿命	话题五
特产	话题九	惋惜	话题十
体察	话题二	汪洋恣肆	话题二
体质	话题五	网红	话题十二
天伦之乐	话题十一	微店	话题十
天宇	话题二	为期不远	话题九
天渊之别	话题七	为人处世	话题八
调适	话题十五	为人作嫁	话题十
挑战	话题十六	惟妙惟肖	话题六
贴心	话题九	蔚然成风	话题十六
亭台楼阁	话题四	慰藉	话题十一
通俗易懂	话题十三	温情脉脉	话题十一
投射	话题五	文风	话题二
投身	话题十一	问心无愧	话题六
透支	话题五	沃土	话题十
突出	话题三	卧铺	话题九
图	话题十一	污染	话题十三
图章	话题十	屋檐	话题八
途径	话题一	无法比拟	话题九
推陈出新	话题七	无可厚非	话题十七
推力	话题八	无孔不入	话题七

无奈	话题八	祥和	话题八
无穷无尽	话题十一	想方设法	话题五
无所不包	话题十	相声	话题六
无所适从	话题七	象外之意	话题四
无暇	话题八	消耗	话题六
无线电	话题十四	消弥	话题十七
无忧无虑	话题六	消遣	话题七
毋庸置疑	话题十七	逍遥	话题十七
五谷杂粮	话题十七	小品	话题六
五花八门	话题七	小众	话题二
务实	话题十五	孝敬	话题十五
误区	话题三	效应	话题一
		协调	话题五

X

		携	话题八
夕发朝至	话题二	携带	话题十三
息息相关	话题五	写实	话题二
吸吮	话题四	谢幕	话题六
悉心	话题六	懈怠	话题三
嬉戏	话题六	心旷神怡	话题十一
喜闻乐见	话题七	心声	话题六
细腻	话题十二	心中有数	话题十
狭隘	话题九	辛勤	话题十四
狭窄	话题五	信条	话题十三
瑕疵	话题九	行之有效	话题十一
闲暇	话题七	幸事	话题八
衔	话题四	性价比	话题十一
嫌弃	话题十五	休憩	话题八
显而易见	话题四	休养生息	话题十二
显著	话题八	修复	话题十七
鲜为人知	话题十六	修炼	话题五
相得益彰	话题四	修身养性	话题十一
相辅相成	话题五	宿	话题二
相提并论	话题五	栩栩如生	话题十二

序曲	话题十四	要领	话题六
宣示	话题十六	业界	话题十
宣泄	话题十三	一成不变	话题十二
喧嚣	话题十二	一蹴而就	话题八
悬殊	话题十六	一点一滴	话题八
漩涡	话题七	一举两得	话题十六
炫耀	话题十三	一了百了	话题六
学殖	话题十	一门心思	话题十四
血统	话题九	一模一样	话题六
血缘	话题十一	一贫如洗	话题十五
训斥	话题八	一穷二白	话题四
		一无所有	话题十七
		一朝一夕	话题八

Y

雅俗共赏	话题七	依托	话题一
烟消云散	话题八	依偎	话题四
湮没无闻	话题十六	伊始	话题七
言传身教	话题六	宜人	话题四
严谨	话题六	遗传	话题五
严峻	话题三	遗漏	话题九
严苛	话题六	以身作则	话题八
延年益寿	话题十一	异地	话题八
沿革	话题四	异国他乡	话题一
颜值	话题九	异域	话题十六
俨然	话题十四	抑或	话题十六
眼花缭乱	话题七	抑制	话题六
眼见为实	话题十四	弈棋	话题十一
眼界	话题十四	意想不到	话题二
演变	话题五	意蕴	话题四
养家糊口	话题十五	毅然	话题十二
养殖户	话题十四	熠熠	话题十四
窑洞	话题十四	阴霾	话题十
遥不可及	话题十二	引爆	话题九
要冲	话题十六	引领	话题九

引擎	话题九	乐章	话题六
引人注目	话题七	运作	话题十三
隐蔽	话题十三		
隐喻	话题四	**Z**	
印证	话题二	载歌载舞	话题六
迎合	话题七	载体	话题一
萦绕	话题十一	赞不绝口	话题六
楹联	话题十	择业	话题三
应运而生	话题十六	扎根	话题十四
庸俗	话题七	扎扎实实	话题一
用武之地	话题十四	瞻仰	话题四
用之不竭	话题八	占比	话题二
优化	话题九	战略	话题十一
优质	话题九	张罗	话题十一
悠长	话题十	彰显	话题四
犹如	话题九	障碍	话题十一
油然而生	话题六	昭示	话题四
游历	话题二	折射	话题十四
有的放矢	话题十一	辙	话题七
有机	话题十	针锋相对	话题七
有机质	话题十七	真谛	话题十一
诱导	话题三	真切	话题十一
诱惑	话题八	挣扎	话题五
淤塞	话题十六	正能量	话题八
与时俱进	话题三	知足常乐	话题十七
雨后春笋	话题四	执勤	话题六
郁闷	话题五	直白	话题九
预期	话题三	直系家庭	话题八
元器件	话题九	植根	话题一
圆滑	话题十五	旨	话题七
援手	话题十七	质疑	话题八
源远流长	话题一	智慧	话题十二
远渡重洋	话题一	智能化	话题九

滞留	话题十二	阻挡	话题十三
中西合璧	话题七	祖祖辈辈	话题十四
衷心	话题九	尊	话题四
众所周知	话题一	遵纪守法	话题八
重担	话题十五	遵守	话题一
重活儿	话题十四	琢磨	话题十七
周游	话题十一	作书	话题十一
诸	话题三	座无虚席	话题六
诸侯国	话题二		
逐个	话题十一		
逐渐	话题八		
主力军	话题十三		
驻足	话题十		
铸造	话题十二		
撰写	话题二		
追根溯源	话题三		
捉迷藏	话题六		
捉弄	话题五		
着实	话题十一		
咨询	话题一		
自豪	话题十		
自给自足	话题九		
自以为是	话题三		
自在	话题五		
自知之明	话题五		
宗庙	话题十五		
宗旨	话题一		
总监	话题十		
纵观	话题一		
纵横交错	话题九		
纵然	话题十四		
走向	话题十四		
阻碍	话题三		

附录二 注释索引

A

埃利斯	话题五
安史之乱	话题二

B

宝兰铁路	话题九
边际效应	话题十七
《编辑部的故事》	话题十七

C

《草船借箭》	话题六
城乡结合部	话题十
春节联欢晚会	话题七
春秋五霸	话题十四

D

大学生志愿服务西部计划	话题三
道家	话题十一
地方志	话题十四
第六次全国人口普查	话题八
东周列国	话题十四
读万卷书,行万里路	话题二

E

恶搞	话题十三
耳顺,从心所欲,不逾矩	话题二
二线城市	话题三

F

飞天	话题十二
非遗	话题一
复兴号	话题九

G

改革开放	话题一
橄榄枝	话题十
供求矛盾	话题三

H

邗沟	话题十六
和谐号	话题九
河西走廊	话题十二
贺岁片	话题七
《红楼梦》	话题十五
宏大叙事	话题十三
后工业化社会	话题七
《黄帝内经》	话题五

J

近水楼台先得月	话题十
景德镇御窑	话题十二
郡治、州治、府治	话题十六

L

蓝皮书	话题三
《礼记》	话题八
联合国教科文组织	话题一

岭南	话题四	**T**	
六经	话题二	恬淡虚无	话题五
《论语》	话题八		
		W	
		《瓦尔登湖》	话题十一
M		温室效应	话题十七
《马来纪年》	话题四	五四时期	话题二
马约翰	话题五		
美国独立战争	话题四	**X**	
莫高窟	话题十二	虚拟世界	话题十三
		《荀子·荣辱》	话题十七
N			
南水北调	话题十六	**Y**	
		亚健康	话题五
Q		亚文化	话题十三
《清明上河图》	话题十二	炎黄二帝	话题四
全聚德	话题一	秧歌	话题十七
		野火烧不尽，春风吹又生	话题十七
R		一线城市	话题三
仁、义、礼、智、信	话题八		
		Z	
S		支教	话题六
三吏三别	话题二	中国国家京剧院	话题六
莎士比亚	话题十四	中国烹饪协会	话题一
上海世博会	话题十六	中国铁路总公司	话题九
少年宫	话题十四	中国新四大发明	话题九
社会交换理论	话题十五	中华书局	话题十
"十三五"时期	话题十	中原	话题十四
士族和庶族	话题十五		
世界中餐业联合会	话题一		
丝绸之路	话题十二		
孙思邈	话题十一		

附录三 "阅读检查"参考答案

话题一

文章《从文化力到发展力：中餐企业"走出去"动力与机制探索》：选择正确答案

1. C 2. B 3. A 4. D 5. C 6. D 7. B 8. A 9. D 10. C 11. A 12. C 13. D 14. B 15. D 16. B 17. B 18. A 19. A 20. C

话题二

文章《名人大家必有一场非凡旅行》：简要回答问题

1. "游"与文化之开拓是密不可分的，如果能合为一处，对人才之崛起的好处很多。纵观古今中外，大人物必定会有一场非凡的旅行。

2. "游"不在多走多看，人生精力有限，"游"的兴趣点应在"悟"。若能在一山一水一景之间体察到宇宙万物的变化与人生的真谛，那才算是有价值的。

3. 这是孔子说的话，意思是：一听别人的言论便可以判明是非，随心所欲，但做任何事都不会违反规矩。

4. 司马迁20岁开始游历天下，持续了3年时间，搜集了大量散失在民间的史料，为《史记》一书的撰写做了扎实的准备工作，他汪洋恣肆的文风也在旅游中形成。

5. 杜甫在"安史之乱"后开始流浪，颠沛流离的生活加深了他对社会现实本质性的认识，创作了"三吏三别"等诗篇，因此被称为"伟大的现实主义诗人"。

6. 康有为考察了欧美的议院制度，撰写了《罗马沿革得失》一文。

7. 刘半农作为诗人的代表作是白话新诗《教我如何不想她》。

8. 达尔文说："在贝格尔舰上的5年，比在大学里待上半个世纪更有价值，它决定了我的整个事业。"

9. 在5年的环球考察中，达尔文一共写了26本日记。在这些日记的基础上，达尔文撰写了系统阐述生物进化理论的著作《物种起源》。

10. （各抒己见，言之有理即可。）

文章《微度假 想走就走的"快旅慢游"》：判断正误

1. 错 2. 错 3. 对 4. 对 5. 错 6. 对 7. 对 8. 对 9. 错 10. 错 11. 对 12. 对 13. 错 14. 错 15. 对 16. 对 17. 对 18. 对 19. 错 20 错

290

话题三

文章《大学生就业观念存在的问题及其对策研究》：判断正误

1. 对　2. 错　3. 对　4. 对　5. 错　6. 错　7. 错　8. 对　9. 对　10. 对　11. 错　12. 错　13. 错　14. 错　15. 对　16. 对　17. 错　18. 对　19. 对　20. 错　21. 对　22. 对　23. 对　24. 错　25. 错

话题四

文章《从城市雕塑看城市情调空间的营造》：选择正确答案

1. D　2. C　3. A　4. B　5. C　6. A　7. C　8. B　9. D　10. A　11. C　12. B　13. A　14. D　15. A　16. D　17. B　18. C　19. D　20. B

话题五

文章《别为自己制造压力》：简要回答问题

1. "心理亚健康"状态常表现为失眠头痛、兴趣减退、精力不足、情绪低落、易怒、着急等负面情绪。

2. 心理压力是一种身心紧张的状态，源于环境要求与自身应对能力的不平衡。

3. 作者用小树苗长成参天大树的例子比喻内心平衡和强大起来以后，压力就会减少，甚至完全释放。

4. ABC理论由美国心理学家埃利斯创建，认为激发事件A（activating event）只是引发情绪和行为后果C（consequence）的间接原因，直接原因则是由人们对激发事件的认知和评价而产生的信念B（belief）。也就是说，外界刺激通过内心系统形成情绪和行为的反射。

5. 外控型性格是指别人在前、"我"在后，其他的人或者事对"我"的情绪负责。外控型的人不能很好地控制生活中的大多数状况，他们相信命运、机遇和社会的安排，面对失败与困难，往往把责任推卸给外部原因，不去寻找解决问题的办法，而是企图寻求救援或碰运气。

6. 内控型性格是指"我"在前、别人在后，他们认为"我"的情绪"我"自己做主，生活中多数事情的结果取决于个人的努力程度，他们相信自己能够控制事情的发展与结果，这也是内心强大的表现。

7. 吸引力法则是心理学上的一个说法：当思想专注在某一领域的时候，和这个领域相关的人和事就会被吸引而来，你脑子里什么东西多、你关注什么东西，你就可以吸引它。关注好的东西多，你吸引的东西就是好的；心里面的垃圾越多，你看到的周围的垃圾就越多。

8. 创造定律指的是当你有意识地选择你想要的东西时，你的感受、心情和你对周围的人或环境的认知就会变成你所期望的那样。

9. 我们所看到的世界不是真实的，而是你内心对外界的一种投射。如果你内心宽广，即使没钱没地位，你也能看到一个美丽的世界；相反，有钱有地位的人，如果内心狭窄，他们也不会快乐。所以说压力是你自己创造的。

10. 遇事应当先问自己这样三个问题：一是我想要什么；二是我能做什么；三是我该做什么。如果你对这三个问题的回答是一致的，你内心就和谐强大了。

11. 遇到压力时，我们只有三个选择。第一是改变，你对工作不满意，对家庭不满意，你要努力改变，能做多少做多少；第二是接受，你做了你能做的还是改变不了，那就接受；第三是离开。

12. 如果上述三种选择——改变、接受、离开——都不是"我"的选择，那就意味着"我"选择的是痛苦。

13. "自知之明"指了解自己，对自己有正确的评估。

14. 之所以说内心的平衡和强大最重要，是因为你能做的事一定是跟你自己的能力相匹配的，人贵有自知之明，你对自己要有一个判断，知道哪些是能做的、哪些是不能做的。很多人就纠结在"我"觉得"我"能做，就玩儿命地去做，做完后还不满意，这样就会遭到焦虑、失落感的轮番袭击，直到内心崩溃。所以说，内心的平衡和强大最重要，它是释放压力的根本。

15.（根据自己的实际情况回答即可。）

文章《身心健康才是真正的健康》：解释下列句子中划线的部分

1. 相提并论：把两个事物放在一起谈论或者看待。

    相辅相成：两件事物互相补充，互相配合，缺一不可。

2. 不可或缺：非常重要，不能有一点儿缺失。

    明证：明显的证据。

3. "铁"的规定：必须执行的规定。

4. 德智体三育并重：德育、智育、体育三种教育同等重要。

5. 脍炙人口：美味人人爱吃，比喻好的诗文等受到人们的称赞和传颂。

6. 养生先养心：要想健康长寿，首先要保持心态的乐观平和。

7. 双重影响：两个方面的影响。

8. 息息相关：彼此呼吸都相互关联，形容关系非常密切。

    密不可分：关系十分密切，不可分割。

    良性循环：指事物之间相互关联，互为依托，形成共同促进的因果关系，是事物发展的进步现象。

9. 挥汗如雨：形容汗出得非常多，像下雨一样。

流连忘返：形容对美好景致或事物十分留恋，忘记了回去。

话题六

文章《小朋友，啥事让你最快乐？》：选择正确答案

1. C 2. D 3. D 4. A 5. A 6. D 7. C 8. B 9. C 10. A 11. D 12. C 13. B
14. B 15. B 16. D 17. A 18. A 19. B

话题七

文章《大众文化面面观》：简要回答问题

1. 大众文化是指以大众传媒为手段、按商品市场规律运作、旨在使民众喜闻乐见的日常文化形态，具体表现为广告、电视剧、流行音乐等诸多方面，而现在一说到大众文化，首先想到的无疑是手机文化。

2. 大众文化日新月异，不仅让人眼花缭乱，有时甚至让人无所适从，所以我们有必要对大众文化进行深入的探讨，以期正确地对待它，进而引导它向积极向上的方向发展。

3. 中国的大众文化崛起于1978年改革开放以后，一方面与官方主流文化、学界精英文化相互区别和对应，另一方面也与民间文化、通俗文化血脉相连，其主要特征表现为商业性、流行性、娱乐性。

4. 大众文化是一种兼收并蓄的文化，尽管它既与官方主流文化、学界精英文化不同，也与民间文化、通俗文化不同，但它从这些文化中汲取着各种营养，尤其在承载和传播先进文化、弘扬人文精神方面，与这些文化是并行不悖的。

5. 大众文化关注人生的快乐，能够缓解人们身心疲惫的状态，而且其中不乏积极、正面的内容，许多饱含正能量的名言、段子、信息、歌曲的流传就是大众文化的具体表现。例如，歌曲《我和我的祖国》广为传唱。又如，美国《华盛顿邮报》评选出的十大精神奢侈品在微信群中广为流传。这些充满正能量的内容无疑对大众有着正面的影响，能够激发人们积极向上的生活态度，让我们的生活更加美好。

6. 大众文化是一种消费文化，以满足人的感官快乐为原则，不重视文化产品的人文意义与社会价值，什么能赚钱就生产什么，其社会效益往往被忽略，结果就是排挤了高雅文化，使文化特有的正面教育作用被弱化，有时甚至会造成文化生态失衡现象。

7. 大众文化也有消极因素，例如，大众文化中出现了暴力、色情、迷信等方面的内容，这些文化垃圾格调低下，手法雷同，被大规模复制后流传到社会的各个角落，淡化了传统道德、社会理想、人生意义等大众文化应有的精神内涵，显然对社会健康发展不利。

大众文化如果以"享乐至上"为指导思想，必然会使人丧失责任感与道德感，导致人文精神的缺失。

8. 今天的文化生态与以往有着天渊之别，手机、网络等电子媒介的广泛使用使大众文化能够以极快的速度产生与发展，形式的多样化前所未有，因为只有形式上花样翻新、引人注目，才能博取大众的青睐，使大众文化迅速传播，形成新的文化潮流。

9. 随着社会生产力的发展和大众物质生活水平的提高，人们的经济收入和闲暇时间都增多了，文化消费成为一种普遍需求，为大众文化的产生和发展提供了更好的条件。

10. 电视机的普及使电视节目成为大众日常生活中不可或缺的消遣内容与审美对象，电视文化成为重要的文化现象之一。电视节目在具有教化作用的同时越来越多地兼具娱乐功能，千方百计地想出能够取悦大众的方式来提高收视率，从而实现大众娱乐的目标。

11. 大众文化从一开始就以商品的形式出现，需要把握文化市场的脉搏，顺应大众的消费心理和消费口味，以适应市场的风云变幻，最终达到把文化产品销售出去的目的。在这种情况下，艺术家难以真正按艺术规律进行创作，艺术品也难以真正保持自身的独立性和创造性，这些都会影响大众的价值观念和生活方式，大众文化的商业性特征也由此可见。

12. 现代科学技术对大众文化的推波助澜作用，不仅表现在传媒方面，而且表现在生产方面，尤其是电脑技术的使用，给观众带来了逼真乃至震撼的视觉效果与精神享受。这种状况不无好处，它使得大众文化的表现形式更加轻松愉快和赏心悦目。然而，这也造成了大众文化产品的批量生产和无限复制，使其具有明显的标准化特征，丧失了真正的艺术品应有的无可替代的个性化特征。

13. 表现现代都市生活的电视剧通常都是这样一个套路：富丽堂皇的场景、人见人爱的主角、引人入胜的情节、皆大欢喜的结局。这种电视剧似乎不需要丰富的生活积淀和深厚的艺术素养，只需要套用某种固定的格式即可，收视效果居然并不差，因为观剧过程让人们觉得很有意思，结局也迎合了人们追求"圆满"的心理期待。

14. 大众文化毕竟属于文化的范畴，文化产品的创作不应等同或接近于物质产品的生产，它所达到的水准不能用生产速度与经济效益来衡量，其精神层面的追求应远远高于物质层面，更应讲究文化品位与文化精神，这才是一切文化包括大众文化的根本魅力所在。

15. 大众文化出现伊始在风格上或许是以俗为主的，然而随着全民文化教育水平的提高和艺术家、学术精英等群体的加入——包括作为创造者和作为接受者——大众文化显现出一种雅俗共赏的趋势。在这个过程中，高雅艺术走出了神圣的剧院，通俗艺术也有可能登上大雅之堂，这些都使大众文化产品不拘一格，有可能既优美又通俗，不管什么人都能欣赏。

16. 在当代，借助文化工业、大众传媒等手段，艺术的经典性与生活的日常性从针锋相对走向了和谐统一，处于文化中心或成为文化热点的不再是传统的经典艺术，广告、时装、电视剧、畅销书、流行歌曲、网络文学，以及动漫、视频、网络游戏、手机短信等多种多样的文化艺术形式不断涌现，审美活动也不再局限于音乐厅、歌剧院、美术馆等与日常生活疏离的艺术场所，它有可能就发生在购物中心、街心花园、体育场馆、度假胜地等普通百姓的生活空间，甚至可能作为一种文化消费进入普通家庭，体现在环境设计、街区美化、居室装修等方面。

17. 大众文化植根于大众，自然反映了大众的趣味，今天的时代又是一个日新月异、瞬息万变的时代，所以大众文化在趣味上不断推陈出新，不拘古今中外，只求层出不穷。例如，各种业余话剧团体和业余芭蕾舞训练班越来越多。又如，现在年轻人的婚礼服装往往是中西合璧的。

18. 从表面上看，时尚似乎是商家或媒体制造出来的，是当下文化市场竞争的需要，但从根本上来说，这些时尚与大众的选择是分不开的，隐藏在时尚背后的是人们的审美趣味与心理需求，更重要的是其理想的张扬与情感的抒发。因此，大众文化应把握大众的审美趣味与审美心理，努力造就为大众所推崇的时尚，引领全社会文明、健康、积极、向上的时代风尚。

19. 现代化大众传媒的发达、技术力量的无比强大，使文化不再是精英们书斋里评头品足的对象，而成为普通平民百姓可以随时参与的活动，甚至是日常生活的一部分。从某种意义上讲，时下大行其道的大众文化似乎可以被视为走下"圣坛"的文化——一种流行的、无孔不入的文化。正如美国文化批评家弗雷德里克·杰姆逊（Fredric Jameson）在《后现代主义与文化理论》一书中所说："高雅文化与大众文化，纯文学与通俗文学的距离正在消失。"

20. 大众文化应当纳入我们的文化建设之中，使其尽量向先进性与大众性统一的方向发展。一方面，先进文化只有被广大人民群众接受才能实现其功能和价值；另一方面，广大人民群众才是创造、实践和享受文化的主体。因此，大众文化的发展直接影响到社会的发展，文化建设必须包括大众文化建设，先进文化前进的方向也就是大众文化前进的方向。

话题八

文章《社会在变，家庭在变》：判断正误

1. 对 2. 错 3. 错 4. 错 5. 对 6. 对 7. 对 8. 错 9. 对 10. 错

文章《家庭是社会的细胞》：选择正确答案

1. D 2. D 3. A 4. C 5. D 6. B 7. A 8. B 9. C 10. A 11. D 12. C 13. B
14. A 15. C 16. C 17. B 18. A 19. D 20. B

话题九

文章《中国高铁是这样炼成的》：简要回答问题

1. 中国新四大发明指的是高铁、支付宝、共享单车、网购。

2. "高铁，正成为中国的一张名片"的含义是：通过中国高铁，世界可以很好地了解中国。

3. 在高铁上"立硬币不倒"说明高铁开得很稳。

4. 来自美国的罗杰对中国高铁的体验是"刷新了我的认知"，含义是他对高铁有了全新的认识。

5. 来自土耳其的莱文特说："土耳其有很多高铁工程项目，中国在这些项目中提供了很多帮助。我认为土耳其和中国还有更多的合作机会。"

6. 英国广播公司（BBC）曾在一篇题为《中国新工业革命》的文章中将高铁建设看作是中国正在开展新工业革命的标志。文章说，中国特有的文化和中国人的勤劳创新使得中国高铁技术得以迅速应用，并引领世界。

7. "激情燃烧的岁月"指的是充满热情、努力奋斗的年代。

8. "我们是站在西方的肩膀上起步的"指的是中国高铁是在西方技术的基础上加以创新发展起来的。

9. 因为武广高铁的建设者把休息时间都用在了工作上，因此建设周期只有4年半。

10. "每一个焊件都得是艺术品"的含义是质量标准非常高。

11. 因为宝兰高铁经过的地区地质条件非常差。

12. 中国高铁成功的发展模式，在很大程度上取决于中国的制度优势，即集中力量办大事。正如贾利民所说："我们集成了全国最优秀的科技和创新力量，包括20多家国内顶级高校、50多家重点实验室和创新能力平台、500多家配套企业。从基础材料到控制、从电子到化工、从机械到信息，我们在所有涉及的领域开展了高度组织化的创新。我们选择了一条面向问题、目标引领、需求导向的科技创新路径。"

13. 因为中国有复杂的地质环境和气候变化，中国高速铁路运营环境最复杂，有高寒高铁、抗大风沙高铁和沿海高铁，且连续高速运距长，因此说中国高铁面对的挑战是世界上任何一个国家和地区都无法比拟的。

14. 贾利民和高铁创新团队在国际上首次提出的概念和技术框架是"高速列车智能化"和"高速列车谱系化"。

15. 在谱系化平台下，中国的主要高速列车产品是城际动车组、高原动车组、高寒动车组和一系列适用于高原荒漠地区的高速列车产品。

16. 因为中国高铁具有全球最完整的技术和产业配套体系，完全可以自给自足地解决与高铁有关的所有技术问题，这个完整性在全球范围内中国独此一家，所以中国高铁可以领跑世界。

17. 中国发展高铁的短板是高铁涉及的材料、电子元器件、信息技术基础部件等基础技术和产业领域。

18. 中国高铁到2025年的发展目标是：中国高速铁路网络达到3.8万公里，覆盖中国

240座中型以上的城市。

19. 北京一位市民对"复兴号"高铁的疑惑是:"复兴号"试验时速可达400公里,设计持续运行时速350公里,但为什么实际运行时速仍是300公里?

20. 贾利民是这样解答北京市民对"复兴号"高铁的疑惑的:高铁从研发设计到运营维护,任何一个环节都坚持"故障安全原则"这一条底线原则,即任何故障必须导致安全侧输出,我们的设计速度是350公里,就意味着通过我们的设计过程和技术手段,高铁本身就具备了在350公里条件下安全运行的条件和技术能力。

文章《高铁也要讲软实力》:解释下列句子中划线的部分

1. 屡有大动作:进行过多次重大的改革。
2. 软实力:指高铁管理、服务方面的实力。
3. 硬实力:指高铁设施、技术方面的实力。
4. 纯正的中国血统:指完全是由中国设计制造的。
5. 大打折扣:指跟应有的名声或本质相差很远。
6. 光有硬实力还不够,软实力也要跟上:中国高铁只是设施与技术先进不行,管理与服务也要先进。
7. 我们还有相当长的一段路要走:今后我们还有很艰巨的任务要完成。
8. 成为中国高铁新标签:成为中国高铁新的标志与特色。
9. 高铁高居榜首:高铁排在第一位。
10. 为期不远:快到规定或算定的日子了。

话题十

文章《找准调性的连锁书店》:选择正确答案

1. C 2. A 3. D 4. B 5. C 6. A 7. B 8. C 9. A 10. D

文章《伯鸿书店:老字号的新名片》:判断正误

1. 对 2. 对 3. 错 4. 错 5. 对 6. 错 7. 对 8. 对 9. 错 10. 错 11. 错 12. 对 13. 对 14. 错 15. 对

话题十一

文章《如何应对"银色浪潮"的冲击?》:简要回答问题

1. "银色浪潮"是指人口迅速老龄化。

2. 老有所养是指老年人能够依靠社会和家庭得到基本的照顾，包括生活上的保障和精神上的慰藉。

3. 最为常见的养老模式是家庭养老，即由子孙后代照顾老人或请保姆照顾老人。

4. 居家养老，即以家庭为核心、以社区为依托的，包括生活照料、医疗护理和精神慰藉的养老模式，主要对象是体弱多病的老人或空巢老人。

5. 社区养老，即在社区建立老人餐厅、老年之家等设施，通过"白天进社区活动、晚上回家里居住"的模式提供养老服务。

6. 机构养老，即国家或民间提供资金开设养老院，解决家庭养老人力资源不足的问题。

7. 在现有的居家养老模式中，服务类型主要集中在物质生活方面，以送餐、洗衣、打扫房间等基本服务为主，缺乏健康护理和精神慰藉方面的服务。

8. 问题主要在两个方面：一方面，服务人员对每个老人的身体健康指标及精神慰藉需求缺乏了解，服务时不能有的放矢；另一方面，老人对健康护理和精神慰藉的需求也不能一次性传递给今后要来服务的每一名护工，常常要反复向新护工叙述。造成这种情况的主要原因在于社区对每位老人的精神需求缺乏了解和记录，因此老人的个性化精神慰藉需求很难得到满足。

9. "有的放矢"的意思是对准靶子射箭，比喻说话或做事有针对性。

10. 老有所医是指根据老年人的身体特点与精神特征积极发展医疗保健事业，使老年人有病能得到及时而良好的治疗，以达到延年益寿、安享晚年的目的。

11. 目前保障老年人身体健康的具体做法是：设立老年门诊与老年家庭病床、兴建老年病医院和老年病研究机构、开展对老年病防治知识的宣传和医疗咨询服务等等。

12. 唐代医学家孙思邈认为，人如果经常进行运动锻炼，则百病都无法对身体造成侵害。

13. 道家提倡"动功以动养形，静功以静养神"，主张精气神合修。

14. 老有所乐是指要使老年人愉快地安度晚年。

15. 天伦之乐是指有血缘关系的老一辈和小一辈之间的家庭乐趣。

16. 丰富老年人文化生活的具体措施是：兴办各种俱乐部、联谊会，组织各种合唱团、舞蹈队，开设各种培训课、训练班，等等。

17. 沈适齐老人走遍了国内大江南北，国外也去过很多地方，她收藏过一本关于世界上66个值得一去的地方的旅行书籍，正按照上面的目的地逐个去旅行，至今已经去过50多个地方了，还会继续走完剩下的旅游目的地。

18. 老有所学是指让老年人也有机会与条件受到各种形式的教育，使他们也能像年轻人那样不断更新知识，继续发挥作用。

19. "经世致用"的意思是学问必须有益于国事。

20. 老年人再学习既是社会的需要，也是自身的需要，不仅有利于他们适应社会的发展变化，而且为其参加社会工作和再就业创造了条件。

21. 老有所学是养老问题中很重要的一环，既能为老有所养、老有所医、老有所为提供知识、能力和水平上的保证，也能为老有所乐增加情趣，使老年人的生命与生活更有意义。

22. "修身养性"的意思是提高自身素养，使身心达到完美的境界。

23. "人生八雅"指的是琴棋书画诗酒花茶，即弹琴、弈棋、作书、绘画、吟诗、品酒、养花、饮茶。

24. 老有所为是指发挥老年人的作用，使其参与社会事业，尽其所能做出自己的贡献。

25. 在一些特殊行业，比如高职院校、高端技术行业等领域，老年人有着类似于性价比高这样的优势，在经验方面较之年轻人比较丰富，对于工资待遇也不是十分地看重，因此企业更加乐意选择低龄的老年人，这也促成了低龄老年人力资源开发与利用的可行性。

26. 目前开发与利用低龄老年人力资源的具体做法是：对部分身体好、有技能的老年人实行弹性退休制度，推迟退休年龄；允许70岁以下的退休人员再就业，重点从事为人民生活服务的第三产业；充分发挥老年人经验丰富的优势，为企事业单位提供咨询服务。

27. "锦上添花"的意思是在锦上面再绣上花，比喻使美好的事物更加美好。

28. 我们不能狭隘地把老有所为理解为走出家门到社会上去工作，即使是做一些力所能及的家务劳动，也是具有一定社会意义和社会作用的。至于投身于有兴趣的闲暇活动之中，如吟诗作画、种花养鸟等等，无疑是完善自我之举，同样也是一种有意义的作为。

29. 随着社会经济的发展、科学技术的进步、医疗条件的改善，人类的寿命越来越长，人口呈现出老龄化趋势是必然的。从这个意义上讲，人口老龄化是一件好事，是社会繁荣与昌盛的结果。但是，人口老龄化程度的不断加深也会导致一些问题，如劳动适龄人口减少、人均收入水平降低、使社会与家庭的养老任务十分繁重等。对于这些问题，《中华人民共和国老年人权益保障法》所倡导的"老有所养、老有所医、老有所为、老有所学、老有所乐"是行之有效的，一定能很好地应对"银色浪潮"的冲击。

话题十二

文章《这些年，博物馆学会讲故事》：选择正确答案

1. B　2. D　3. C　4. D　5. C　6. A　7. B　8. C　9. D　10. C　11. C　12. B　13. A
14. C　15. C　16. A　17. A　18. D　19. B　20. A　21. D　22. B　23. B　24. D　25. D
26. C　27. B　28. B　29. A　30. D

话题十三

文章《从手机文化的特征谈对青年大学生的影响》：简要回答问题

1. 大学生是手机新媒体的主力军，是手机文化的主要受众，其世界观、价值观和人生观尚未完全定型，因而手机文化对大学生的影响尤为明显。大学生是国家与民族乃至世界的希望，因此在信息时代引导大学生正确对待手机文化是我们必须探讨的课题。

2. 另外四种媒体是报纸、广播、电视、网络。

3. 手机除即时通信功能外，还有社交、摄像、娱乐游戏、搜索信息、阅读新闻、交易支付、公共服务等多种功能，几乎覆盖了人们日常生活的方方面面，加上手机易携带，人们可以随时随地接收、处理并传播信息，所以被亲切地称为"带体温的媒介"。

4. 手机用户不仅是文化信息的消费者与接受者，也是文化信息的生产者与传播者，任何人都可以参与到手机文化的创作与传播中。手机文化作为人们参与度最高的大众文化，冲破了权威与等级的限制，使每个人都可以在网络中表达自己、展现自己。与传统媒介相比，手机文化的大众性和个体性都有着更本质的体现。

5. 手机理论上可以查阅与储存海量信息，但其屏幕的局限性使它无法与传统书籍相提并论，不适合长时间深度阅读，手机阅读呈现出简短化、碎片化、图像化等浅阅读特征。人们在处理学习与工作信息时可以切入娱乐、个人事务界面，同样也可以在娱乐休息时处理学习与工作信息，这使人们的零散时间被利用起来了，但它就像一把双刃剑，人们阅读与思考的连续性也因此被打断，成为一种碎片化的东西。

6. 现代都市生活给人们带来了工作与生活的双重压力，人们需要通过娱乐消遣放松一下或者打发闲暇时间。追求轻松享受、趣味搞笑是手机文化的重要特征，正迎合了人们的这种需求。人们接受手机文化不是为了探寻真理和理想，而是为了娱乐消遣，因此手机文化必然伴随着肤浅与娱乐的特征。

7. 手机文化主要关注与反映的是人们的日常生活，采取的是大众喜闻乐见、通俗易懂的形式，表达的是对大众情感的关怀。它打破了以往文化中单一性的"英雄叙事"或"辉煌叙事"，建构了"平凡叙事"的模式，突出了寻常事、平常心的文化意义。这既是对大众日常生活的回归，也在一定程度上消解了主导文化与精英文化的追求与反思。手机文化通过数字技术可以大批量复制生产，以巨大的数量占据市场，在大众中迅速传播，对大众产生强大的影响力。

8. 商业性和消费性是手机文化的本质属性。这一属性一方面通过资本运作和市场运作推动了手机文化的繁荣，另一方面必然会导致消费主义，而且商业性和文化性的结合更加隐蔽，让大众更加乐于接受，其结果是使炫耀性消费、奢侈性消费盛行。商业性和消费性的另一个负面效应是为了引人注目、提高点击率，不惜制造出媚俗、庸俗的文化垃圾，污染文化环境，产生消极影响。

9. 青年亚文化是年轻人从少年向成年过渡时的一种精神诉求和生活探索。年轻人不满足于"父母文化"和主流文化的规则与要求，试图按照自己的情感与价值观创造出属于自己的文化符号与认同空间。他们会通过各种方式来抒发青春的迷惘与孤独，倾诉学业、工作和生活中的苦闷，手机则为他们提供了极大的方便。

10. 以青年大学生为主力军和创造者的青年亚文化具有强大的创造力，与手机文化相结合，创造出形式多样的流行文化，如网络论坛文化、自拍文化、手游文化、粉丝文化、直播文化等等。他们对流行话语和热点事件进行模仿、改编与夸大，对传统经典进行篡改和恶搞，追新求异、张扬个性、妙趣横生、不乏创意，以狂欢化的文化消费求得压力的缓解与精神的解放。

11. 青年大学生思维活跃，精力充沛，他们渴望认同，喜欢张扬个性，愿意了解外面的世界，并热衷于追求时尚，手机文化的特质对他们有着天然的吸引力。他们喜欢在手机社交平台上发布自己的最新动态，展现自己的风采和品位以获得他人关注；通过游戏在虚拟世界获得个人成就感；利用手机处理生活与学习中的各种事情。手机文化拓展了大学生学习、生活、社交、娱乐的方式，促进了他们自主学习和创新能力的发展，并有利于他们宣泄情绪、排解压力，获得归属感与认同感。

12. 手机文化对大学生思想价值观的形成有一定的积极作用，为大学生提供了青年人特有的精神世界和文化空间，有利于大学生超越狭隘和陈旧的等级意识，形成自由平等、民主共享、开放包容的价值理念，进而使他们解放思想，充分张扬自己的个性。

13. 手机深受大学生喜爱，甚至在课堂上也爱不释手，有时会干扰学习，影响生活。手机文化的工具特性很容易使大学生的知识眼界局限在狭隘的个人文化偏好之中，总是进行碎片化阅读，只看不想，满足于无深度的文化消费，从而导致思考能力与书写能力退化。手机虽然增进了人与人之间的沟通频率，但现实中面对面的人际交往能力却被弱化了，有时孤独感反而更加强烈。

14. 手机文化作为一种大众文化、青年亚文化，具有去主流意识形态、去中心化的倾向。手机文化的娱乐性、世俗性使青年大学生过度关注世俗生活和享乐，忽视了对社会责任感和崇高理想的追求，放弃了对历史、现实与未来"宏大叙事"的思考，导致理想信念淡化。"活在当下、乐在当下"成为现在一些大学生的人生信条，以至于使他们忽视了奋斗与创造的意义。此外，在社会转型的背景下，手机文化对主流文化和精英文化的消解作用也会对大学生产生负面影响。

15. 我们要充分重视手机文化对大学生的影响，在理解并尊重大学生的选择与创造的同时加强对大学生的引导，关注学生的思想动态，用积极的主流文化与价值观引领大学生正确认识手机文化。大学生也应正确认识手机文化的本质和特征，警惕其商业性与娱乐性的负面影响，有意识地培养自己良好的道德品质、行为习惯和兴趣爱好，进而树立正确的人生观、世界观与价值观。

话题十四

文章《我的高考故事》：判断正误

1. 对 2. 错 3. 对 4. 错 5. 错 6. 对 7. 对 8. 错 9. 错 10. 对 11. 错 12. 对
13. 错 14. 对 15. 对 16. 错 17. 对 18. 对 19. 错 20. 错

话题十五

文章《"门当户对"的现代内涵》：选择正确答案

1. A 2. B 3. A 4. D 5. C 6. B 7. D 8. A 9. A 10. A 11. D 12. D 13. C
14. C 15. C 16. B 17. B 18. D 19. C 20. B

话题十六

文章《让我们的家园更美好》：简要回答问题

1. 中国城市化的特点是起点低、速度快、规模大，而且地区差异十分明显。

2. 因为伴随着城市化的发展，环境保护与生态发展问题越来越突出，因此如何在保护好生态环境的同时搞好城市建设既是当务之急，也是长久之计。

3. 上海世博会的主题是"城市，让生活更美好"。

4. "应运而生"的意思是顺应形势而产生。

5. 和谐城市的发展主要体现在多元文化的和谐共存、城市经济的有序发展、科学技术的不断进步以及城市和乡村的有效互动等方面。

6. 上海世博会中国馆表现出来的中国文化精神与气质是"东方之冠，鼎盛中华，天下粮仓，富庶百姓"。

7. 上海世博会德国馆以"和谐城市"为主题传达了这样的理念：都市本来就是一种和谐之美，在城市与自然之间、创新与传统之间、全球化与国家特色之间需要争取平衡，求得和谐。

8. 在城市发展的过程中，多元文化的融合主要是通过贸易往来、文化交流、人口迁徙等方式进行的。

9. 因为多元文化意味着历史的丰厚、现在的繁荣与未来的和谐。只有兼顾历史、现在和未来，才能真正促进多元文化和谐共存，达到可持续发展的目的。

10. 城市与乡村在经济、社会、环境等诸多方面相互依存，农民通过向城市销售农产品谋生，而城市也要依靠农村的资源发展。

11. 因为生态宜居既是乡村振兴的必经之路，也是加快新型城市建设的基础。

12. 好的生态文化可以培养并提高广大居民的环境保护意识，并构建出一个良好和谐的绿色生活圈，对于实现绿色城市化、提高乡村生活质量具有极为重要的作用。

13. 水系主要包括水源、水道、水景等方面。

14. 《清明上河图》的作者是宋代的张择端，该图以长卷形式生动记录了北宋都城东京（今河南开封）的城市面貌与当时社会各阶层人民的生活状况，是北宋时期都城东京繁华景象的见证，也以直观的方式揭示了城市与水密不可分的关系。

15. 中国明末清初的四大名镇是江西省的景德镇、广东省的佛山镇、湖北省的汉口镇、河南的朱仙镇。

16. 汉口镇已发展成为武汉市，进入我国特大城市的行列；佛山镇发展为佛山市，已成为颇具规模的轻工业基地与对外贸易的联系纽带；景德镇市如今力保"瓷都"桂冠享誉国内外；唯独朱仙镇已湮没无闻。

17. 四大名镇的兴衰说明了"得水而兴，弃水而废"这样一个道理。

18. 京杭大运河南起余杭（今杭州），北到涿郡（今北京），最初是春秋时期吴国为讨伐齐国而开凿的邗沟，隋朝大幅度扩修并贯通至都城洛阳，连接涿郡，元朝翻修时弃洛阳而取直至北京，贯通海河、黄河、淮河、长江、钱塘江五大水系，是世界上里程最长、工程最大的古代运河，2002年被纳入南水北调东线工程，不少城市因之而兴。

19. 南水北调是中国的战略性工程，主要解决北方地区，尤其是黄淮海流域的水资源短缺问题，规划区人口 4.38 亿。南水北调工程共有东线、中线和西线三条调水线路。通过三条调水线路与长江、黄河、淮河和海河四大江河的联系，构成了以"四横三纵"为主体的总体布局，形成了中国水资源南北调配、东西互济的合理配置格局。

20. 长江黄金水道是横贯中国东西的水运大动脉，以上海、武汉、重庆为核心，在区域发展总体格局中具有重要的战略地位。由于长江流域人口多达数亿，而且经济发达，因此长江的货运量位居全球内河第一。长江充分发挥了运能大、成本低、能耗少的优势，真正成为了一条畅通、高效、平安、绿色的黄金水道。

21. "居当临水，有水则灵"的意思是最好居住在水边，因为有水就有一种灵动之气。

22. "安居乐业"的意思是安定地生活，愉快地工作，形容人民生活幸福美满。

23. 武汉位于中国最长的河流长江及其最大的支流汉水交汇处，江河纵横，湖港交织，众多湖泊散布在大江大河周边，武汉因此被称为"百湖之市"，湖泊水面面积达 803 平方千米，居中国城市首位。其中，汤逊湖是中国最大的城中湖，东湖是中国最著名的风景名胜区之一，梁子湖是中国生态保护最好的两个内陆湖泊之一。

24. 垂直绿化也被称为"立体绿化"，指利用不同的城市空间，选择各种适宜的植物栽植、依附、攀援在各种建筑物空间结构上的绿化方式，包括立交桥、河道堤岸，以及建筑墙面、屋顶、门庭等处的绿化。

25. "方兴未艾"的意思是事物正在发展，还没有达到止境。

26. 因为城市建筑密集，人口拥挤，高楼鳞次栉比，人群摩肩接踵，所以是寸土寸金。

27. 通过垂直绿化，我们可以利用城市纵向空间的不断拓展来扩大绿化面积，这既节省了空间，也能满足那些"高高在上"的人们的需求，所以是一举两得。

28. 用于垂直绿化的植物形态各异，又具有丰富的季相变化，应用形式比传统的平面绿化模式更为灵活，既可以独立成景，也可以与多种植物组合，形成丰富的景观层次。

29. 重庆本来就是山城，市区有许多山水景观，垂直绿化可以与山水景观相融合，营造出"只缘身在此山中"的意境，将山城的形象彰显得淋漓尽致。

30. "励精图治"的意思是振奋精神，想办法治理好国家。

话题十七

文章《财富观漫议》：解释下列句子中划线部分的部分

1. 人们津津乐道的话题：大家都非常喜欢谈论的话题。
2. 钱不是万能的，而没有钱是万万不能的：钱不是一切，但钱很重要。
3. 君子爱财，取之有道：君子也喜欢钱财，但是要用正当的方法获得。
4. 荣者常通，辱者常穷：荣者处处通达，辱者处处困窘。
5. 阳光富豪：使用合理合法手段致富的人。
6. 无可厚非：没有可过分责难的，指说话做事虽有缺点，但也有可取之处，应予以谅解。
7. 国计民生：国家经济与人民生活。
8. 不乏人为因素：不缺少人类造成的原因。
9. 旦夕之间：形容很短的时间。
10. 供不应求：供应不能满足需求。
11. 野火烧不尽，春风吹又生：野火无法把野草全部烧死，春天一到它又会长出来。比喻富有生命力的事物任何力量也扼杀不了。
12. 比比皆是：到处都是，形容极其常见。
13. 自然界的持续给养：大自然源源不断的供给。
14. 毋庸置疑：事实明显或理由充分，根本不需要怀疑。
15. 山珍海味：指山间与海里出产的各种珍贵食品，泛指丰盛的菜肴。
16. 安贫乐道：在贫穷的环境中依然能够坚守信仰。
17. 以天伦为乐：把家庭生活当作快乐。
18. 拿您一点儿没辙：拿你没有办法，即不能把你怎么样。
19. 神游神侃神琢磨：指自由自在地做自己想做的事情。
20. 欲望是无止境的：指在欲望方面永远不会满足。

21. 井井有条：形容条理分明，丝毫不乱。
22. 知足常乐：知道满足则心里总是快乐的。
23. 稍纵即逝：稍微一放松就跑掉了，形容时间或机会很容易流逝。
    一去不复返：消失了就不可能再出现了。
24. 一寸光阴一寸金，寸金难买寸光阴：时间和黄金一样昂贵，然而黄金却难以买到时间。比喻时间十分宝贵，决不能浪费。
25. 生活中没有"如果"：生活中有很多事情是不可能重新做选择的。
26. 一无所有：什么都没有，多形容非常贫穷。
27. 一穷二白：比喻基础差，底子薄，什么都没有。
28. 一蹴而就：踏一步就会成功，比喻事情很容易做。
29. 商场如战场：比喻商业上的竞争十分激烈。